PDASC 香蜜湖智库丛书

深圳市建设中国特色社会主义
先 行 示 范 区 研 究 中 心

流量城市与治理能力
现代化研究

吴晓林　朱光磊　等著

中国社会科学出版社

图书在版编目（CIP）数据

流量城市与治理能力现代化研究／吴晓林等著.
北京：中国社会科学出版社，2024.11. --（香蜜湖智
库丛书）. -- ISBN 978-7-5227-4404-9

Ⅰ. D676.53

中国国家版本馆 CIP 数据核字第 2024AJ9494 号

出 版 人	赵剑英	
责任编辑	王　琪	
责任校对	杜若普	
责任印制	张雪娇	

出　　　版	中国社会科学出版社	
社　　　址	北京鼓楼西大街甲 158 号	
邮　　　编	100720	
网　　　址	http：//www.csspw.cn	
发 行 部	010 - 84083685	
门 市 部	010 - 84029450	
经　　　销	新华书店及其他书店	

印　　　刷	北京明恒达印务有限公司	
装　　　订	廊坊市广阳区广增装订厂	
版　　　次	2024 年 11 月第 1 版	
印　　　次	2024 年 11 月第 1 次印刷	

开　　　本	710×1000　1/16	
印　　　张	17.75	
字　　　数	280 千字	
定　　　价	98.00 元	

凡购买中国社会科学出版社图书，如有质量问题请与本社营销中心联系调换
电话：010 - 84083683

"香蜜湖智库"丛书编委会

目 录

导　言

流量城市：人类城市发展与
治理的新想象

随着时代的发展，人口流动日益频繁，城市吸纳了越来越多的人口，也成为各种流量的容器。各类要素在城市特别是大城市大规模聚集、高速率流动、交融互构，产生了人类历史迄今上为止最大的"流量乘数效应"，深刻改变了城市生活的样态。"网红城市""流量经济"的兴起，从侧面展示出城市追逐流量的新潮流。一种新的城市形态——流量城市呼之欲出，它展现出改变经济社会结构的磅礴力量，并在事实上改变着城市治理的基础组件、组织架构和工具机制。

党的十八大以来，党中央高度重视城市工作，先后召开中央城镇化工作会议、中央城市工作会议，并做出重大部署。党的历次全国代表大会对城市发展和治理均有重要论述，从治理体系和治理能力现代化的角度对城市管理工作提出了一系列新要求、新论断。2015 年，习近平总书记在中央城市工作会议上指出："做好城市工作，要顺应城市工作新形势、改革发展新要求、人民群众新期待，坚持以人民为中心的发展思想，坚持人民城市为人民。"① 党的十九届四中全会做出"加快推进市域社会治理现代化"② 的重大战略部署。党的十九届五中全会通过的《中共中央关于制定国民经济和社会发展第十四个五年规划和二〇三五年远景目标的建议》指出："推进以人为核心的新型城镇化"，"建设海绵城市、韧性

---

① 《习近平著作选读》（第一卷），人民出版社 2023 年版，第 407 页。
② 《中共中央关于坚持和完善中国特色社会主义制度　推进国家治理体系和治理能力现代化若干重大问题的决定》，人民出版社 2019 年版，第 30 页。

城市。提高城市治理水平，加强特大城市治理中的风险防控"。① 2022年，党的二十大报告指出："坚持人民城市人民建、人民城市为人民，提高城市规划、建设、治理水平，加快转变超大特大城市发展方式，实施城市更新行动，加强城市基础设施建设，打造宜居、韧性、智慧城市。"②

推进国家治理体系和治理能力现代化，必须抓好城市治理体系和治理能力现代化；抓好城市治理体系和治理能力现代化，必须把准城市发展的脉搏，遵循城市发展与治理的规律。党的二十大报告指出："中国式现代化是人口规模巨大的现代化。我国十四亿多人口整体迈进现代化社会，规模超过现有发达国家人口的总和，艰巨性和复杂性前所未有，发展途径和推进方式也必然具有自己的特点。"③ 超大城市既是人口大规模聚集的结果，也在国家经济社会发展的版图中占据极其重要的位置，是实现中国式现代化的突破口和示范区。

深圳市是我国改革开放的前沿窗口，在长期经验探索基础上推出了市域社会治理的改革创新。《中共中央国务院关于支持深圳建设中国特色社会主义先行示范区的意见》，支持深圳高举新时代改革开放旗帜、建设中国特色社会主义先行示范区，从五个方面对深圳的经济体制、法治环境、民生发展格局、生态空间等做出了规划。2020 年，习近平总书记在《在深圳经济特区建立 40 周年庆祝大会上的讲话》中提到，深圳要建设好中国特色社会主义先行示范区，创建社会主义现代化强国的城市范例。要树立全周期管理意识，加快推动城市治理体系和治理能力现代化，努力走出一条符合超大型城市特点和规律的治理新路子。要注重在科学化、精细化、智能化上下功夫，发挥深圳信息产业发展优势，推动城市管理手段、管理模式、管理理念创新，让城市运转更聪明、更智慧。

2021 年，深圳市建设中国特色社会主义先行示范区研究中心，面向全国公开招标重大课题项目"流量城市与治理能力现代化研究"，这是在

---

① 《中共中央关于制定国民经济和社会发展第十四个五年规划和二〇三五年远景目标的建议》，人民出版社 2020 年版，第 24 页。

② 习近平：《高举中国特色社会主义伟大旗帜　为全面建设社会主义现代化国家而团结奋斗——在中国共产党第二十次全国代表大会上的报告》，人民出版社 2022 年版，第 32 页。

③ 习近平：《高举中国特色社会主义伟大旗帜　为全面建设社会主义现代化国家而团结奋斗——在中国共产党第二十次全国代表大会上的报告》，人民出版社 2022 年版，第 22 页。

全球范围内首次提出"流量城市"的课题。解析"流量城市"这个全新概念，可以探索新型城市的治理现代化之路。

本书的总体思路是以"中国式现代化的超大城市治理样本"为基本出发点，分析在"超大型人口流量"及"巨量信息化流量"的背景下，流量城市的发展及其治理现代化，在与全球同类城市比较的基础上，挖掘流量对推进城市治理能力现代化的重大机遇，提出与建设"中国特色社会主义先行示范区"目标相匹配的城市治理能力现代化体系思路。

一 从"流动城市"到"流量城市"

城市的地理空间固定，却与永恒的流动并存。面对城市的流动，哈维提供了一种辩证分析的思维，强调在"对元素、事物、结构和有组织的系统的分析"系统之上，对"过程、流动、通量和关系的理解"可以把关系和流动显现出来。[①] 在很长的一段时间内，人们关注的是城市人口、物资的流动，没有从流动的数量、质量方面考察城市发展与治理，更没有对流量城市的界定。

与流量城市相近的概念是"流量社会""城市网络中心流""全球流量指数"等。1996年，卡斯特尔斯提出，信息处理技术已经彻底改变了我们的经济，特别是城市中的生活，一系列复杂的网络对产生"流动空间"具有影响力，城市在生产、分销、消费的网络流中运作。日本、西班牙、中国、巴西以及美国现在和未来都是信息化社会，因为知识生成、经济生产、政治（军事）实力和媒体传播等核心过程已经被信息化范式深刻转变，并与在这种逻辑下运作的财富、权力和符号的全球网络相连。[②] 有学者将流量社会解释为"一个随时随地与网络连接的社会"，[③] 认为流量与每个人的生活高度融合，重塑了社会生产的渠道和逻辑，成为影响个体行动、重构社会秩序的支配力量。[④] 2010年，泰勒等提出描述

① Harvey, D., *Justice, Nature & the Geography of Difference*, Blackwell Publishers, Oxford, 1996, p. 49.
② Castells, M., *The Rise of the Network Society* (2nd), Blackwell Publishers, Oxford, 2011, p. 20.
③ 余伟如：《"流量社会"的崛起及其政治经济学探析》，《理论与改革》2020年第5期。
④ 刘威、王碧晨：《流量社会：一种新的社会结构形态》，《浙江社会科学》2021年第8期。

"非本地化"的城市间关系的"中心流"概念,[①] 他们用收集的数据描述了80家(后来扩展为175家)世界领先的生产服务公司所创造的城市的关联性(connectives),分析全球城市中心流分布。[②] 2014年,麦肯锡全球研究院推出了全球流量报告,衡量全球重要城市的五种主要流量:港口的货物流量、机场客运量(货物、服务和人员流动)、资金流量、人口流量(外国居民的人数)、信息流量(互联网带宽)。

既有的研究要么聚焦于网络流量,要么侧重于全球性的经济流量,都不能涵盖城市流量的全部或者主流。弄清一个初步的定义、搞清一个基本的研究领域,是将人们的注意力聚焦在一个共同现象和框架之内的基础。那么,作为一种前所未有的概念和实体,流量城市的概念为何、特征为何?城市各种要素的不断流转,在"永久性的流动"与"相对固定性的空间"之间楔入张力,如何影响城市治理的走向?这都需要从理论上进行回应。

流动和变化是城市的属性,与城市流量关联较大的词有流动、运动和迁移等。流量城市代表着多种流量集中于城市空间。

(一)自然流影响城市人居环境

自然流是自然要素的流动,包括影响城市发展和人居环境的水流、气流、洋流等。人类逐水而居,城市依水而建。工业革命以后,一些沿海城市依靠水上交通的便利快速崛起。当下,不少城市热衷建设"江景房""河景房""湖景房""海景房",就是借助水流营销亲水环境实现土地升值、获得资金流,一些城市还不惜"造水引人"。反之,在空间承载力饱和后,向水要田、向海要地,成为一些城市发展的选择。近年来,城市的空气流日益受到人们重视。不少城市在规划建设中忽略"空气流动",高密度的建筑物堵塞"城市风道",加剧了城市热岛效应、空气污染。城市的自然景观、公园、林地等保留了自然流的空间,对城市生物多样性和优美的生态环境,都具有重要

---

① Taylor, P. J., Hoyler, M., Verbruggen, R., "External Urban Relational Process: Introducing Central Flow Theory to Complement Central Place Theory", *Urban Studies*, 2010, Vol. 47, pp. 2803 – 2818.

② Ben Derudder, Peter Taylor, "Change in the World City Network, 2000 – 2012", *The Professional Geographer*, 2016, Vol. 68, No. 4, pp. 624 – 637.

意义。随着全球气候变化，自然流对城市环境的影响日益显著，全球不少城市遭遇了程度不一的海平面上升、暴雨、洪水、飓风、热浪、暴雪等灾害。在一些时候，自然流可能反而会成为城市的一种"反噬"力量。

（二）物质流影响城市持续发展

物质流是物质材料进入人类经济体系后，所产生的流动以及最终回到自然环境的过程。大城市每天面临巨大的物质需求，同时产生大量的剩余物、污染物。物质流的测算已经成为城市可持续发展的重要工具。1997年，一项由德国伍珀塔尔研究所、莱顿大学环境科学中心、维也纳跨学科研究和继续教育研究所、瑞典统计局合作的"协调区域和国家环境可持续性物质流核算"行动，在莱顿举办了一次会议，希望建立战略性减少破坏性物资流动的途径。

大城市每天需输入大量的物质和能源需求，成为大宗石油、电力、食品、燃气等的消耗者，建筑材料的广泛使用导致了自然资源的稀缺，也带来了大量的建筑材料废弃物。20世纪90年代以来，以纽约、伦敦、东京、巴黎为代表的国际大都市进入了以服务业为主、消费引领的阶段，[1] 这意味着城市每天都有更大的物质流量。研究显示，在中国，城市化率每增长1%，国家能源消费就增长1.4%，[2] 城市居民人均能源消费是农民人均消费的6.8倍。[3] 2014年，"平均每个城镇居民家庭物质输入量为7.36吨/户，物质输出量为5.47吨/户"[4]。快递流量显示了城市对物质的巨量需求，根据国家邮政局发布的数据，2023年，邮政行业寄递业务量累计完成1624.8亿件，其中，快递业务量（不包含邮政集团包裹业务）累计完成1320.7亿件。广州市快递业务量超过100亿件，深圳市、杭州市、上海市、东莞市等快递业务量达到30亿—60亿件，苏州市、北

---

① 陆铭、彭冲：《再辩大城市：消费中心城市的视角》，《中山大学学报》（社会科学版）2022年第1期。

② Zhao, P., Zhang, M., "The Impact of Urbanisation on Energy Consumption: A 30 - Year Review in China", *Urban Climate*, 2018, Vol. 2, pp. 940 - 953.

③ Dhakal, S., "Urban Energy Use and Carbon Emissions from Cities in China and Policy Implications", *Energy Policy*, 2009, Vol. 37, No. 11, pp. 4208 - 4219.

④ 刘晶茹、严丽、丁宁、孔子科：《中国城镇家庭物质流核算》，《中国人口·资源与环境》2017年第S1期。

京市、成都市、长沙市、武汉市、郑州市、佛山市、天津市、重庆市快递业务量达到 14 亿—27 亿件。[①]

伴随巨大物质流而来的，是能源安全、空气、水和噪声污染等问题。近年来，国内外一些城市屡屡遭遇电力危机、能源危机，中国部分城市在 2021 年 12 月也短暂地出现一波"拉闸限电"。根据生态环境部 2020 年公布的年报，在 2019 年，上海、北京、广州、重庆和深圳生活垃圾产生量最大，分别为 1076.8 万吨、1011.2 万吨、808.8 万吨、738.1 万吨和 712.4 万吨；医疗废物产生量最大的是上海市，产生量为 55713 吨，其次是北京、广州、杭州和成都，产生量分别为 42800 吨、27300 吨、27000 吨和 25265.8 吨。[②]

（三）社会流影响城市社会秩序

社会流是与人口活动相关的流动，主要包括人口流量和交通流量。人口流是城市流的最主要组成。20 世纪初，齐美尔将大时代的社会流动与城市居民的日常生活连接起来，他看到，从城市运动的物流到公共交通的时间表，正在试图组织一切事物，从而创造了城市流动等特征。[③] 中国目前有 23 座城区常住人口超过 500 万人的特大、超大城市，北京、上海、广州、深圳、成都、天津、武汉、重庆 8 个城市的城区常住人口均超过 1000 万人；日本东京都市圈人口已经超过 3700 万人，美国纽约有 880 多万人口，英国大伦敦区拥有 900 多万人口。流动人口是现代城市人口结构的重要部分，2020 年，深圳、上海、广州流动人口数量位居中国前三，分别为 1243.88 万人、1047.97 万人、937.88 万人，深圳流动人口数量增长尤为明显，较 2010 年增长 51.29%，流动人口与全市常住人口的比值为 0.71∶1。

伴随人口活动和机动车的增多，城市的交通流量日渐增大。2020

---

① 《国家邮政局公布 2023 年邮政行业运行情况》，中华人民共和国国家邮政局网站（https：//www.spb.gov.cn/gjyzj/2022lhbj-zlkt/202403/22e465692d4746f8ae89c7beae8b404e.shtml），访问日期：2024 年 3 月 22 日。

② 《2020 年全国大、中城市固体废物 污染环境防治年报》，中华人民共和国生态环境部网站（https：//www.mee.gov.cn/ywgz/gtfwyhxpgl/gtfw/202012/P020201228557295103367.pdf），访问日期：2023 年 12 月 8 日。

③ Simmel, G., "The Metropolis and Mental Life", in K. H. Woolff ed., *The Sociology of Georg Simmel*, New York：The Free Press, pp. 409 – 424.

年以来，上海集中了全国近 40% 入境航班、近 50% 入境旅客、近 70% 入境货物。根据交通运输部公布的数据，2021 年，上海、北京机场旅客吞吐量分别超过 6000 万人次和 5000 万人次，成都、广州旅客吞吐量超过 4000 万人次，深圳、重庆、昆明、西安旅客吞吐量超过 3000 万人次。2023 年，中国城市仅依靠轨道交通网就完成了 294.4 亿人次的客运量，上海、北京、广州的总客运量均超过 30 亿人次，日均 800 万—1000 万人次左右；深圳、成都的总客运量分别超过 27 亿、21 亿人次，日均在 743 万、590 万人次。武汉、重庆、西安、杭州、南京、沈阳、长沙、青岛和天津等城市的日均客运量在 156 万—380 万人次，交通拥堵已成为不少大城市的痛点。

人口流动是影响大都市的最重要因素，高速流动的社会，正在给城市带来方方面面的挑战，突出表现为社会融入、公共服务均等化与人口吸引力等问题。

（四）经济流量是城市发展的血液

经济流是人类经济活动的总量，是城市经济社会发展的最关键因素。在全球化条件下，城市经济流量与贸易紧密相关。麦肯锡研究院 2016 年发布的《全球流动的新时代》报告，直指商品、服务、资金和人员的流动已经达到了以前无法想象的水平，要是脱离了全球流动，必然落后。其报告还显示，世界上只有 8 个真正的全球城市：纽约、伦敦、东京、洛杉矶、旧金山、新加坡、中国香港和迪拜，其标准是在 5 个主要流动中至少有 4 个位列全球前 25 名。在中国，高度商业化和混合经济的城市在 GDP 和人口比例因子上表现出超线性关系。[1] 北京、深圳、上海、广州、苏州、杭州、天津、南京、成都和武汉等城市拥有数量众多的企业，每天都有巨大的资金流动。就全球城市联系度而言，香港、北京和上海挤进了全球前 10 的位置，分别位列第 3、第 4 和第 6 名，广州、深圳的网络连接性有所提高，深圳金融服务公司网络拥有相对更高水平的关联。[2] 物流业发

① Ramaswami, A., Jiang, D., Tong, K., et al., "Impact of the Economic Structure of Cities on Urban Scaling Factors: Implications for Urban Material and Energy Flows in China", *Journal of Industrial Ecology*, 2018, Vol. 22, No2, pp. 392 – 405.

② Ben Derudder, Peter Taylor, "Central Flow Theory: Comparative Connectivities in the World-City Network", *Regional Studies*, 2018, Vol. 52, No. 8, pp. 1029 – 1040.

展的大城市化倾向明显,[①] 北京、上海、广州、深圳、南京、天津、沈阳、济南等城市,具有物流业发展的良好产业、技术、交通、人力资源基础,物流业发展水平较高且稳定。[②]

（五）信息流是城市发展的新基础

信息流是信息要素向其他主体传播的集合,它是科技革命以来城市流量大爆炸的最显著因素,已经成为城市发展的基础,并且深刻改变着城市的经济社会。正如 OECD 的报告所言,在什么是数字经济和什么不是数字经济之间划清界限可能是一项艰巨的任务,数字经济正日益成为经济本身。欧盟委员会的报告则指出,数字经济越来越模糊,并与传统经济交织在一起。数字化正在改变所有行业的商业模式,改变公司与世界各地消费者接触的方式。[③] 麦肯锡研究院的报告显示,自 2005 年到 2016 年,跨境使用带宽增长了 45 倍。仅在 2014 年,全球资本流动数字就达到了 7.8 万亿美元。尤其是在新冠疫情冲击下,几乎所有的行动都与网络有关,传统的经济活动也日益转向网络。联合国发布的《数字经济报告（2021）》显示,2020 年全球互联网带宽提高了 35%,是 2013 年以来增幅最大的一年。据该报告估计,每月的全球数据流量将从 2020 年的230 艾字节激增到 2026 年的 780 艾字节,2022 年的全球互联网协议流量将超过截至 2016 年的互联网流量之和。

随着信息化城市的兴起和全球经济的发展,高度专业化的信息创造和交换对于大都市中心的成功至关重要。联合国发布的《数字经济报告（2021）》指出,全世界的超大规模数据中心有一半在美国和中国,它们占过去五年人工智能初创企业融资总额的 94%,占世界顶尖人工智能研究人员的 70%,占全球最大数字平台市值的近 90%。最大的数字平台——苹果、微软、亚马逊、谷歌、Facebook、腾讯和阿里巴巴——正越来越多地投资于全球数据价值链的每个环节。根据麦肯锡研究院的报告,

① 林双娇、王健:《中国城市物流业规模分布的地区差异及动态演进》,《华东经济管理》2020 年第 7 期。

② 王东方、董千里:《中国城市物流发展空间结构演化及影响因素》,《北京交通大学学报》（社会科学版）2019 年第 4 期。

③ Harpaz, A., "Taxation of the Digital Economy: Adapting a Twentieth-Century Tax System to a Twenty-First-Century Economy", *Yale Journal of International Law*, 2021, pp. 46 – 58.

法兰克福、伦敦、阿姆斯特丹、巴黎、纽约、洛杉矶等是国际信息互连枢纽，拥有全球领先的信息流量。

在中国，截至 2023 年 6 月，累计建成并开通 5G 基站数达 337.7 万个，5G 移动电话用户达 8.05 亿户，全国网民达 10.79 亿人，网络直播用户达 7.51 亿人，网络视频用户达 10.44 亿人，网络购物用户达 8.84 亿人。2023 年上半年，全国网上零售额达 7.16 万亿元。[①] 截至 2023 年，中国数字经济规模达到 50 万亿元，占 GDP 比重达 41.5%。高等级城市在城市网络中处于绝对支配地位，北京以突出的优势成为全国性的网络联系中心，上海、广州、深圳则成为全国性的网络联系副中心。[②] 截至 2022 年，位于北京的互联网上市企业数量最多，占互联网上市企业总体的 34.2%；其次为上海，占总体的 20.6%；深圳、杭州、广州紧随其后，互联网上市企业分别占总体的 10.3%、9.7% 和 5.2%。[③]

（六）服务流是城市发展的保障

人是城市发展的载体，也是城市发展的根本。为了城市的发展和吸引各类流量，城市往往还会配以复杂多样的服务系统。不同的城市在政务服务、市场服务、中介服务等方面形成较多的流量。特别是在"后工业化"进程中，服务业的产值逐渐或者已经超过工业、农业。在一些大的城市，服务业已经成为主导性产业，在服务业中就业的人口持续增加。与此同时，由政府提供的公共服务流量持续增加，不但成为营商环境的保障，也在实际上吸引着大量的"移住者"。由公共部门和私营部门提供的多种服务流量，对于城市 GDP 的贡献比重渐增。

二 从"固定庇所"到"流量之城"

把所有城市作为一个整体来谈是不妥的，但为了比较上的方便，只能将其进行类型化的处理。随着流量的增加，城市已经从传统时代的

---

① 《第 52 次〈中国互联网络发展状况统计报告〉》，中国互联网络信息中心网站（https://www.cnnic.cn/n4/2023/0828/c88 - 10829.html），访问日期：2024 年 3 月 22 日。

② 甄峰、王波、陈映雪：《基于网络社会空间的中国城市网络特征——以新浪微博为例》，《地理学报》2012 年第 8 期。

③ 《第 49 次〈中国互联网络发展状况统计报告〉》，中国互联网络信息中心网站（http://www.cnnic.net.cn/hlwfzyj/hlwxzbg/hlwtjbg/202202/t20220225_71727.htm），访问日期：2023 年 12 月 8 日。

"固定庇所"过渡到"流量之城",流量改变了城市治理形态。

（一）农业时代的城市治理

不论是在东方还是在西方,城市自产生,就凸显出安全守卫的功能。考古发现,城市的坯胎就在具有护卫性质的壕沟、墙壁以内。在西方,城市最先是礼仪性、宗教性的"心灵庇护之所"。在中国,先有城后有市,城最先是军事性、防卫性的"安全庇护之所"。战国时期的《墨子》记载:"城者,所以自守也。"东汉时期的《吴越春秋》记载:"鲧筑城以卫君,造郭以守民,此城郭之始也。"西安古城墙展示了隋唐以降的卫城历史,一座紫禁城承载了明清两朝君主的安全梦想,一个天津卫更是展现了城市所承载的军事保卫功能。

在农业社会,城市首要凸显的是庇护安全的功能,同时,城市也往往是统治中心,是挑起战争、造成安全危险的"策源地"。城市有固定的边界,人类活动产生的流量少、速率慢,城市治理体现出等级控制的特性。在中国,礼法等级规定着"王城、郡城、县城"的等级建制,城市虽然不是生产中心,却是农业的统治中心。为了抑制手工业和商业对统治权力的冲击,统治者严格控制城市的发展,城垣不但区隔城内与城外、住所与市场,还区隔了不同的阶级。在历史上著名的大都市,王公贵族与平民百姓的宅第分区明显。为了控制居民流动,统治者规定市场开市和闭市的时间,设置"街坊制""坊里制",对居民实施严格的管控。在唐朝长安,皇城以外的区域由东西向、南北向的 14 条街道和 11 条街道,划分为规整的 109 坊市,坊间设置封闭的围墙,实施夜禁制度,居民夜不出户。其他城市也大多以此仿制,在相当长的一段时期内,城市以"百户一里"的规模实施基层管理,每个里设置里正（长）一人,主要负责编户口、征徭役、检违法。宋朝之后,保甲制逐渐取代乡里制成为主要的城市基层治理机制,统治者对居民采取严格的管控措施。①

在欧洲,古希腊的城邦虽然有公民大会等组织,但其充其量就是统治者的咨询机构,平民阶层权力有限。古罗马同样有明显的居住隔离,

---

① 吴晓林、岳庆磊:《皇权如何下县:中国社区治理的"古代样本"》,《学术界》2020 年第 10 期。

最好的地方为上层阶级所有，在较偏僻的地方，有着大批失业的或半失业的无产者。在所有城市中，都有一个强有力的中央政府；运输工具都在国家直接控制之下；统治者垄断了大量谷物，闹饥荒的年份屡见不鲜；自治市的行政机构只能由有钱人担任职务；绝大多数城市居民收入极为微薄或者贫困不堪。[①] 在英格兰和普鲁士，围绕着教堂产生了无数个城镇，城堡往往占据河流边或关隘口等最有利的地方，目的是为领主防御或保持地产，创建城市的领主或国王都将城市看作自己的领地，在城市里凭借权力侵吞各种利益。对市民来说，自由度相当之低，他们多是作为领主的奴仆而存在，从事的也多是领主允许的职业。[②] 在中世纪后期，地中海的领主行使城市的统治权，军事组织和司法部门统治着城市及其广阔的内陆地区。[③] 人口聚集、手工业和商业的发展，诱发了"城堡向城市转变"，但是，城市中的主宰力量仍是土地所有者。[④]

（二）工业社会的城市治理

工业化启动后，机器、科技与资本的结合产生了更大的流量，引发了城市发展和治理的巨大变革。

一批沿海、沿河的港口贸易城市迅速兴起，以前所未有的速度更新着城市形态。火车、汽车等的发明和使用，扩张了快速交通的网络，人口大规模向工业城市流动，众多人口上百万人甚至上千万人的大城市出现了。在英国，1861 年有 16 个城市人口达到 10 万人以上，1911 年则有 42 个，到 1900 年，利物浦、格拉斯哥、曼彻斯特、伯明翰的人口达到了50 万人，[⑤] 伦敦人口达到 600 万人。在美国，1830—1890 年，纽约人口增加了约 130 万人，人口规模达到 150 多万人；1890—1950 年，纽约人口增加了大约 640 万人。日本东京在 1880 年人口总数约 96 万人，1940

---

① ［美］M. 罗斯托夫采夫：《罗马帝国社会经济史》（上册），马雍、厉以宁译，商务印书馆 1985 年版，第 53、197、212、268、274 页。

② 朱明：《城市的空气不一定自由——重新审视西欧中世纪城市的"自由"》，《史林》2010 年第 2 期。

③ Lantschner, P., "City-States in the Later Medieval Mediterranean World", *Past and Present*, 2022, Vol. 254, p. 10.

④ 黄家骅：《城市化历史溯源与社会制度演进——以西方为例的研究及现代启示》，《河南社会科学》2009 年第 2 期。

⑤ Garrard J. Martin Daunton, ed., *The Cambridge Urban History of Britain*, 1840 – 1950 (Volume Ⅲ), New York：Cambridge University Press, 2000, pp. 68 – 69.

年人口总数已增加至 735.5 万人。① 1900—1980 年，50 万—100 万人口的城市数量增长了 5.6 倍，100 万—250 万人口的城市增长了 18.5 倍，250 万—500 万人口的城市增长了 20 倍，500 万—1000 万人口的城市增长了 20 倍。②

恩格斯论述了工业革命后的英国城市：随着蒸汽机和机器的应用，城市的生产取得巨大飞跃，拥有"输出与输入的巨大数字"，积累在资本家手中的财富和集中在大城市里的人的劳动力的数字巨大，③ 一些大城市至少有 3/4 的人口是工人阶级，大量的失业后备军汹涌而来。罢工事件频繁发生，城市工人群众要求参与政权，19 世纪的英国先后进行了三次议会改革，将工业革命产生的两大阶级中的大多数纳入了政治体制。④ 进入 20 世纪以后，英国先后经历经济危机、战争的洗礼，面对战后的婴儿潮和贫民窟的增加，城市逐渐推进新城建设、内城更新，社会福利、公租房建设等得到重视。

进入工业化时代，美国的城市同样面临一个陌生人社会。大量的黑人和农村人口向城市转移，城市也成为"阶级冲突"的集中地。流动摧毁了统治阶级所拥有的基础，也促使世界首次互联互通，"资产阶级，由于开拓了世界市场，使一切国家的生产和消费都成为世界性的了"⑤。在最初，美国的城市除了有限的政府以外，各类社会组织发挥着联结社会的功能。随着城市人口的增多和社会变化，美国的政府机构也增多了，"一战"前美国为了协调劳资冲突，推动劳工立法，成立了劳工局；"大萧条"后，美国许多州和市成立公共福利部门，小罗斯福总统当政期间推出《联邦救济法》和《社会保障法》，大规模救济失业者和贫民，社会救济成为政府的重要职责；"二战"后，美国陆续开展"城市更新""社区行动"等计划，向低收入群体提供服务。

就居住形式来看，在世界工业化史上，工业人"职住合一"式的

---

① 陆军、汪文姝、宋吉涛：《纽约、东京与伦敦的人口规模演变》，《城市问题》2010 年第 9 期。

② 高佩义：《中外城市化比较研究》，南开大学出版社 1999 年版，第 141—145 页。

③ 《马克思恩格斯选集》（第一卷），人民出版社 2012 年版，第 73 页。

④ 吴晓林：《现代化进程中的阶层分化与政治整合》，天津人民出版社 2012 年版，第 75 页。

⑤ 《马克思恩格斯选集》（第一卷），人民出版社 2012 年版，第 404 页。

集中居住及"工厂—社区"复合体的形成，带有一定的普遍性。在中国，"工厂—社区"一体化的空间在 1949 年后得到了快速的、有计划的发展，[①] 中国各大城市在工业化进程中普遍采用了"单位制为主、街居制为辅"的管理方式。改革开放后，"街居制"成为中国城市基层的管理方式，与此同时，城市政府的社会管理、公共服务职能逐渐增强。总体来看，工业社会的流量大幅增加，城市政府在社会治理中的作用增强，科层制得到广泛使用和扩展。

（三）信息社会的城市治理

20 世纪 90 年代中期以来，全球化和信息化浪潮合流袭来。数字空间与现实空间不断融合，在场与不在场已经没有界线，网络不但使万物互联，而且使世界相连。在此背景下，数据流量成为城市快速发展的密码，基于信息化的智慧治理成为一种全球趋势。

许多政策制定者清楚地认识到，信息技术已成为经济增长和竞争力的关键驱动力。[②] 不仅人们依赖数字技术的变革力量，而且政治权威和企业家也急于使用数字技术来披露重要信息、提供服务等。[③] 互联互通也已经成为招商引资、吸引人口的基础要素。一些信息平台企业还为所在城市吸引了大量流量，成为城市经济发展的有力支撑。

英国伦敦在 2000 年提出打造电子政府的概念，并先后出台《智慧伦敦规划》（2013）和《共建智慧城市》（2018），推动大数据应用于公共服务。美国自 2009 年以来相继颁布了《开放政府指令》《数字政府战略》等，开放数据等成为纽约市发展的重要助力。[④] 在实践中，为了解决城市交通流的问题，有的城市已经开始依赖先进的机器学习算法，估计整个道路网络的交通量，安装摄像机，借用大数据技术推动智慧交通，通过

---

① 田毅鹏：《单位制与"工业主义"》，《学海》2016 年第 4 期。

② Atkinson, Robert D. , "A U. S. Grand Strategy for the Global Digital Economy", Policy Report, Information Technology and Innovation Foundation, January 2021, https：//ssrn. com/abstract = 3773652.

③ Mgadmi, N. , Moussa, W. , Béjaoui, A. , et al. , "Revisiting the Nexus between Digital Economy and Economic Prosperity：Evidence from a Comparative Analysis", *Journal of Telecommunications and the Digital Economy*, 2021, Vol. 9, No. 2, pp. 69 – 91.

④ 陶希东：《西方发达城市政府数据开放的经验与启示》，《城市发展研究》2016 年第 9 期。

大数据集来处理交通流量，帮助改善基础网络，降低交通成本和能源消耗，吸引资本流量。

在中国，除了广泛推进信息产业发展以外，一些城市还新设了大数据局（中心）等机构，推出了"一网统管""整体智治""最多跑一次""不见面审批"等依托数字技术的治理改革，一些城市甚至提出"元宇宙""孪生城市"的布局，形成推动治理变革的巨大力量。

历史地看，农业社会的城市流量主要依附于土地及其所有者，土地的低流动性决定了城市的"边界固定性"，城市治理展现了"单一且高压的管控方式"。工业社会的经济基础结构发生重要变化，以土地＋资本＋机器为主轴的流量快速增加，为适应工业化进程，各个国家的社会服务和公共支出得到扩大，公共服务、公共安全、城市规划建设管理、公共卫生和福利、交通运输管理、劳动保障等被纳入政府职能范围，城市政府职能扩增、科层制的大发展成为适应工业社会流量发展的重要因素。进入信息化社会之后，城市的组织体系有一个明显的"去中心化"和"网络化"趋势（见表0-1），同时也面临不少新的挑战性课题。

表0-1 城市流量变化及治理形式

社会形态	流量特点	城市空间变化	城市组织和治理变化
农业社会	依附于土地的低流量社会	空间边界固定	等级制的管控
工业社会	"土地＋资本＋机器"的人口、贸易大流动	二维空间扩展	科层制完善、社会性增强
信息社会	信息化、数字化的流量大爆炸	三维空间扩展	科层制仍在、数字治理扩展

三 "流量城市"的研究议程

"流量城市"是一个建构中的概念，却是枢纽城市的形象概括。"流量城市"立基于信息技术的发展，反映了城市的引领性变迁，具有驱动城市发展治理变革的原创意义，涉及一系列重要的课题。

（一）"流量城市"的基础与价值

"流量城市"是区别于传统城市的一种新形态，它是多种流量的汇集。与现实世界并存的是一个"超越时空"的数字世界，它力图通过信息技术来表征一切、连接一切、将一切简化为数字，聚流为量。

1. 如何认识和识别流量城市的经济结构基础？

历史地来看，自从人类解决了基本的生活需求之后，超乎之上的需求无不由机器和技术操弄，背后关联着更深刻的结构变化。流量城市的基础，已经超过了过往"人＋土地＋机器＋资本"的组合。在这个流量空间，现实与虚拟交互，信息成为基本要素，城市的人和物映象成无数个流动的数字，一切经济社会活动都被数据化，生活被抽象为一个巨大的数学问题。各类要素的跨时空流动，特别是汹涌而来的数字技术裹挟了一切，信息数据全方位介入城市的各个领域，模糊了生活与生产、私人与社会的界限，同时将人们的私人时间在无形中转化成利润空间，这势必改写传统社会的政治经济基础，有必要解释和说明这个基础。

2. 如何判断和把握流量城市的主体价值？

隐于流量背后的是城市对人类欲望的迎合、刺激和调动。不同流量对城市和人类社会发展的价值势必发起冲击，城市治理的价值到底如何取舍？当流量成为全球城市竞逐的对象，流量城市的主体性为何？流量是一种修饰还是城市之本？游走于现实与虚拟空间的人们，是否就悄无声息地被淹没于数字海洋？无论如何，都要看到，流量城市的本质仍是资本对生产和生活的超时空捕获，充满了各类结构性冲突，不管是主动汇入还是被动卷入流量的个体，在巨流之中多是弱小而无助的，非但无法抗拒流量，而且受到流量裹挟和威胁。也需看到，流量城市不是脱离于现实空间的独立存在，而是根植于现实世界，并且最终要反馈到、回归到现实世界，对城市居民来讲，流量不是冷冰冰的数字，是活生生的人和生活，是不能被抽离价值的血肉和灵魂。那么，当数字、信息成为整个社会治理的想象中心和基础兴奋点时，现实空间的人们是否被保留了权利空间？人的主体性是否被置于重要位置？这是流量城市发展和治理的基本价值问题，需要得到慎重分析和界定。

（二）"流量城市"的发展与安全

在现代社会，没有流量，城市就没有发展活力。城市需要突破地理边界吸收流量，成为一个巨大的流量磁场。城市在跨越区域乃至在全球范围内吸流、引流的同时，也集聚了广泛的风险。发展与安全是一体之两翼，必须思考两个关键议题。

1. 如何通过"吸流、限流"维持城市可持续发展？

目前，对全球城市、数字城市的热捧已经成为一股潮流。全球城市的研究聚焦于全球范围内的流量争夺，数字城市的研究聚焦于数字化的应用和改革。流量城市的研究，必须从关注单一的流量、内部秩序等扩展到多种流量、内外流动对城市的影响。特别是，一个能够被定义为流量城市的区域，到底需要多少种、多大规模的流量？各种流量之间是什么关系？它们又是如何影响了城市的发展？一个流量城市是否摸清自身的各类流量的底数，并且动态掌握各类流量的变化？城市应该"吸什么流""用什么流""限什么流""护什么流"，才能维持可持续发展？流量具有潜在能量和现实能力两种，如何促使流量向发展动能转化？

2. 如何"设定流量跑道"维持城市安全？

流量城市既是集聚各种流量的空间，也是集聚更多复杂性、矛盾性的空间。马克思早就看到，"资本是不断地从一个产业部门向另一个产业部门流出或流入的。价格高就引起资本的过分猛烈的流入，价格低就引起资本的过分猛烈的流出"[①]。诸多流量的汇聚和大进大出，在给城市带来活力的同时，也使城市面临一系列结构风险。数据漏洞、数字控制、网络犯罪、数据滥用以及数据霸权，都给依赖信息运行的城市底座埋下安全隐患。美国为了保持在全球的领先地位，既将中国视为数字对手实施各种制约，也向其盟友施加压力，将其价值标准扩展至整个网络世界。2021 年，美国试图领导一个全球联盟来反击中国的数字主导地位。[②] 耶鲁大学的奎特警告："数字殖民主义正在威胁全球南部地区，现在是时候把硅谷说成一股帝国力量，以及必须采取什么措施来抵制它的力量了。"[③]城市在吸收流量的同时，如何对其设定跑道、规则和制动器？这些问题与城市安全息息相关。

---

① 《马克思恩格斯选集》（第一卷），人民出版社 2012 年版，第 336 页。

② Atkinson, Robert D., "A U. S. Grand Strategy for the Global Digital Economy", Policy Report, Information Technology and Innovation Foundation, January 2021, https：//ssrn. com/abstract = 3773652.

③ Michael Kewt, "Digital Colonialism Is Threatening the Global South", Al Jazeera, March 13, 2019, https：//www. aljazeera. com/opinions/2019/3/13/digital-colonialism-is-threatening-the-global-south/.

（三）"流量城市"的组织与治理

超链接世界和"数字空间"的泛在化，改变了人类交往和交易的形态。"数字空间"不断扩展，带来了全新的公共治理和服务空间。[①] 对于流量城市的治理，要有一系列全新的认知。

1. 流量城市需要什么样的组织体系？

流量城市是信息社会发展到一定阶段的集中反映，信息基础的大发展带来革新既有组织体系的可能，也预示着流量城市治理体系的结构调整。

其一，在巨大流量汇入的背景下，工业时代留下来的科层组织遗产能否应对新的冲击？引入信息手段，进行信息化改革，是对科层制的补充还是替代？这种组织变革走向何方、路线为何？基层的街居组织形态，是否拥抱或超前于种种流量的汇集，指引和应对流动的规范是什么？

其二，除了科层组织以外，一些大数据公司的算法支配了城市运行的某些领域，一些拥有巨大流量的企业平台，事实上已经在发挥权威性的作用，它们拥有无数的受众、用户和粉丝，可以随时套现增值，推广其认同的规则价值，这些组织发挥作用的界限在哪里？它们如何被城市体制吸纳、监督，为城市发展服务？

其三，依托数字技术的市民、企业和社会组织，既能够产生流量数据，也能够使用数据为生产、生活服务，日益成为流量的利益相关者，他（它）们既是流量载体，又是流量消费者、经营者，已经出现流量用户与流量股东的复杂交揉，如何界定其权利、义务？如何在流量收割的分利秩序中容纳和吸纳这些组织变化？

2. 流量城市需要什么样的政府治理？

流量的大规模汇集超出了人类的认知能力和组织的应对能力，以前所未有的规模和速率，为城市之治带来了极大的冲击，这一切都需要治理结构和过程进行沉淀、重塑。城市治理如何跟上流量发展，进而升级迭代，政府的改革是流量城市治理的核心。

---

① 米加宁、章昌平、李大宇、徐磊：《"数字空间"政府及其研究纲领——第四次工业革命引致的政府形态变革》，《公共管理学报》2020 年第 1 期。

其一，流量更多地依靠数据化展示出来，尽管"走上数字和数据治理的新道路比以往任何时候都更为重要。当前支离破碎的数据环境使我们有可能无法捕捉到数字技术可能带来的价值"①，那么，城市政府是否具备识别流量、管理流量的大数据结构？

其二，流量对城市的挑战是全方位的，城市是否设计了完整的"流量治理链"？城市的自然环境条件、基础网络、服务网络，已经成为吸引各类流量的基础，城市政府是否能通过天然继承和后天改造、维护、修复，使自然流健康有韧性？是否对物质流进行分析和调控，保障城市可持续发展？是否围绕社会流的变化布局服务和管理？是否具有调控、调动、整合、监管各类流量的组织设计和流程改造？

其三，传统的治理体制是否因时而变，在流量城市，物理的城墙已经成为历史的灰烬，当流量破界涌来，从城市高层到基层治理体系，到底如何"适流而变"？

四　新的概念与新的探索

《共产党宣言》指出："永远的不安定和变动，这就是资产阶级时代不同于过去一切时代的地方。……一切新形成的关系等不到固定下来就陈旧了，一切等级的和固定的东西都烟消云散了。"② 自人类进入工业社会以来，城市的流量大大增加，流动已经成为人们生产和生活的一部分。借助数字技术的翅膀，人类创造了更为精简便捷的交易模式，在全球范围内传播价值、人才和技术。

本书在界定流量城市定义、分析流量对城市治理影响的基础上，尝试以深圳市为分析对象，选择纽约、伦敦、巴黎、法兰克福、东京、新加坡以及北京、上海、香港、杭州、广州、天津、成都等典型城市，从人口流量、交通流量、经济流量、信息流量及流动环境等方面展开全面探讨，总结出流量城市治理的要素组合。

进入21世纪，流量正在全方位地影响人们的生活和生产、经济和政

---

① United Nations Conference on Trade and Development，Digital Economy Report 2021，https：//unctad. org/publication/digital-economy-report-2021，访问日期：2023 年1 月2 日。

② 《马克思恩格斯选集》（第一卷），人民出版社2012 年版，第403 页。

治、个体隐私和安全，也已经成为一些特大城市想象力的兴奋点。流量城市的治理，实质是为解决现实空间与虚拟空间、传统治理与超大规模的结构矛盾提供思路，这意味着决策者需要重新评估城市的增长和治理战略，配以更好的制度设计。

流量城市根植于现实世界，必须从日常生活的角度来思考城市的流量和治理。在流量城市，人成为快速流动大潮的一滴水珠，"成为一个庞大的事物和权力组织中的一个小齿轮"[①]，其自主性被稀释在快速流动的时空，资本成为城市流动落地到空间的重力，流动的时间与货币实现的可能性同步。需要明白，人才是流量的主体、流量之源，不能仅仅被视为冷冰冰的用户端。尤其是在资本介入的流量之中，城市不能只关注企业端，更要关注个人端，对于个人在流量城市的需求、利益表达须有前瞻式的捕获，"流量市场端对个体的影响"应该得到有效的评估和均衡。城市治理必须坚守以人民为中心的核心价值，统筹安全与发展，构建适合流量城市的黏性、亲和性、韧性治理模型。

本书对流量城市及其治理现代化展开了较为系统的研究。从理论上看，对流量城市的界定和研究，可以扩展和丰富城市发展理论、治理现代化理论，增加城市研究的新尺度，得出许多与以往不同的新认知，拓展人类城市发展与治理的新想象。从实践上看，在分析深圳市流量城市发展和治理能力现代化的基础之上，发掘深圳市与流量城市适配的治理经验，提出深圳市流量城市治理能力现代化体系建设的目标，探索深圳市流量城市治理能力现代化体系建设的路径。

---

① Simmel, G., "The Metropolis and Mental Life", in K. H. Woolff, ed., *The Sociology of Georg Simmel*, New York: The Free Press, 1950, p. 422.

第 一 章

流量城市的理论内涵与治理现代化的需求

在工业化、全球化和信息化的多重推动下，中国城市规模不断扩张，城市数量持续增加，人口、信息等要素的空间流动持续加快，传统城乡分割的城市管理模式遭到极大挑战，城市治理现代化内在要求不断更新。面对国内外发展环境的持续变化，深圳率先提出建设"流量城市"的重要倡议。"流量城市"既是实践中的城市样态，也代表了一个需要不断完善的城市发展目标，代表了未来城市发展的一种趋势。作为一种新的城市形态，流量城市在治理能力现代化方面既有城市治理的普遍性特征，也具有一定的特殊性要求。流量城市治理现代化的实现，需秉持中国式现代化的基本原则，把握其特质、发掘其优势、补强其短板，不断推进城市治理模式迭代更新。

第一节　全球城市体系的发展与变迁

城市化是人类文明发展的重要结果，是衡量国家现代化水平的主要指标。城市是现代社会经济发展的重要载体，是经济活动的核心空间，是推动国家经济增长的主要动力来源。同时，城市已成为现代国家人口的主要活动区域，承载各类政治、经济、文化活动。改革开放以来，中国城市化率以每年近一个百分点的比例上升，2022 年末全国常住人口城镇化率为 65.22%。[①] 人类正生活在以城市为主要活动空间的世界。正是工业化、全球化和信息化及其之

---

① 数据来源：《中华人民共和国 2022 年国民经济和社会发展统计公报》，国家统计局网站（http：//www.stats.gov.cn/sj/zxfb/202302/t20230228_1919011.html），访问日期：2023 年 2 月 28 日。

间的相互作用，共同推动了全球城市体系的形成与持续变迁。

一 工业化与超大城市的兴起

城市是处于持续演化中的开放复杂系统。在其发展过程中，新的社会要素不断进入，并与既有要素产生冲突、融合，促使各系统要素进行重组。其中，人口是最重要的社会要素，人口聚集是城市兴起的重要表现。然而，推动城市兴起与发展的力量是多样的，且在不同历史阶段发生着转变。

（一）前工业化时期的城市发展

从世界范围看，城市兴起最根本的先决条件是人类生活方式的转变，即从石器时代的狩猎采集生活转变为新石器时代的农耕生活。长期稳定的定居使人类转而追求非农业性生产，劳动分工更加普遍，人类社会不仅可以制造、交易产品，而且可以维持统治机器与宗教仪式。早在公元前 3200 年，位于美索不达米亚南部的乌鲁克就已拥有约 2 万名居民，成为当时世界上最大的城市；公元前 600 年，古巴比伦从美索不达米亚平原上的众多城市中脱颖而出，成为古代文明凝结的城市之一。[①] 公元前 5 世纪，雅典已在建筑、政治、文学和哲学等方面对古希腊其他城市有较大影响力，其兴盛源于早期对一系列战争的领导。古罗马的兴起可追溯到约公元前 8 世纪中叶，此后其规模稳步增长，到 2 世纪人口达到峰值的 120 万人，成为世界历史上首座巨型首都城市。在中世纪的欧洲，城市居民逐渐从领主控制的封建统治和主教权力中解放出来，以佛罗伦萨为代表的一批城市不再由世袭统治者设立，顶尖商人作为城市财富与强大行会的代表，成为城市政府的主导角色。[②]

聚焦中国历史，古代中国也并非"无都市"的自给自足的单纯农业社会，早在殷商、西周和春秋战国，城邑形态的都市已成为社会生活和经济生活的中心。[③] 自秦统一天下后，郡县制开始在全国范围内推行，直至西晋时期相对成熟，从"邑制国家"到"郡县制国家"的过渡得以实

---

① ［美］安德鲁·里斯：《城市：一部世界史》，黎云意译，上海三联书店 2021 年版，第 5 页。

② ［美］安德鲁·里斯：《城市：一部世界史》，黎云意译，上海三联书店 2021 年版，第 36—37 页。

③ ［日］斯波义信：《中国都市史》，布和译，北京大学出版社 2013 年版，第 1 页。

现，官僚统治成为中国古代都市的底色。① 坊市制曾是在中国行之有效的城市区域规划和市场管理制度。西周至唐代，城市建制一直保持市与坊分设、坊内不设店肆、市内不住家的格局；自战国起，为有效管控城市居民，统治者将城市划分成若干封闭性小区，汉代早期称为里，汉代以后称为坊。② 《长安志图》载："坊市总一百一十一区，万年、长安以朱雀街为界，街东五十四坊及东市，万年县领之；街西五十四坊及西市，长安领之。"③

事实上，统治权力对前工业化时期的城市兴起具有重要意义，城市具备了明显的安全防御功能。在权力作用下，原本分散的资源、人口被大范围集中起来，进入并被相对封闭在高耸的城墙之中。这一时期，城市规模普遍较小，城市功能发展尚不成熟。

（二）工业化：现代城市的重要塑造力量

工业革命以来，尤其是 19 世纪的科技革命以来，人类社会真正进入城市化进程，城市人口及其占比呈现出快速上升态势。④ 从世界范围看，20 世纪之前的城市人口在总人口中的占比，用了近 5000 年才增加到 16.4%；然而仅在一个世纪之后的 2007 年，城市人口在总人口的占比就已超过 50%，且将有望在 2035 年超过 62%（见表 1-1）。⑤ 这是人类社会发展过程中前所未有的。

表 1-1　　　　　　　　世界范围内的城市人口数量　　　　（单位：百万人）

地区	城市人口							
	2000 年	2005 年	2010 年	2015 年	2020 年	2025 年	2030 年	2035 年
世界	2868	3216	3595	3981	4379	4775	5167	5556
高收入国家	822	870	919	955	989	1019	1049	1076

① ［日］斯波义信：《中国都市史》，布和译，北京大学出版社 2013 年版，第 17 页。

② 冯兵、黄俊棚：《隋唐五代坊市制与城市社会管理》，《上海师范大学学报》（哲学社会科学版）2019 年第 1 期。

③ （宋）宋敏求撰，（元）李好文撰：《长安志　长安志图》，辛德勇、郎洁点校，三秦出版社 2013 年版，第 415 页。

④ 王喆、陈伟：《工业化、人口城市化与空间城市化——基于韩、美、日等 OECD 国家的经验分析》，《经济体制改革》2014 年第 5 期。

⑤ 安德烈·索伦森、金盼盼、张怀予、傅舒兰：《城市化、制度变迁和制度化：复合关键节点的城市转型》，《国际城市规划》2020 年第 4 期。

地区	城市人口							
	2000 年	2005 年	2010 年	2015 年	2020 年	2025 年	2030 年	2035 年
中等收入国家	1935	2211	2511	2825	3145	3456	3757	4045
低收入国家	109	133	162	199	243	296	359	432
非洲	286	341	409	492	588	698	824	966
亚洲	1400	1631	1877	2120	2361	2590	2802	2999
欧洲	517	525	538	547	557	565	573	580
拉丁美洲和加勒比地区	397	433	470	505	539	571	600	627
北美洲	247	262	277	291	305	320	335	349
大洋洲	21	23	25	27	29	31	33	35

数据来源："World Cities Report 2020：The Value of Sustainable Urbanization"（https：//unhabitat. org/world-cities-report-2020-the-value-of-sustainable-urbanization）。

基于全球视野，工业化是塑造现代城市尤其是大城市的重要力量。19 世纪前，西欧工业一直分散在小作坊里，其规模能与农村、城镇（如英国的萨德伯里等）适配。此时，西欧城市人口规模一般少于 60 万人。当蒸汽机开始作为工业主要动力，工业和人口的大规模集中就成为可能，因为一定面积内的纺织机越多，动力使用效率越高，工厂随之趋于大型化。到 19 世纪中期，工业化已在西欧创造了 100 万人口规模甚至更大人口规模的城市，1850 年的伦敦人口已达 236.3 万人。[①] 1851 年的人口调查表明，英国的城市人口已占全国人口的 52%，其中曼彻斯特人口每十年增长比率为 27.85%，格拉斯哥人口每十年增长比率为 27.65%，利物浦人口每十年增长比率为 25.99%，利兹人口每十年增长比率为 25.78%，伯明翰人口每十年增长比率为 20.04%。同期，法国和美国的城市人口占全国人口的比例为 25% 和 13%，俄国这一比例只有 7%。[②] 1870 年，英国城市人口占全国人口的比例上升到 65.2%，1890 年又上升到 74.5%，1910 年更达 78.9%，从而成为高度城市化的国家。世界各大洲的大城市

① ［意］卡洛·M. 奇波拉主编：《欧洲经济史》（第三卷），吴良健、刘漠云、壬林、何亦文译，商务印书馆 1989 年版，第 24 页。
② ［法］米歇尔·博德：《资本主义史 1500—1980》，吴艾美、杨慧玫、陈来胜译，东方出版社 1986 年版，第 111 页。

化现象见表 1 - 2。

表 1 - 2 世界各大洲的大城市化现象

类别	亚洲	欧洲	非洲	北美洲	南美洲	大洋洲
2018 年人口 500 万人以上且有统计数据的国家或地区数（个）	31	23	33	8	11	1
1960—2018 年有大城市化现象的国家或地区数（个）	27	18	32	7	10	1
有大城市化的国家或地区占比（％）	87.1	78.3	97.0	87.5	90.9	100
2018 年大城市人口数占所在国家或地区全部城镇人口数比例超过一半的国家或地区数（个）	10	1	5	3	4	1
2018 年步入大城市化时代的国家或地区数占比（％）	33.3	4.3	15.2	37.5	36.4	100

数据来源：宋迎昌《"大城市化"发展趋势探究——基于联合国世界经济和社会事务部数据库相关数据的分析》，《城市问题》2021 年第 1 期。

19 世纪的北美，同样见证了工业化与大城市兴起的密切关系。美国东北部是工业化起始地，很快成为城市区域；内战前后，美国城市化向西推进，19 世纪中后期中西部崛起，90% 以上的工业企业集中在城市。[①]芝加哥、匹兹堡以及克利夫兰等成为全美排名前列的大城市。加拿大的城市也在工业化推动下扩大了规模，到 19 世纪 30 年代，多伦多的城市中心已出现多家小型加工企业，公共交通也随着人口增加而发展起来。

聚焦同时期的中国，城市发展则在帝国主义影响下呈现出明显依附性。近代中国被迫打开闭关自守的门户，沿海沿江以及内陆边疆地区的部分城市被迫对外开放成为通商口岸。中国城市功能结构和城市体系开始发生变化，出现了一批港口贸易城市和陆路商埠城市，这些城市带有明显的半殖民地半封建性质，形成依附性商埠城市体系。[②] 这种被迫开放

---

① 李文硕：《迈向全球城市：二战后纽约的转型与复兴》，光启书局 2021 年版，第 3 页。

② 何一民：《从农业时代到工业时代：中国城市发展研究》，巴蜀书社 2009 年版，第 79—81 页。

实际上也为中国引入西方现成的先进生产力提供了一定条件，开埠城市的经济形态更早地出现了工业化趋势。19 世纪中后期以来，上海、天津、汉口等开埠城市及其邻近城市由于实行开放，得以较早引进西方工业技术，最早发展为中国现代工业中心。

（三）超大城市面临的治理挑战

工业化带来了现代城市的兴起及其规模扩张，超大城市开始在国家经济活动中占据主导地位，其在生产效率、就业机会、污染控制、集约用地等方面均优于小城镇和乡村，但也往往面临更多治理挑战。城市化表现为人、物与信息的空间集聚，其效益很大程度上源于集聚，城市治理的挑战也源于集聚效应的负面影响。早在 19 世纪，西欧城市人口的迅速增长，曾引发过一系列严重问题——有些发生于物质层面，有些则发生于道德和政治层面，地方政府对此常束手无策。人类社会在超大城市治理中所面临的挑战具有普遍性。

首先，城市公共服务短缺是超大城市治理必须回应的重要问题。足量高质、均等化的公共服务生产供给，是城市政府的重要职责，关系到城市是否能够有效突破人口承载力上限，是超大城市安全有序发展的基本保障之一。

其次，贫困人口及其伴生的社会问题是超大城市治理始终需要回应的又一重要问题。1911 年，布达佩斯为工人修建的住所被称为"监狱中的牢房"，其中一栋楼中 97 个人只有两间厕所，狭小劣质的房屋在西欧城市普遍存在。[1] 即便在 21 世纪的美国，类似问题依旧存在。2008 年国际金融危机以来，纽约的无家可归者人数出现了明显增加，2015 年仍有370 万市民处于或接近贫困线，占到纽约总人口的 45.1%。[2]

再次，超大城市治理还需要面对各类社会不平等问题，如收入不平等、种族不平等、性别不平等。其中，在移民较多的超大城市中，种族不平等问题更加突出和严重，威胁着城市社会的包容和公平发展。

最后，城市安全保障是超大城市治理与发展的底线。在超大城市，

---

① ［美］安德鲁·里斯：《城市：一部世界史》，黎云意译，上海三联书店 2021 年版，第59 页。

② 陶希东：《全球超大城市社会治理模式与经验》，上海社会科学院出版社 2021 年版，第18 页。

各类要素高度集中、快速流动，社会复杂性和不确定性较高，公共安全危机的种类和频率相对更多。例如，犯罪率过高曾是纽约面临的重要城市问题，尽管 20 世纪 90 年代后已呈下降趋势，但纽约依然是美国犯罪问题较严重的地区之一。[①] 面对城市运行系统日益复杂、安全风险不断增大的现实，中国尝试建立以安全生产为基础的综合性、全方位、系统化的城市安全发展体系，其中，深圳是国内最早形成城市安全管理地方性法规，提出城市安全发展纲领的城市。

二 全球化与全球城市的发展

全球化浪潮逐步打破各国工业化、城市化进程的孤立与封闭，资源的全球性流动与集聚催生了全球城市的兴起与发展。在人口、信息、交通、金融与服务要素的全球性快速流动中，社会分工和专业化程度进一步加深，经济活动布局的地理范围不断扩展。同时，各类要素在全球范围内的特定城市聚集，形成全球城市。这些在陆运、海运、航空方面具有一定优势的城市，逐渐在全球城市网络体系中发挥出强大的节点作用。

（一） 全球化浪潮与城市网络体系形成

全球化在很大程度上提升了资源在世界范围内的配置效率。[②] 弗里德曼指出，全球化经历了三个时代：从 1492 年到 1800 年可以被称为全球化 1.0 版本，这一阶段全球化始于新航路开辟以及新旧世界间贸易的开启，其进程取决于国家实力及其应用形式；从 1800 年到 2000 年可被称作全球化 2.0 版本，这一阶段推动经济全球化的主要力量是跨国公司，全球经济在此期间诞生并成熟，国家间的商品、信息流动频繁，全球商品和劳动力市场真正出现；2000 年进入了全球化 3.0 版本，信息化驱动的全球化使世界缩小到"微型"。[③] 早期的全球化一般都伴随着贸易与殖民行动，以英国为代表的航海大国在商人"无限野心"的驱使下，资助航海家前往俄罗斯、波斯、东地中海远端和非洲等地区开展殖民活动。它们建立

---

① 陶希东：《全球超大城市社会治理模式与经验》，上海社会科学院出版社 2021 年版，第 35 页。

② 春燕：《全球创新网络节点城市建设——东京案例》，《科学管理研究》2019 年第 6 期。

③ ［美］托马斯·弗里德曼：《世界是平的：21 世纪简史》，何帆、肖莹莹、郝正非译，湖南科学技术出版社 2006 年版，第 8—9 页。

具有环球航行能力的庞大贸易公司，在红海到日本都设立了基地，在北美拥有广大的殖民地。① 然而，这一时期的海外殖民活动并没有产生真正意义上的全球经济和城市网络体系。

20 世纪 80 年代以来，经济全球化促使全球社会分工和专业化程度持续加深。在信息技术和跨国公司的推动下，城市的功能边界不再局限于特定地理空间，而是在全球分工体系之中得到发展。城市成为全球化发展的载体，也是其强大的推动力。信息技术发展使信息流对物流、人流、资金流的拉动作用更加迅猛，物理限制和空间距离已不再是城市间建立发展链接的障碍。在经济全球化背景下，城市间关系趋于复杂，城市体系界限受到地缘、国界的限制逐渐模糊，不同国家和地区的城市共同组成了全球城市体系。当更多城市融入全球城市体系，城市间的依赖与联系程度不断提高，全球城市体系开始突破垂直化"等级"结构，呈现出网络化特征。对中国而言，随着全球化的逐步推进和全球资本扩张的日渐深入，越来越多的城市进入全球经济大循环过程。②

现代城市共同完成着全球城市体系的构建。城市的经济和社会发展轨迹在很大程度上取决于其参与全球经济一体化的程度，部分超大城市逐渐发展为协调和影响全球化过程的重要节点，成为世界城市，或者说全球城市。在全球城市体系中，全球城市是与边缘城市完全不同的经济体：边缘城市仅是全球经济的参与者，并不具备为全球市场提供管理和服务的能力；只有处于核心地位的全球城市，才能在资源配置中发挥控制和协调作用。③

（二）全球城市：城市网络体系的关键节点

在全球城市网络体系中，一座城市的地位取决于其辐射、聚合的能力。辐射的范围越大、聚合的能力越突出，在全球城市网络体系中的中心性就会越显著。在全球化 1.0 时期，以国家能力为支撑的海上交通能力是影响城市辐射能力的关键因素。此时，大型港口城市在聚合、调配资

---

① ［英］斯蒂芬·奥尔福德：《伦敦的崛起》，郑禹译，九州出版社 2020 年版，第 195 页。
② 姚华松、黄耿志、陈昆仑、叶昌东：《超越"星球城市化"：中国城市研究的新方向》，《经济地理》2020 年第 4 期。
③ 张懿玮、高维和：《从服务型城市到全球城市的逻辑机理和实现路径》，《北京社会科学》2021 年第 7 期。

源方面更具优势，在全球化体系中成为重要的全球城市，因此辐射范围较大的城市多是港口城市，如早期的威尼斯、鹿特丹，后来的伦敦、纽约。优越的地理位置和优质的基础设施条件，是全球城市形成与发展的重要支撑。包括地面和地下轨道、空港、港口、高速公路等在内的立体化交通体系，在全球城市形成与发挥功能的过程中具有重要作用。

随着全球化 2.0 版本、3.0 版本的到来，地理位置和交通体系不再是全球城市形成的单一性因素。作为全球城市体系的关键节点，全球城市必然有其行政和地理边界，但功能边界则更模糊且富有弹性。① 具体而言，全球城市往往具备庞大的经济总量和强大的经济实力，产业结构的去工业化特征相对明显，跨国公司总部聚集度强；作为优质的基础设施枢纽和高端资源要素配置中心，其国际高端资源流量与交易量巨大，高端人才集聚，金融国际竞争力强。

在各类要素的高速国际化流动中，全球城市是要素流集聚和交汇节点的空间载体，如伦敦、纽约、东京、深圳等。全球城市具有双重节点属性——虚拟性节点属性和实体性节点属性，前者体现了信息流、金融流、技术流等的汇聚，后者体现了货物流、人才流等的汇集。同时随着信息技术的发展，虚拟和实体的双重节点属性越来越紧密地结合在一起。在实体节点的基础上，虚拟节点在区域空间中具有越来越重要的作用。因此，全球城市一方面要具备雄厚的经济实力、成熟的产业结构、完善的服务体系；另一方面也要有"有为政府"作为其发展的支持性、推动性力量，提供合理的城市规划、舒适的城市环境以及高效的城市管理等软性支持。

（三）全球城市的鲜明"服务属性"

能够成为全球城市的都市一般具有明显的"服务属性"，尤其是生产性服务业在其产业结构中占据重要位置。这些城市在全球城市网络体系中的关键节点地位，很大程度上取决于高度专业化的生产性服务业的发展，同时也取决于其在资本高度流动的经济体系中进行资本调拨配置的能力。当前，随着全球经济活动的空间分散性和全球经济一体化程度的提升，越来越多的跨国公司总部倾向于将会计、法律、公共关系等生产

---

① 李文硕：《迈向全球城市：二战后纽约的转型与复兴》，光启书局 2021 年版，第 400 页。

性服务进行外包。从这个角度讲，全球城市是生产性专业服务公司的主
要集聚地。

纽约就是全球城市的典型。随着全球经济结构的调整和纽约服务业
的兴起，该城市对企业总部的吸引力进一步凸显。1963 年，147 家"世
界 500 强"企业将总部设在纽约市；1978 年，即便纽约陷入财政危机，
仍有 104 家企业将总部留在这里。[①] 全球城市产生的基础之一，就是高度
专业化和网络化的生产性服务业；当生产性服务业达到一定规模和标准，
城市得以扩大服务功能，提升服务能级，从区域走向全球。[②]

同时，全球城市及其依托的生产性服务业不应该被孤立地看待。生
产性服务业的集聚固然重要，但全球城市并不是仅作为"先进生产者服
务集群"存在，而是作为"服务于全球市场交易联结"的重要网络节点
存在。[③] 全球城市的产生与发展，依赖于生产性服务业在全球城市网络交
易中发挥的作用。全球城市并不是脱离城市网络体系单独存在的实体，
而是深度嵌入全球生产体系，通过生产性服务连接全球城市网络体系的
关键节点。

三　信息化与数字城市的升级

随着信息革命的不断深入，巨量信息在全球范围内的瞬时传输成为
可能，更多要素在空间中的流动不再局限于实体交换，而可以通过信息
的虚拟形态完成。人类社会的发展基于三大要素系统，即物质、能量与
信息。信息革命使人类逐渐拥有了通过信息辅助物质能量精确使用的能
力，以此减少物质与资源的无效消耗，甚至能通过对信息要素的使用取
代对物质能量的使用。在全球城市体系发展方面，信息化催生了新的经
济形态，为城市发展提供了崭新的路径选项，数字城市成为一种可预期
的城市形态。

---

① 李文硕：《迈向全球城市：二战后纽约的转型与复兴》，光启书局 2021 年版，第 396 页。
② 周振华：《全球化、全球城市网络与全球城市的逻辑关系》，《社会科学》2006 年第
10 期。
③ 张敏：《全球城市公共服务设施的公平供给和规划配置方法研究——以纽约、伦敦、东
京为例》，《国际城市规划》2017 年第 6 期。

（一）信息化与城市化的深度融合

当前，信息革命正在促进经济结构与发展方式的深刻变革，并深刻影响着城市化进程的方向。基于城市发展的外部视角，信息化使全球城市网络体系更加紧密；基于城市发展的内部视角，信息技术为城市治理提供了更加便捷高效的工具，赋能于治理新模式的产生。

在城市空间层面，物理空间与信息空间的相互交融，催生了数字孪生城市；在产业发展层面，信息化对城市经济的全面渗透，催生了以产业数字化和数字产业化为重要基础的数字经济（2016—2021 年中国数字经济内部结构数据见图 1－1）。城市产业经济运行开始突破传统的时空限制与资源制约。部分传统工业时期兴起的中心城市受到冲击，开始呈现衰落趋势，出现人口外流、产业凋敝的现象。一些工业化时期的边缘城市可能因数字信息技术发展而兴起，进而占据城市体系的重要位置。

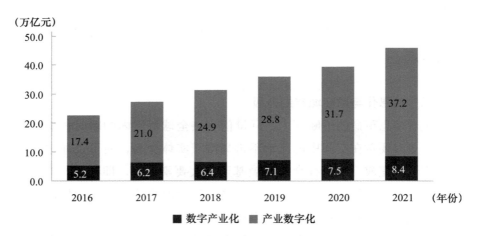

图 1－1 2016—2021 年中国数字经济内部结构数据

数据来源：中国信通院《中国数字经济发展报告（2022 年）》（http://www.caict.ac.cn/kxyj/qwfb/bps/202207/P020220729609449023295.pdf）。

信息化和城市化的深度融合，已经成为中国新型城镇化战略的重要特点，同时也为应对中国城市发展中的各种现实挑战提供了重要新思路。尤其是在城市治理方面，数字经济与数字社会的发展驱动了城市治理行为、规则与制度的转型，城市的治理价值、治理模式以及治理工具的转变正在悄然发生。随着城市政府数字化转型的不断推进，政务数据、社会数据等公共数据价值逐渐被发掘，公共数据的共享与开放程度不断提升，逐渐被用于城市治理难题的化解。当前，城市政府所具有的数字思维、所掌握的数据资源、所具备的数字治理能力，直接影响着城市的整体发展质量。当前，城市政府正在通过数字手段和数据要素，全面再造自身管理能力、服务方式、监管手段和风险预防活动。数据、平台、算法逐步成为城市政府开展管理活动的重要工具，成为维护城市运行秩序的要素。数字经济与数字治理正在成为中国城市发展的双向新驱动力。

（二）数字城市：技术赋能城市发展的新阶段

随着新一代信息技术的发展应用，全球主要发达国家陆续在城市管理与发展领域推出数字化、智慧化发展战略，如英国的"数字英国"战略（Digital Britain）、日本的"超智能社会5.0"、新加坡的"智慧国家2025"和美国的智慧城市等。21世纪初，"智慧地球"理念进入中国，智慧城市建设得到推进。城市化为经济发展带来动力，同时其负面效应也逐渐凸显，城市中的交通拥堵、环境污染、食品安全、居住隔离等问题，威胁着经济社会的可持续发展。数字化技术为城市政府更加高效地回应上述问题提供了工具性支撑。从全球范围内的发展历程来看，城市信息化主要经历了信息城市、数字城市、智慧城市、新型智慧城市四个发展阶段（见表1-3）。

表1-3　　　　　　　　　　城市信息化发展历程

开始时间 （全球范围）	发展阶段	重要技术	主要特征	国内重点发展时期
1998年	信息城市	空间信息技术	信息化	"十五"期间 （2001—2005年）
2006年	数字城市	信息技术	数字化	"十一五"期间 （2006—2010年）
2009年	智慧城市	物联网、云计算、 大数据等新一代信息技术	智能化	"十二五" "十三五"期间 （2011—2020年）
2016年	新型智慧 城市	5G、人工智能、 区块链等新一代信息技术	智慧化	"十四五"期间 （2021—2025年）

注：作者整理。

在信息化和数字化阶段，数字城市建设的中心内容是以行业领域为基础的信息化。这一时期主要解决城市各领域内部的网络化、数字化问题，主要在于通过信息基础设施的应用，提高本领域管理水平；同时，信息孤岛、数据壁垒成为该时期的重要伴生问题，跨系统数据流转困难和业务协同低效现象出现。在智能化和智慧化阶段，数字城市建设的主要任务在于打破孤岛，建立数据共享机制，解决跨系统、跨领域的数据流转和业务协同问题，以应用场景为导向，促成不同系统数据的交换、汇集。这也是当前我国智慧城市建设所处的阶段。例如，数字孪生城市建设（全息 CIM 模型）重点囊括的数据场景见表 1－4。

表 1－4 　　数字孪生城市建设（全息 CIM 模型）重点囊括的数据场景

数据场景	应用方式	应用目的
行政区划数据	以云计算、大数据完善多层级行政区划结构数据	为各项社会治理功能的开展、评估、反馈、优化奠定基础
测绘与 GIS 数据	使用既有 GIS 数据库，并在特定区域使用测绘数据、手动调整等方法辅助数据采集	把握城市数字的总轮廓和全局性边界
立体地图数据	3D 地图、元宇宙地图、VR 地图	提供城市建筑空间的全息映射
物理传感数据	物联网（IOT）数据、视频数据、高分遥感数据、红外数据、射频数据、光谱数据、雷达数据	便于城市管理者了解真实的城市基础设施状态
历史轨迹数据	个体行为数据、车辆轨迹数据、物联网数据等，以及对大数据时代之前的历史数据的电子化	继承并使用人类历史知识
实时行为数据流	人口流动、资金流动、车辆流动、信息流动的实时数据	便于城市管理者把握城市实时运动状态
事件信息	人口异常聚集、信息异常汇聚、车流异常、媒体推送、政府行动等	及时发现事件，防止事件引发的系统性风险

数据来源：吕鹏《数字孪生城市：智能社会治理的基础架构》，《国家治理》2023 年第 11 期。

数字城市建设是一项综合性、系统性的城市信息化工程，是解决城市发展进程中所面临的诸多难题与挑战的有效路径。从技术角度看，大数据、物联网、云计算、AI（人工智能）、5G、区块链、VR（虚拟现实）等技术并不是被单独运用的，而是在数字城市实践中相互关联支撑、互相衔接（如人工智能发展的"三波浪潮"可参见图1－2）。大数据的价值在于其可以提供尽可能多的信息，但海量的非结构化信息带来了数据治理的挑战。如何对数据进行结构化处理，真正发挥数据的价值，是数字城市建设必须回应的重要问题。大数据价值的发挥需要其他信息技术手段的帮助，以对信息进行有效处理。结构化的数据才能够发挥聚合技术、人才、资金、物资等要素的功能，推动生产要素的集约化整合、协作化开发、高效化利用、网络化共享。

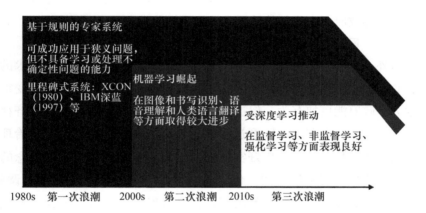

图1－2 人工智能发展的"三波浪潮"

在数字经济和数字社会迅速发展的背景下，数字城市的发展水平与能力面临重大考验。具体来说，即数字城市建设如何能够在支持新经济模式发展的同时，规避和杜绝城市系统性风险的发生，进入良性发展的轨道。近年来，各地城市对网约车的政策制定、对共享单车投放的监管、对外卖平台的管理、对非法网贷平台的打击等，都是有力的探索。在实践中，地方政府既积累了一些数字城市发展的经验教训，也形成了一些值得推广的经验性做法。

（三）数字政府：使城市更"智慧"的核心力量

城市政府是推动城市治理与发展的核心力量，政府数字化转型与数字城市建设关系密切。数字政府的建设与发展，为现代城市的治理活动提供了更多样、更有效的治理资源与工具。事实上，中国的数字政府建设水平普遍高于世界主要发达国家，而深圳在数字政府与智慧城市建设方面始终处于全国第一梯队。

早在 2018 年，深圳市的信息社会指数就已经达到 0.88，智慧城市发展水平为 76.3，居于全国领先地位。2022 年 6 月，深圳市发布《深圳市数字政府和智慧城市"十四五"发展规划》。该规划明确提出，到 2035 年，数字化转型驱动生产方式、生活方式和治理方式变革成效更加显著，数字化到智能化的飞跃将被实现，全面支撑城市治理体系和治理能力现代化。"i 系列"和"深治慧"两大平台将成为深圳推进数字政府建设的抓手。统一的数字化平台将成为市场监管、城市治理、公共服务、生态环境保护等政府职责履行的重要支撑，将加速政务服务"一网通办"、政府治理"一网统管"、政府运行"一网协同"的实现。

另外，政府数字化转型可能呈现一种假象，即依托了数字技术的赋能，政府似乎可以无所不能。事实上，数字技术的确能够让政府变得更加强大，政府能更加有为，但这并不意味着政府需要和能够对经济社会发展过度干预。在数字化转型过程中，城市政府需要在有效数据治理的基础上，通过数字化手段更好实现公共治理的目标。数字治理理念的实现，既需要数字技术的应用，也更需要国家、市场和社会关系的调整，通过政府职能转变和行政体制改革，推进政府职能归位，最大限度激发市场与社会的活力，实现市场在资源配置中的基础性和决定性作用，加快形成共建、共治和共享的社会治理格局。

第二节　流量城市的生成、要素与价值

20 世纪下半叶以来，国际环境相对和平稳定，全球化进程日益加快，世界范围内的工业发展、产业分工和科技应用水平迅速提升，催生了一批规模巨量的超大城市、区位突出的全球城市和科技发达的数字城市。同时，工业化、全球化和信息化日益呈现出融合发展态势，在不断推进的城市迭代更新中，生成兼具规模大、流动快、科技强等特征于一身的现代城市新形态——流量城市。从全球城市体系发展变迁的角度讲，流

量城市的生成是全球城市化进程中的新变化，这不仅为未来城市发展提供了新的探索方向，也给现代城市治理提出了新的研究课题。如何看待和治理流量城市，首先需要深入理解流量城市的生成过程和构成要素，进而把握流量城市的典型特征，充分认识流量城市的未来价值。

一　流量城市的生成

如前所述，城市是变动中的状态，城市体系同样也经历了不同的历史阶段，在城市与城市体系不断发展变迁的过程中，不同的城市形态不断发展演化、迭代更新，流量城市就是在这种历史进程中沉积而成的新形态。近代以来，工业化时代的物质财富积累，全球化时代的城市联系加强，以及信息技术、数字技术的发展，都在不同层面推动了新型城市形态的出现。一般而言，工业化、全球化和信息化的渐次推进，催生了超大城市、全球城市和数字城市等新型城市形态。而就城市发展的具体进程来看，三种城市形态在其历时性发展的过程中又不是孤立推进的，全球化进程与工业化、信息化发展密切联系、交融共进，流量城市即在这一复杂交织的背景下生成的城市形态（见图 1-3）。

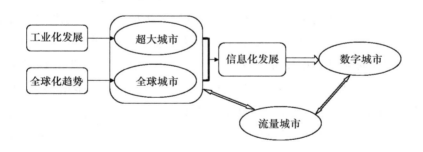

图 1-3　流量城市生成的一般逻辑

从理论上说，流量城市这种城市新形态之所以可能，主要是源于工业化、全球化和信息化这三大进程。

一方面，从三大进程的推进强度上看，三种城市形态的生成基本遵循依序推进的历时性逻辑，后序城市形态在前序城市形态的基础上形成，这是发达国家的流量城市的一般生成路径。其中的核心逻辑是：工业化促进了人类经济、社会及技术的巨大进步，生产方式变革引发人口增长、分布模式等的根本转变，并导致城乡关系的重构及城市化的飞跃，从而形成许多超大城市。20世纪50年代以来，随着发展中国家特别是新兴工业化国家的蓬勃发展，工业革命以来形成的以西方国家为核心的世界工业化发展格局及以工业化国家生产制成品、其他国家提供原料与粮食的世界生产劳动垂直分工体系被打破，工业化开始演化成一种全球性的过程。① 全球化带来了人员、货物、资金、服务等要素的快速流动，世界各地区间的联系更加紧密，全球城市体系进一步迭代发展，许多区位突出的交通枢纽城市的重要性进一步凸显，形成了全球节点城市。20世纪八九十年代以来，随着信息技术革命迅猛发展，人类社会经济的发展向主要依赖知识和信息的知识经济社会或信息社会转变，科技信息要素在经济社会发展中的作用愈益突出，各国普遍重视城市的信息化发展，在此基础上又形成了数字城市。

另一方面，从城市发展的具体逻辑上讲，三大进程在空间拓展上存在典型的差异，大多数新兴国家和地区的工业化进程基本与全球化进程的加快阶段基本重合，很多新兴国家都是在参与全球工业体系的过程中实现了城市化。例如，韩国政府快速推进的工业化使首尔的人口从1950年的169.3万人快速增长到1990年的1060.3万人，此后一直维持在千万人口左右，成功跻身全球十大人口城市。② 新加坡作为重要港口城市在战后全球经济体系运行中发挥了重要的枢纽作用。新加坡人口在1950年为102.2万人，1987年增长到282.3万人，到2011年进一步增加到518.8万人。③ 同时，许多国家是在工业化推进的同时提升信息化水平，希望以信息化带动更高层次的工业化，实现跨越式发展。因而，许多新兴国家的工业大城市兼具了三种城市形态。一是各国工业化发展很难脱离全球化环境下的国际分工体系，新兴工业化超大城市往往是全球化节点城市；

---

① 章光日、刘贤腾：《工业化与城市化：基于全球化视角的审视与理论分析》，载中国城市规划学会编《规划50年：2006中国城市规划年会论文集（上册）》，中国建筑工业出版社2006年版，第68—74页。

② 张惠强、李璐：《东京和首尔人口调控管理经验借鉴》，《宏观经济管理》2018年第8期。

③ 张莹莹：《新加坡人口变动及其成因分析》，《人口与经济》2013年第3期。

二是新型工业化本身就包含高科技信息化产业的发展；三是信息产业发展对于全球分工的依赖度远超传统产业，全球化的重要节点城市具有发展数字城市的明显优势。深圳也是在工业化、全球化、数字化的过程中，实现了多重城市形态的融合。同时，这个进程又是在压缩的时间内完成的，用几十年时间走过了发达国家几百年的历程。（见图1-4）

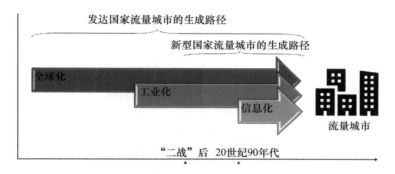

图1-4　流量城市生成进程的典型差异

综合来讲，流量城市是经济社会发展中的各种关键要素广泛聚集、高速流动形成的巨大量级的城市，特别凸显为人口、交通、金融、服务和信息等要素在同一时空下的巨大交汇流量。在纵向发展维度上，流量城市是一个集历史、现状与未来于一体的城市发展形态，即"流量城市"既是城市发展变迁成果的迭代累积，也是对现时段城市形态的客观描述，更代表着一个需要继续建设、更新的城市发展方向。在横向构成维度上，流量城市是超大城市、全球城市和数字城市的融合态（见图1-5）。总体来看，流量城市需要同时具备以下三个条件：一是人口总量达到超大城市规模。二是具备全球城市的节点地位。在全国乃至全球范围内，能够成为各流动要素的关键节点，在全球城市体系中占据枢纽位置。三是具备数字城市的发展条件，在信息技术方面位居全球前列，数字化要素在城市发展中占据重要地位。

当前，"流量城市"这一概念仍处于建构之中，尚未形成公认的明确内涵界定。但是从基本特征上，我们还是能够在一定程度上判断流量城市的基本形态，给流量城市做一个基本定位——它源于工业化的基础性支撑，有赖于全球化的大规模流动，形成于信息化的技术性重塑，反映了城市的引领性变迁，是多种流量的汇集。简化来看，流量城市的内涵可以从其与超大城市、全球城市、数字城市之间存在的内在逻辑关系上进一步清晰界定：流量城市在前述三种城市形态的基础上孕育生成，进而呈现其独有的内在限定与核心价值。

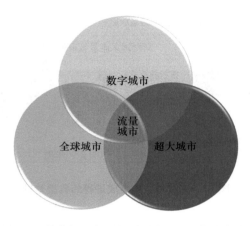

图1-5 流量城市与超大城市、全球城市、数字城市的关系

首先，一定的城市规模是成为流量城市的基础条件。以工业化为基础所形成的超大城市更加强调人口、资源、产业、资本等要素在同一物理空间的集聚，并以此降低单一主体的分摊成本，实现经济发展和社会治理的规模效应。可以说，一座城市在人口、资源和产业上拥有超大规模，是其成为全球城市、流量城市的基础。规模不足的城市无法实现人口、资源、产业、资本等要素的规模效应，在全球城市体系中难以发挥举足轻重的作用——难以承接、推动各类资源流在全球城市网络中有序流动。就目前来看，人口规模这一基础性要素达到超大城市限定，应当成为流量城市的基本体量，否则很难越过流量城市的人口底线。

其次，重要的节点区位是成为流量城市的重要条件。总体而言，全球城市体系发展的基本事实是，在现时代，工业化与全球化并行不悖、同时进行，超大城市与节点型城市共生共进。工业革命的深度发展创造了令人惊叹的超大工业城市，这也是伦敦、纽约、东京、柏林等超大城市能够兴起的重要原因。全球化资源流动与集聚又催生了一批全球城市，这是纽约、东京、上海、香港、新加坡等城市进一步发展的重要推动力。而在全球化资源流动与集聚的过程中,节点城市的规模也得以进一步扩大。作为人口、产业、金融、交通等多种流量的汇聚发散地,是流量城市的应有之义。

最后,相对较高的信息技术发展和应用水平是成为流量城市的关键条件。立基于信息技术发展的数字城市建设,使超大城市和全球城市的特点和优势被进一步放大。超大城市和全球城市的出现先于信息化,并以其规模性和集聚性推动了信息化的发展。与此同时,信息化的不断推进和迭代升级,又对超大城市和全球城市的发展进行了反向赋能,进一步提升了城市能级。一方面,数字技术和数据要素的运用,能够提升城市治理和城市公共服务的生产供给效率,从根本上增强超大城市的承载能力,使其能够进一步、更好地发挥自身的集聚效应、规模效应和辐射效应。另一方面,信息技术进一步缩小了全球城市体系的尺度,使城市间的联系更加紧密,城市间的资源交换更加快速化、便利化。全球城市成为更大范围内信息流、货物流、资金流、人才流、技术流等所建构的网络交叉点,资源调配能力得到质的提升。

因此,当一个城市具备了超大城市、全球城市和数字城市的共同属性时,它就具备了成为流量城市的核心要素。在未来很长一段时期内,全球范围内城市之间的竞争将重点围绕不同的流量资源展开,能够在传统流量和新型流量中获得优势地位的城市,也将在全球城市竞争中获得主动权和支配权,并有望成为全球城市体系的头部城市。也就是说,流量城市是在现有城市建设形态上出现的具有后工业价值体系的形态。在这种情况下,对流量城市的治理已经远远超脱了传统的属地管理下的静态控制,更多地要在接受巨大的城市要素流动的现实基础上,着力为城市治理主体赋能,全力构建更具智慧性的治理体系,实现"聚流""限流"和"用流"的发展目标。

二 流量城市的要素构成及要素关系

城市本身就是社会经济流动的产物,流动性更是现代城市的核心特征。作为当前城市体系变迁中的重要一环,流量城市在很大程度上改变了全球城市体系的基本结构——流量城市的流动性则表现得更加凸显,不仅其要素流动的量级达到超大规模，而且流动速度和密度也非一般城市可比，呈现出"大进大出""快进快出"的基本形态。

（一）流量城市的要素构成

所谓"流量"是与"存量"并存且对应的概念。经济社会发展需要依靠人才、货物、资金、服务和信息等生产要素及资源的流动、积聚、重组、整合、加工和扩散，创造出经济效益和社会效益。综合来看，流量城市的具体流量类型可以归纳为人口流量、交通流量、金融流量、服务流量、信息流量（见图1-6）。

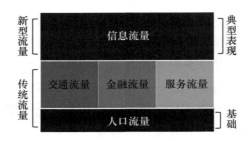

图1-6　流量城市的要素构成

第一，人口流量主要是指由常住人口、流动人口以及海外人才等流动生成的流量。全国及各城市第七次人口普查公报显示，中国有7个城区常住人口超过1000万人的超大城市，人口介于500万—1000万人的特大城市也已达到14个，这些城市人口占到全国人口的14.4%。[1] 从国际情况看，日本东京都人口已经超过1400万人，美国纽约有超过880万人口，英国大伦敦区拥有900多万人口。[2] 除了常住人口之外，流动人口也是现代城市人口结构的重要组成部分。2020年，深圳、上海、广州三个城市的流动人口数量位居中国前三，分别为1243.88万人、1047.97万人、937.88万人，其中深圳流动人口数量增长速度尤为明显，相较于2010年增长51.29%，流动人口与常住人口规模的比例也达到了0.71∶1，[3] 这

---

① 数据来源：全国及各城市第七次人口普查公报。
② 数据来源：东京都厅、美国人口调查局和英国国家统计局官网数据。
③ 数据来源：上海市、广州市第七次人口普查公报和深圳市第六次、第七次人口普查公报。

一比例的流动人口更加大了深圳作为流量城市的人口流量规模。

第二，交通流量主要是指由城市交通、物流吞吐量、交通枢纽密度等构成的流量。人口活动和人口迁移的增多，必然导致城市交通流量日渐增大。同时，作为"全球城市""枢纽城市""节点城市"，流量城市在全球、跨国、跨区域货物往来贸易中扮演着重要的联结作用，会生成巨大的货物和交通流量。这些交通流量本身即经济社会的组成部分，同时也为其他领域发展提供必要条件。是不是交通枢纽，已经成为衡量流量城市的一个重要指标。

第三，金融流量主要是指由银行、上市公司、券商等金融机构生成的资金流量。首先，作为一定区域内的重要工业城市和节点城市，流量城市如香港、深圳、上海、东京等拥有数量众多的企业，包括生产性企业、服务性企业等，这些企业的生产经营活动使整个城市每天都有巨大的资金流动。其次，流量城市往往是重要的金融中心，拥有发达的证券、债券交易市场，来自全球各金融机构和投资者的金融交易会生成巨大的资金流量。据麦肯锡研究院2016年发布的报告显示，在资金流方面，伦敦、纽约和香港居于全球城市排行的前3位，上海和深圳也跻身全球前25位，分别位列第21位和第23位。

第四，服务流量主要是指在基本公共服务、商业服务、中介服务等的提供中生成的流量。在经济全球化和信息化的推动下，自20世纪70年代开始，全球产业结构呈现出由"工业型经济"向"服务型经济"的重大转变。自此，现代服务业的发展开始突飞猛进，服务业就业人数持续增加、产业比重稳步上升，服务业与制造业间逐渐形成良好互动机制，生产性服务业迅猛发展，全球服务贸易增长迅速。作为产业发达城市、枢纽节点城市，流量城市的服务业、服务贸易高度发达。2022年，香港服务业对GDP的贡献开始超过90%，[①] 北京、上海、深圳、广州、杭州等城市GDP的服务业增加值占比也都超过60%，北京则超过了80%。[②] 同时，政府提供的基本公共服务水平的提高，也使流量城市的服务流量具有较大规模。

第五，信息流量主要是指公众个人、市场主体、数字化政府等在经

---

① 数据来源：香港特别行政区政府统计处官网数据。
② 数据来源：各城市统计年鉴数据。

济社会运行中的信息流动生成的数据流量。"现代城市不仅是所在地区的物资、能源、资金、人才以及市场的高度集中点，更是各种信息生产、交流、扩散和传输的高度聚集点和辐射源。"[①] 欧盟委员会的报告更指出，数字经济越来越模糊，并与传统经济交织在一起。[②] 数字化正在改变所有行业的商业模式，改变公司与世界各地消费者接触的方式。[③] 联合国的《数字经济报告（2021）》估计，全球每月的数据流量将从 2020 年的 230 艾字节激增到 2026 年的 780 艾字节。如果按照生成流量的主体进行划分，信息流量大致可以划分为网络信息平台在提供商品和服务过程中产生的交易性和社会性信息流量、政府在政策执行和服务提供实践中形成的政务性信息流量以及在实体性工商贸活动中生成的经济社会信息流量等不同类型。

（二）流量城市五要素的内在关系

在流量城市的构成要素中，人口流量、交通流量、金融流量、服务流量和信息流量等不同流量之间的内在关系并非线性的、平面化的，而是存在多维度、多层次的复线、立体关系。这种复线、立体关系不仅影响着流量城市的基本内涵、主要特征，也影响着流量城市治理现代化的"核心抓手"（见图 1 - 7）。

第一，从表层的分类标准看，流量城市的要素构成可以分为传统流量和新型流量，其中人口流量、交通流量、金融流量、服务流量为传统流量，而与数字技术、数字经济相关的信息流量是一种新型流量。所谓传统流量也就是不依托信息技术、数字技术也会存在的流量类型。如无论是工业化催生的超大城市、全球化生成的全球城市，都可以拥有人口流量、交通流量、金融流量和服务流量。再如，在工业化早期，鹿特丹、伦敦、纽约等大城市在没有信息技术和数字技术加持的情况下，也能够集聚大量的传统流量。而新型流量则是依托信息技术和数字技术才会存

---

① 《上海宣言——亚太地区城市信息化高级论坛宣言（草案）》，《上海信息化》2000 年第 2 期。

② EC, "Expert Group on Taxation of the Digital Economy, European Commission, Brussels" （http://ec. europa. eu/taxation _ customs/sites/taxation/files/resources/documents/taxation/gen _ info/good_governance_matters/digital/general_issues. pdf）.

③ Harpaz, A., *Taxation of the Digital Economy: Adapting a Twentieth-Century Tax System to a Twenty-First-Century Economy*, Yale: Journal of International Law, 2021, pp. 46, 58.

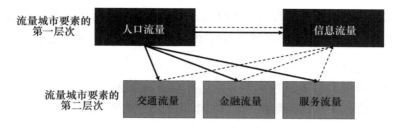

图1-7　流量城市五种要素的内在关系

注：1. 图中实线箭头表示人口流量在流量城市中的基础性地位。

2. 图中虚线箭头表示信息流量是其他流量类型的表现形式。

3. 人口流量和信息流量在流量城市的要素中处于第一层的位置。

在的流量类型。所谓的信息流量，一般是由物质和能量所产生，并依附于物质和能量而存在，同时又可以脱离物质和能量而流动，被计算机进行处理，通过网络进行传输，形成独立的信息流量。特别是在互联网数字时代，以信息流量为核心，多种巨大流量的聚集和耦合改变了传统超大节点城市的基本形态，也丰富了流量城市的构成要素。

第二，从深层的结构关系看，人口流量是流量城市大规模、强流动特征的根源。人口流量聚集带来金融、交通、服务等传统流量的聚集，这也是超大城市所具有的重要特征之一。一方面，流量城市得益于工业化和城市化的持续推进，乡村人口不断涌向就业机遇充沛、基础设施完备、公共服务高质的城市，形成超大规模城市形态。另一方面，借助发达的现代交通技术，人口的流动性大大增强。近年来，全球范围的中心节点城市流动人口比例都得到了迅速提高。受人口规模的提升和流动性的增强影响，流量城市的交通、金融、服务、信息等流量也得到联动增加。可以说，人口流量是其他流量的基础，没有超大规模的人口流量，流量城市的其他要素难以生成。

第三，从直观的实践图景看，信息流量是流量城市形态特征的典型表现，并能与其他流量实现融合互构。一方面，信息爆炸是进入数字时代社会的显性特征。在数字经济的背景下，移动通信客户端、互联网科技公司、电子商务网站、政府数据中心等设备和平台产生了大量的信息流量，这是以往城市所不具备的新型要素。另一方面，数字技术实现了高速发展，其在社会各方面的应用得到不断扩展和普及。一些传统行业因为信息化、数字化，也产生了大量的数字化信息，形成大量繁杂且迅速更新的信息数据。人口、交通、金融和服务等要素的流动也主要以一定数据信息的形式表现出来。信息流量是流量城市的核心要素，是其他流量类型的呈现载体，其他流量类型大都会以特定的形式、经过特定的渠道，向信息流量汇聚。因此可以说，没有信息流量，流量城市也就无从谈起。

因此，流量城市的诸多要素是多层次的复线、立体关系。在流量城市诸要素中，最具基础性和结构性的要素是人口流量和信息流量，这两种流量类型对流量城市发展具有核心作用。其中，人口流量是流量城市的基础，影响了其他四种流量类型的生成与变化。信息流量是流量城市的典型体现，在信息时代，其他四种流量都有可能表现为信息流量。也正是从这个角度出发，我们在后续的分析中，将重点围绕人口流量和信息流量展开。

三　流量城市的特征与研究价值

各类要素"大进大出""快进快出"，在城市内部呈现规模集聚、高速流动、交融互构的特征，深刻改变了城市生活的样态。作为一种新的城市形态，流量城市已经展现出改变经济社会结构的力量，进而呈现出变革城市治理的基础组件、组织架构和工具机制的巨大潜力。在这种情况下，对流量城市进行深入研究，将有利于对未来城市发展相关问题的深入理解。

（一）流量城市的概念与特征

综合来看，流量城市是多种流量大规模汇集的城市，信息流日益发挥连接一切的基础作用。其中，人口、交通、金融、服务、信息是五类主要流量，各类流量"大进大出""快进快出"是流量城市最鲜明的特征。流量城市是一个庞大的复杂系统，人口密度高、管理要素多、需求总量大、社会的多元性和流动性强，这些特质深刻地改变了城市的运行基础，为流量城市治理现代化提出了新的挑战。流量城市的典型特征主要体现在四个方面（见表 1 – 5）。①

------

① 吴晓林：《数字时代的流量城市：新城市形态的崛起与治理》，《江苏社会科学》2022 年第 4 期。

表 1-5　　　　　　　　　　　　流量城市的特征

典型特征	影响	举例
"大进大出"	城市治理纷繁复杂,问题次生嵌套、风险相互交织	短时段迅速集聚的通勤交通流量极易造成城市的拥堵问题,影响城市运行效率的提升和居民的幸福感
"快进快出"	海量流动性叠加规模效应,城市运行具有海量风险性	如何对金融流量进行监管成为难题——金融暴雷、银行挤兑等现实问题埋藏巨大风险
多元化、异质性的人口流动	城市面临源自多元人群与异质文化的观念和谐与社会弥合问题	文化的抵触和冲突可能发展为群体间分化、敌视
"席卷一切"的信息流量	数字化、智能化、网络化的呈现形式成为流量城市的显性特征	数据资源价值升高、数据安全风险、"数据孤岛""数字利维坦"风险

第一,城市各类要素"大进大出",流量规模巨大,流动要素增多,城市成为多种流量集聚的超区域性网络中心。这一方面是指流量城市在传统要素流量上已然具有巨量规模,另一方面则表明流量城市在城市体系中居于超越地区视野的网络节点地位,多种流量持续不断汇聚、扩散。流量城市治理要素庞大,各类要素之间纵横交错,形成了一个"你中有我、我中有你"的复杂体系。这种特征决定了其城市治理繁杂多样,且各种问题次生嵌套、相互交织,极易形成风险的集聚效应、蝴蝶效应和多米诺骨牌效应。[①] 在信息化时代,流量城市这样一个巨型系统的治理难度前所未有。面对体量庞大的治理要素,治理者固守拉网式巡查、人工发现处置的传统模式难以实现城市运行问题的及时发现和有效处置,城市治理能力不足的问题显得尤为突出。城市政府推进数字化转型,提升治理体系和治理能力现代化水平,旨在利用现代信息技术提升治理部门对城市运行状况的精准、及时把握。

第二,城市各类要素"快进快出",流量速率快,流动数量大,短时期内迅速分化重组。流量城市的各类要素具有很强的流动性,不同流量

---

① 蒋俊杰:《整体智治:我国超大城市治理的目标选择和体系构建》,《理论与改革》2022年第 3 期。

在城市的空间边界和管理边界频繁进出，呈现出快速动态变化的特征。流量城市的海量流动性加之大体量的规模效应，造成城市运行具有海量风险性。流动性又与风险性相互叠加，彼此催化，导致流量城市发展进入难以预知的、由不确定性与复杂性相互交织的风险时代，需要时时提防并随时处置各种重大的"突发风险"及其带来的"连锁风险"。①一旦城市突发重大危机，流量城市常态化运行下海量流动性的应对问题，将迅速转化为应急状态下海量需求性的满足问题，如果物资供应、人力保障乃至管理回应等方面的储备和预案不足，就很容易产生城市生产生活运行不畅甚至瘫痪的问题，导致突发危机风险进一步向其他领域延展，出现风险叠加风险、风险引发风险的"连锁风险"。同时，流量城市往往扮演着集聚区和辐射区两个扇面的枢纽角色，城市功能的实现也对其两端形成了巨大的依赖性。因此，在发生重大灾害和干扰阻断的情况下，容易对流量城市供应链和功能过程造成打击，这是流量城市运行中的薄弱环节之一。

第三，流量城市这种全球范围内大量级、高速率的人口流动具有多元化和异质性的特点。流量城市的巨大人口来自四面八方，他们拥有不同的生活习惯、文化背景和思想观念。不同民族、族裔、性别和文化传统的人群在流量城市中高度聚集、流动，造就了流量城市多元化的人员构成和文化习俗。而流量城市高速度、高更新的运行过程则必然使这种多元化变得更具碰撞性。流量城市需要面对源自多元人群与异质文化的观念和谐与社会弥合问题。不同的文化因素在人员高速流动中相遇，在频繁交流中碰撞，产生了多重效果。一方面，文化的交流碰撞有利于多元文明的沟通互鉴，丰富城市文化生活，形成多元的城市文化生态。文化多样性可以促进城市的经济和社会发展，为居民提供丰富的文化产品和服务，提高居民的生活水平和质量。同时，文化多样性还有助于吸引外来资本、人才和技术等生产要素，增强城市的吸引力和辐射力，提升城市竞争力。另一方面，不加疏导的文化抵触和冲突会引发群体间的分化乃至敌视，城市共同体将陷入撕裂与内耗的泥淖之中，不利于城市的

---

① 唐亚林：《新邻里守望：海量流动性、连锁风险与超大城市的安生之道》，《探索与争鸣》2022年第7期。

健康运行和发展。这一点在国外一些大城市中已经有所体现，这需要城市管理者积极施策，充分利用这种人群交流与文化互鉴的机遇，妥善应对不利挑战，推动城市的可持续发展。

第四，作为核心要素的信息流量"席卷一切"，不但成为城市生产和流通的基础要素，还沟通和链接其他各类要素，极大地延展了城市发展的时空。如前所述，信息流量是流量城市形态特征的典型表现，数字化、智能化、网络化的呈现形式是流量城市的显性特征，其他各类要素的流动性也在很大程度上以数据信息的形式参与城市再生产过程，大规模的信息流量还增强了城市对其发展和未来把握的真实性、可靠性。信息流量对流量城市的影响最为深刻。城市的数字技术应用产生了庞大的信息流量。这些信息数据可以被充分利用，成为数字城市建设的生产要素，为城市发展与治理提供更好保障。但是，数据处理的高度集中化及其可复制性与跨界流动性，也埋藏了数据安全风险这一隐忧，成为悬在城市上空的"达摩克利斯之剑"①。在数据高价值与数据安全风险的叠加作用下，各数据主体因维护自身利益的需要，往往不愿轻易共享数据，数据的互联互通与整合利用难以实现，形成"数据孤岛"现象，这不利于流量城市共享价值的实现。

与此同时，理想中的数字城市建设，是政府努力通过机器学习、人工智能、虚拟现实、情景模拟等数字技术，将数据主义贯穿城市运行过程始终，促使算法不断改进，最大限度揭示社会公众行为的规律性，促进科学决策与精准治理。但现实情况中，数字技术的精确计算在一定程度上也可能存在催生"数字利维坦"的风险，形成算法统治、技术权威和数字霸权，而且这种情形在当下社会中已经有所呈现——当前大数据的主要掌控者是互联网平台企业，追逐商业利润是这些平台企业的首要追求，这些企业就可能通过人工智能对社会主体进行行为预测与行为诱导，改变主体的预期和行为，这些问题在平台经济领域已经有所体现。这就需要流量城市在应用信息技术时注重对人和社会主体性的把握，强化对拥有数据信息搜集、存储、处置权利主体的监管。

---

① David, P., "The World's Most Valuable Resource Is No Longer Oil, but Data", *The Economist*, No. 5, 2017.

（二）流量城市的研究价值

流量城市是一个正在建构中的概念，代表着一种区别于传统城市的新城市形态。立基于新一轮信息技术的发展，流量城市反映了城市的引领性变迁，具有驱动城市发展治理变革的原生意义。也正是因为流量城市的新生气质，当前理论界对流量城市的研究刚刚起步，很多理论问题尚不清晰。在这种情况下，对流量城市展开研究能够加深对未来城市发展的认识。

流量城市的生成源于城市经济结构基础的深层变化。纵观历史，人类不断更新变化的需求无不诉诸技术进步以得到满足，这一过程也深刻改变了社会的物质基础。城市的产生即人类为追求更高满足，推进技术突破和组织革新而衍生的重要成果。近代以来，物质生产力得到巨大提升，城市的要素集成组合不断得到刷新，流量城市的基础更是远远突破"人＋土地＋产业"的简单集聚形态。蓬勃发展的信息技术正在试图对城市进行全面数字化改造，将城市的各领域、全要素数字化、虚拟化，实现城市状态的智能呈现和实时追踪。在流量城市这个新的城市形态中，现实与虚拟融合交织，数据和技术全面接入各个领域、各类活动，信息从四面八方汹涌而出，巨大的信息流量创造了一个新的城市空间。这种物理世界和虚拟世界共生、虚实交融的城市发展样态，在一定程度上改写了传统城市的结构性基础，也深刻改变了城市居民的生活状态。因此，如何认识和解释这种根本性的变化，对于未来城市迭代发展具有重要意义。

城市的本质，乃是人类本质的一个延伸和物化。[①] 城市的迭代更新同样始于这一本源。流量城市的本质是人类欲望驱动的技术对城市发展的全方位把握。在这一空间中，信息技术日益实现对城市生产和生活的追踪和驱动，在高速的巨流中，个体显得渺小而卑微，难以抗拒流量的裹挟和卷涌。但是，我们应当明确，流量城市根植于人类的创造，服务于人类的需要，存在于人类的实践。对城市的主体——居民来讲，流量不是冷冰冰的数字，是一个个人的生动实践，离开对其的价值分析，一切就无从谈起。那么，一个核心的问题摆在我们面前，当技术、数字日益成为整个社会治理的基座时，人的主体价值何以实现？这需要全社会的审思和明确。

---

① 宋俊岭：《城市的定义和本质》，《北京社会科学》1994 年第 2 期。

具体到城市治理与发展方面，作为信息革命下超大规模城市、全球节点城市和数字赋能城市的耦合与叠加，流量城市代表着人类先进发展成果对人类社会组织形态的映射。研究流量城市，至少具有以下几方面的显著价值：首先，有必要充分分析上述三种城市复合生成的新形态带来的风险增量，以便为降低这些风险采取措施或为应对风险准备充分的预案。其次，当前部分全球节点城市已经呈现出流量城市的初步特征，通过诊断现有城市治理问题、探讨优化城市治理举措，有助于为流量城市的迭代发展以及后续涌现的流量城市治理提供先期经验。再次，运用大数据分析流量城市治理中的流量演进规律，认识流量城市生成中不同流量的差异化轨迹，有益于探索流量城市的合理规模和内在限定，明晰流量城市的发展边界。最后，明晰流量城市的数字治理能力与条件，探讨如何将海量的信息流量优势切实转化为治理效能，有利于为流量城市利用自身数字资源优势、提升城市治理效能进行理论总结和实践指导。

第三节 流量对城市治理现代化的双重影响

作为一种新型的资源形态，流量对城市治理现代化带来了双重影响，并在一定程度上框定了当前城市治理现代化的基本形态。在有效利用的情况下，流量可以转化为"流量红利"，为城市治理现代化带来新的驱动力量。同时，流量的流动性和规模性（即"大进大出"），给城市治理现代化也带来了前所未有的挑战。因此，对于流量城市治理现代化而言，关键在于充分认识治理现代化的理论内涵，辩证地认识流量的双重影响，将流量嵌入城市治理现代化的过程之中，充分发挥流量带来的优势条件，灵活应对流量产生的问题挑战，在中国式现代化的发展框架内实现流量城市治理能力现代化。

一 治理现代化的内核与演变

20 世纪 70 年代，科学史家拉卡托斯将科学范式分为不变的"硬核"（hard core）以及可变的"保护带"（protective belt），其中"硬核"部分是被普遍承认的核心内容，"保护带"部分则是指范式中具有伸缩性的部分。前者具有一定的普遍性，相对稳定，后者具有一定的特殊性，能够灵活调整。在新制度经济学研究领域，威廉姆森将制度分为四个不同的层次，第一层次是社会或文化基础，第二层次是基本的制度环境，第三层次是治理机制，第四层次是短期资源分配。[①] 第三层次和第四层次具有变动性和灵活性，第一层次和第二层次具有相对稳定性。"治理现代化"同样也存在两个方面：一是相对稳定、被普遍接受的"内核"；二是存在争议、具有可变性的"保护带"。对此，需要从"治理"以及"现代化"这两个概念的理论争议方面进行深入分析。

（一）"治理"与"现代化"的概念内涵

在治理的概念内涵上，不同学者有不同观点。一是延续世界银行对治理的原初界定，强调社会主体的参与，认为治理最突出的特征就是政府从全面管理后退，让渡必要的社会空间，政府与公众对公共生活的共同、合作管理，将善治界定为国家权力向社会的回归，善治的过程就是一个还政于民的过程。[②] 这种观点延伸出"多元主体共同治理"的脉络，[③] 并在当前中国学术研究中形成了一定的影响力。另外一种观点则是立足中国本土，认为"治理不是指无需政府的治理"[④]，在中国政治话语体系中，治理的本质就是"中国共产党领导人民进行治国理政"[⑤]。这种观点引申出了"国家治理"的脉络，强调国家和政府在治理过程中的作用。

从中国国家治理的实践情况来看，后一种观点在中国获得了更多的观念认同与政策支持，并在"元治理"的理论支撑下获得了学术正当性。所谓"元治理"理论，最突出的特色就是，在承袭治理理论基本观点的基础上，强调国家（政府）在治理中担当的关键角色和发挥的重要作用。转换到中国语境中，意即党中央治国理政的"新治理观"，也就是要坚持系统论，发挥党委领导、政府主导作用，激发社会组织活力，调动一切

① 卢现祥、朱巧玲主编：《新制度经济学（第二版）》，北京大学出版社 2012 年版，第 330—331 页。

② 俞可平：《治理和善治引论》，《马克思主义与现实》1999 年第 5 期。

③ 王名、蔡志鸿、王春婷：《社会共治：多元主体共同治理的实践探索与制度创新》，《中国行政管理》2014 年第 12 期。

④ 王绍光：《治理研究：正本清源》，《开放时代》2018 年第 2 期。

⑤ 王浦劬：《国家治理、政府治理和社会治理的含义及其相互关系》，《国家行政学院学报》2014 年第 3 期。

积极力量参与社会建设。① 具体到国家治理主体构成上，是形成以中国共产党为领导的"一核多元"的独特格局，② 中国共产党是"一核"，其他治理主体为"多元"。

在现代化这个概念上，则存在一元现代化和多元现代化之间的区分。其中，一元现代化与西方中心论有密切联系，这种叙事方式将西方的现代化发展模式置于毋庸置疑的超然地位，认为西方现代化方案能够适用于世界上的任何国家和民族。从全球历史发展的角度说，这种观念有其特定背景，也是特定历史阶段的产物——当西方社会率先开启工业革命，进行资产阶级革命，走上现代化道路时，世界上其他国家依然处于前现代文明状态。在这种历史背景下，人类社会只存在一种现代化形态，现代化长期与西方化等同，并以一元现代化的叙事面相出现，其他国家的现代化就是对西方现代化国家的引入、学习、模仿。黑格尔所说的"欧洲绝对地是历史的终点"③，以及福山所说的"历史的终结"④，都是这种一元现代化观念在理论层面的体现。

在"冷战"以及"冷战"后一段历史时期内，这种一元现代化在学术界、思想界都有一定的影响力，甚至普通国民对此也是深信不疑。但随着世界历史的展开，一元现代化叙事所展示的内容遭遇到了理论和现实的双重挑战，特别是考虑到当前全球发展的复杂化局面、"第三波"民主化带来的戏剧性后果，多元现代化的观念日趋高涨。其中比较典型的是以色列学者 S. N. 艾森斯塔德所提出的"多元现代性"概念，其为全球范围内的现代化发展提供了另外一种思路。艾森斯塔德认为，现代性应当具有三种含义。第一种含义是，现代性和西方化不是一回事。西方模式或现代性模式不是唯一的现代性。第二种含义是，这类多元现代性的成形，需要将民族—国家和社会作为分析的普通单位。第三种含义是，现代性不是固定不变的，而是不断变化的。⑤ 上述观念将现代化从其发源

---

① 朱光磊：《全面深化改革进程中的中国新治理观》，《中国社会科学》2017 年第 4 期。

② 赵中源、杨柳：《国家治理现代化的中国特色》，《政治学研究》2016 年第 5 期。

③ ［德］黑格尔：《历史哲学》，王造时译，上海书店出版社 2001 年版，第 106 页。

④ ［美］弗朗西斯·福山：《历史的终结及最后之人》，黄胜强、许铭原译，中国社会科学出版社 2003 年版。

⑤ ［以］S. N. 艾森斯塔德：《反思现代性》，旷新年、王爱松译，生活·读书·新知三联书店 2006 年版，第 412 页。

地抽离出来，拆解了特殊性与普遍性之间的关系，并揭示了现代化在不同文明区域间呈现出的多种面相，明确否认了将现代化等同于西方化的思维模式，对现代化内涵进行了丰富与诠释，也为其他国家和地区的现代化路径打开了新思路。

结合上述分析，本书所强调的治理现代化，是指在多元现代化理念下，注重中国本土特征和全球普遍意义的治理现代化。其中的要点有三：一是在治理内涵上，中国语境中的治理现代化突出国家治理，强调党和国家在治理过程中担当的关键角色和发挥的重要作用。二是在治理主体上，突出"一核多元"，其中"一核"是指发挥党委领导、政府主导作用，"多元"是指激发社会组织活力，调动一切积极力量参与社会建设，在"一核"和"多元"之间形成良性互动。三是在现代化方向上，中国语境中的治理现代化并不否定现代化的普遍价值和共同追求，但反对将现代化等同于西方化，强调在现代化的普遍性之上，注重中国本土特征，实现现代化的普遍价值与中国本土特征的有机融合。

（二）中国式现代化的理论指向

中国人强调"和而不同""美美与共"的天下大同观念，[1]"多元现代化""元治理""新治理观"等概念更加符合中国历史文化传统，也更加符合当前中国的政治制度，这些观念也更能够获得党和国家、普通民众的认可与支持。特别是"中国式现代化"的提出，在现代化的概念之前添加了"中国式"的定语，既有各国现代化的共同特征，也有基于国情的中国特色。

从党的政策文件来看，"中国式现代化"概念的提出同样也有一个不断发展完善的过程。党的十八大以来，以习近平同志为核心的党中央立足中华民族伟大复兴战略全局和世界百年未有之大变局，统筹推进"五位一体"总体布局、协调推进"四个全面"战略布局，推动党和国家事业取得历史性成就、发生历史性变革。党的十八届三中全会提出了"完善和发展中国特色社会主义制度，推进国家治理体系和治理能力现代

---

① "和而不同"出自《论语·子路》："君子和而不同，小人同而不和。""美美与共"出自费孝通先生对不同文化关系的界定，"各美其美，美人之美，美美与共，天下大同"。这些论述在一定程度上体现出了中国人对不同文化、不同民族发展的基本价值观。

化"① 的历史命题，党的十九届四中全会进一步提出，"完善党委领导、
政府负责、民主协商、社会协同、公众参与、法治保障、科技支撑的社
会治理体系"②。党的十九届六中全会审议通过的《中共中央关于党的百
年奋斗重大成就和历史经验的决议》指出："党领导人民成功走出中国式
现代化道路，创造了人类文明新形态，拓展了发展中国家走向现代化的
途径，给世界上那些既希望加快发展又希望保持自身独立性的国家和民
族提供了全新选择。"③ 党的二十大报告指出，在新中国成立特别是改革
开放以来长期探索和实践基础上，经过党的十八大以来在理论和实践上
的创新突破，我们党成功推进和拓展了中国式现代化，并提出了中国式
现代化的特征：中国式现代化是人口规模巨大的现代化；中国式现代化
是全体人民共同富裕的现代化；中国式现代化是物质文明和精神文明相
协调的现代化；中国式现代化是人与自然和谐共生的现代化；中国式现
代化是走和平发展道路的现代化。④

　　因此，从学理角度讲，中国式现代化是既具有现代化普遍性，同时
也具有中国本土特征的现代化路径。具体到流量城市治理现代化的基本
原则上，同样也需要尊重中国式现代化的发展要求。

　　第一，中国式现代化坚持多元现代化的理论观念，反对一元现代化
的僵化思维。改革开放以来，借鉴英、美、德、法等西方发达国家的现
代化经验是中国实现现代化的重要方式，在政治领域、经济领域、社会
领域、文化领域，中国政府对此始终保持开放姿态。但改革开放、借鉴
学习绝不意味着要按照一元现代化的僵化思路，将西方国家的现代化道
路看作"普世的""放之四海而皆准的"，在中国式现代化进程中予以照
搬照抄。特别是在治理领域，中国式现代化要求立足中国本土视角、"为
我所用"，坚持党的领导、坚持社会主义方向，以此推动治理体系与治理
能力现代化。

---

① 《中共中央关于全面深化改革若干重大问题的决定》，人民出版社 2013 年版，第 3 页。
② 《中共中央关于坚持和完善中国特色社会主义制度　推进国家治理体系和治理能力现代
化若干重大问题的决定》，人民出版社 2019 年版，第 28 页。
③ 《中共中央关于党的百年奋斗重大成就和历史经验的决议》，《人民日报》2021 年 11 月
17 日第 1 版。
④ 习近平：《高举中国特色社会主义伟大旗帜　为全面建设社会主义现代化国家而团结奋
斗——在中国共产党第二十次全国代表大会上的报告》，人民出版社 2022 年版，第 22—23 页。

第二，治理层面的中国式现代化坚持"新治理观"，也就是融合西方意义上的多元治理理论和中国的治国理政思想，突出"元治理"的重要性。中国政府强调党的领导在治理现代化过程中的"一核"地位，在治理现代化的过程中实现党委领导的目标，这是中国式现代化在治理层面的政治保障。同时，中国式现代化注重发挥各种社会力量在治理过程中的作用，以此实现政府负责、民主协商、社会协同、公众参与的目标，构筑共建共治共享社会治理新格局，使"一核多元"都能够在治理现代化过程中发挥作用。

第三，中国式现代化注重采取多重路径实现善治目标，这是一个立体化、全方位的政策体系。首先是注重转变政府职能，以服务型政府建设为目标，优化政府职能配置，① 特别是在政府—市场—社会的互动合作中调整政府职能边界。② 其次是强调法治保障，充分发挥法治引领和法治保障的作用，将治理过程中存在的一些根本性、全局性和长期性问题纳入法治轨道。③ 最后则是充分利用技术元素，以科技支撑为抓手，提升治理能力，为治理现代化进行"技术赋能"，④ 使国家治理能够适应科技发展的时代潮流。

第四，中国式现代化在超大城市治理领域有其特殊要求。党中央提出了中国式现代化的特殊内涵，其中人口规模巨大的现代化、全体人民共同富裕的现代化、物质文明和精神文明相协调的现代化、人与自然和谐共生的现代化、走和平发展道路的现代化，这些内涵为超大城市治理提出了特殊要求。特别是在深圳这种超大规模的城市治理领域，面对超大规模的人口数量，要坚持以人民为中心，注重共同富裕，防止出现贫富悬殊的问题；要注重物质文明和精神文明协同发展，防止出现物质丰富、精神匮乏的问题；要注重生态环境建设，防止出现生态环境失衡的问题；要注重融入全球发展体系，防止出现封

---

① 朱光磊：《中国政府职能转变问题研究论纲》，《中国高校社会科学》2013 年第 4 期。

② 薛澜、李宇环：《走向国家治理现代化的政府职能转变：系统思维与改革取向》，《政治学研究》2014 年第 5 期。

③ 张文显：《法治与国家治理现代化》，《中国法学》2014 年第 4 期。

④ 孟天广：《政府数字化转型的要素、机制与路径——兼论"技术赋能"与"技术赋权"的双向驱动》，《治理研究》2021 年第 1 期。

闭僵化的问题。

二　流量与城市治理现代化的新机遇

作为一种新的城市形态，流量城市与其他城市形态相比，具有更为明显的资源聚敛性，而且还表现出了较为突出的资源流动性。特别是在信息技术的推动下，各种要素在城市内部聚集，在城市内部和城市与城市之间高速率流动。因此可以说，信息处理技术已经彻底改变了我们的生产生活，特别是城市中的生产生活，一系列复杂的网络对产生流动空间具有影响力，城市在生产、分销、消费的网络流中运作。城市已经发展成为网络中相对固定的节点，而人口、能源、信息、疾病等的流动则将这些节点连接成一个关系网络。"大进大出"、交融互构，流量城市产生了人类历史迄今为止最大的"流量乘数效应"，"流量红利"深刻改变了城市的基本样态，也改变了城市治理现代化的资源禀赋。

（一）流量带来的人口红利

以人口为核心的传统流量意味着更突出的城市活力，也意味着更为突出的"人口红利"。中国目前有 21 个城区常住人口超过 500 万人的特大、超大城市，城区人口占全国人口的 14.4%。深圳作为典型的流量城市，在人口方面也同样存在规模大、流动迅速的特征。截至 2022 年 5 月底，全市社区网格管理系统采集登记非深户籍内地人口 1353.6 万人，加上市公安局户籍人口 639.5 万人，以及港澳台和外籍人口 16.9 万人，深圳登记总人口为 2010.0 万人（不含深汕特别合作区，及旅店业临时居住人口）。[①] 伴随人口的聚集和流动，城市之间和城市内部的交通流量日渐增大。根据交通部门公布的数据，在 2021 年，我国民用运输机场完成旅客吞吐量 90748.3 万人次，其中京津冀机场群完成旅客吞吐量 8126.3 万人次。长三角机场群完成旅客吞吐量 16765.2 万人次。粤港澳大湾区机场群珠三角九市完成旅客吞吐量 8724.1 万人次。成渝机场群完成旅客吞吐量 8985.9 万人。[②] 在城市内部，2021 年中国共有 50 个城市开通了城市轨

---

① 数据来源：课题组调研所得数据。

② 《2021 年全国民用运输机场生产统计公报》，中华人民共和国交通运输部网站（https://www.mot.gov.cn/tongjishuju/minhang/202204/t20220408_3649981.html），访问日期：2022 年 3 月 22 日。

道交通，运营线路 283 条，运营线路总长度 9206.8 千米，仅依靠轨道交通网就完成了 236.9 亿人次的客运量。[①]

庞大的人口数量以及人口流动规模是推动大城市发展的最重要因素，以人口为核心的传统流量意味着更突出的经济生产能力和消费能力，与之相关的产业、金融、交通等流量能够带来城市的经济发展，为城市治理能力现代化带来物质基础。其中，常住人口是城市发展的主力军，流动人口则是城市经济生产的重要组成部分，是经济发展的重要推动力量。与之相对应，在城市治理中，庞大的人口数量和人口流动规模也是实现有效治理的必要条件，无论是作为公共服务的接受者，还是作为志愿服务、社区服务的供给者，庞大的人口都能带来规模效应，在总体上降低人均治理成本，实现更高效率、更低成本的良善治理，进一步形成"人口流入—规模效应—城市治理成本降低—城市发展—人口流入"的正向再循环。这也是当前深圳、天津、西安、南京、成都等中国大城市采取各种政策措施吸引人口流入、提升城市能级的重要原因。

（二）流量带来的物质基础

与人口相关的商品、服务、资金、交通流量为城市治理现代化提供了物质基础。2016 年，麦肯锡研究院在其发布的报告《全球流动的新时代》中就直指："商品、服务、资金和人员的流动已经达到了以前无法想象的水平，要是脱离了全球流动，必然落后了。"[②] 而中国的城市大多在"港口货物流"方面表现突出，在其他方面还有较大的发展空间。

在中国，高度商业化和混合经济的城市在 GDP 和人口比例因子方面表现出了超线性的复杂关系，特别是北京、深圳、上海、广州、苏州、杭州、天津、南京、成都和武汉等大城市。就全球城市联系度而言，香港、北京和上海挤进了全球前 10 的位置，分别位列第 3、第 4 和第 6 名，广州、深圳、香港的网络连接性有所提高，深圳金融服务公司网络拥有

---

① 《城市轨道交通 2021 年度统计和分析报告》，《中国城市轨道交通协会信息》2022 年第 2 期。

② McKinsey Global Institute，"Digital Globalization：The New Era of Global Flows（2016）"（https：//www.mckinsey.com/business-functions/mckinsey-digital/our-insights/digital-globalization-the-new-era-of-global-flows）.

相对更高水平的关联变化。[①] 物流业发展的大城市化倾向明显,[②] 北京、上海、广州、深圳、南京、天津、沈阳、济南等大城市,具有物流业发展的良好产业、技术、交通、人力资源基础,物流业发展水平较高且稳定。[③] 经济基础决定上层建筑,这些资金、货物的大规模集聚与流动,给城市带来了相对充足的物质资源,是城市活力的体现,是城市未来发展的重要因素,同时也能够为城市治理现代化提供相对充足的经济条件和税收基础。

（三）流量带来的技术条件

作为一种新型流量,信息流量为城市治理带来了技术条件。庞大的信息流量意味着城市治理的智能化。特别是数字经济的发展,为信息流量增添了主要内容,数字经济已经发展成经济的重要形态,数字经济产生的各类数据也已经成为信息流量的重要组成部分。

在中国的大城市中,信息流量已经成为重要的资源类型。截至 2021 年 12 月,累计建成并开通 5G 基站 142.5 万个,工业互联网产业增加值达到 3.57 万亿元,全国网民 10.32 亿人,网络直播用户 7.03 亿人,网络视频用户 9.75 亿人,网络购物用户 8.42 亿人,网上外卖、在线办公、网约车、在线医疗用户分别达 5.44 亿人、4.69 亿人、4.53 亿人和 2.98 亿人。2021 年,全国网上零售额达 13.1 万亿元,跨境电商进出口规模达 1.98 万亿元。[④] 根据《中国互联网发展报告 2021》,截至 2020 年,中国数字经济规模达到 39.2 万亿元,占 GDP 比重达 38.6%。北京是全国性网络联系中心,上海、广州、深圳是全国性的网络联系副中心。[⑤] 北京的互联网上市企业数量占互联网上市企业总数的 34.2%;其次为上海、深圳、

---

① Ben Derudder, Peter Taylor, "Central Flow Theory: Comparative Connectivities in the World-City Network", *Regional Studies*, Vol. 52, No. 8, 2018, pp. 1–14.

② 林双娇、王健:《中国城市物流业规模分布的地区差异及动态演进》,《华东经济管理》2020 年第 7 期。

③ 王东方、董千里:《中国城市物流发展空间结构演化及影响因素》,《北京交通大学学报》（社会科学版）2019 年第 4 期。

④ 《国务院新闻办就 2021 年全年进出口情况举行发布会》,中国政府网 (https://www.gov.cn/xinwen/2022 – 01/15/content_5668472.htm? eqid = dabfc71a000197f300000 004645c5712),访问日期：2022 年 1 月 15 日。

⑤ 甄峰、王波、陈映雪:《基于网络社会空间的中国城市网络特征——以新浪微博为例》,《地理学报》2012 年第 8 期。

杭州、广州，它们的互联网上市企业数量分别占互联网上市企业总数的20.6%、10.3%、9.7%和5.2%。[①]

可以说，信息流量是流量城市形态特征的典型表现，是信息时代不同类型流量的主要载体，也是城市政府实现治理现代化的重要资源。通过挖掘数据背后所蕴含的信息，以数据描述为基础对城市治理进行数据画像，以数据挖掘为基础寻找城市治理规律，以数据预判为基础防控城市治理风险，以数据＋政策为基础采取符合城市发展的治理措施，形成技术赋能治理的新格局，已经成为当前城市治理现代化的重要路径。

三 流量与城市治理现代化的新要求

进入互联网时代之后，流量城市成为城市发展形态的新趋势。数字空间与现实空间不断融合，网络不但使万物互联，而且使世界相连。在此背景下，掌握数据流量成为城市快速发展的密码，基于信息化的智慧治理成为一种全球趋势，也成为流量城市治理现代化的基本趋势。[②]

作为一种新的城市形态，流量城市与以往的城市形态相比，具有一定的特殊性，在治理能力现代化方面的特殊性表现得更为明显。就流量城市的具体情形而言，人口、经济、信息等多种要素在流量城市集聚，极大地延展了城市发展的空间和时间要素，为城市治理现代化带来了新的资源条件和新的发展机遇。但与此同时，高速流动、"大进大出"的城市形态，特别是人口规模庞大、社会结构分化、流动变化迅速、经济生产高度分工、信息资源急剧膨胀的新特征，也形成了一些新的城市治理问题，给城市治理带来了方方面面的挑战。因此，城市治理现代化也在这种复杂性之下，表现出了较为特殊的原则要求，尤其是对于北京、上海、深圳、广州等国内一线城市而言，城市治理现代化更需要不断地迭代更新，适应流量城市发展新形态，满足流量城市发展新要求，实现"以流量治理流量""以流量促进流量"的发展目标。

---

① 《第49次〈中国互联网络发展状况统计报告〉》，中国互联网络信息中心网站（ht-tps：//www. cnnic. cn/NMediaFile/2023/0807/MAIN1691372884990HDTP1QOST8. pdf），访问日期：2023年8月7日。

② 吴晓林：《数字时代的流量城市：新城市形态的崛起与治理》，《江苏社会科学》2022年第4期。

　　从总体上讲，流量城市的特征在于"流动性"（即"流"的方面）和"规模性"（即"量"的方面）两个方面，意即"大进大出"的基本特征。其中，流动性是指传统流量和新型流量的动态性，这对城市治理现代化提出了"灵活性"的要求，能够对快速变动的因素进行准确抓取，获得最及时的信息和数据，是流量城市发展的基本要求。规模性是指在传统流量和新型流量方面具有超大规模的特征，这对城市治理现代化提出了"全面性"的要求，能够涵盖最大数量的人口和信息，这是流量城市发展的另外一个侧面。因此，对于任何一个城市而言，这些特点都对资源投入、机制调整、技术支持等内容提出了新挑战，需要政府、市场、社会从经济、制度、文化及精神等各个方面予以积极应对。具体而言，流量城市对治理现代化的新要求主要体现在以下几点。

　　（一）流量城市的公共服务供给压力

　　庞大的人口数量和人口流动规模，给城市公共服务供给带来了新的挑战。人口既是生产力，也是公共服务的消费者。《国家新型城镇化规划（2014—2020 年）》明确提出以人的城镇化为核心，增加基本公共服务供给，增强对人口集聚和服务的支撑能力。[①] 从近年来中国的城镇化进程看，城市公共服务建设水平总体上仍滞后于公众日益增长的需要，普遍存在公共服务资源短缺失衡、区域城乡差距扩大、均等化普惠化水平不高和社会公众参与不足等问题。[②] 在人口大规模聚集的流量城市，这一点可能表现得更为明显，满足千万级别人口在教育、医疗、养老方面的服务需求，并不是一件容易的事情，其中既涉及体制机制方面的创新改革，也涉及人员、资源、技术等要素的新要求。

　　更为重要的是，考虑到不同的城市群体之间存在的异质性特征，城市公共服务的需求变得更为复杂——不同群体的收入、职业、生活状态存在很大差异，对于许多公共性事务的态度和需求也各不相同，其中，相对低收入群体更加关注收入、住房、医疗等与生存有关的内容，中高收入群体更加关注教育、生活品质、服务水平等与发展、享受有关的内

---

　　① 《国家新型城镇化规划（2014—2020 年）》，中国政府网（http：//www.gov.cn/zhengce/2014 - 03/16/content_2640075.htm），访问日期：2014 年 3 月 16 日。
　　② 张晓杰：《城市化、区域差距与基本公共服务均等化》，《经济体制改革》2010 年第2 期。

容。本地居民更加关注环境、秩序、安全等生活性内容，外来居民更加关注就业、户籍、社保等发展性内容。这种高度分化、快速流动的特征，给城市治理带来了很大的挑战。从这个角度讲，在未来城市治理能力现代化的发展方向上，就需要进行精准治理、精细化治理，实现多重原则平衡，既需要实现基本公共服务均等化的目标，也需要在一些特殊的公共服务领域，突出多样性、灵活性、便捷性等不同的属性。

（二）流量城市中的组织变革压力

根据技术创新的 TOE 模型，组织对一项创新技术的采纳主要受到技术、组织和环境三方面因素的共同影响。在反作用上，特定技术和环境的变化也会形成组织变革压力，影响组织形态的发展变迁。在流量城市发展过程中，"大进大出"的流量形态，已经超出传统组织形态能够容纳的限度。按照 TOE 模型的分析，也就意味着大规模、高速度的流量改变了城市治理的技术和环境要素，对组织形态提出了新的挑战。特别是在政府组织方面，传统以科层制为框架的组织形态已经难以满足流量城市在整体治理、敏捷治理方面的要求。

在纵向维度上，传统政府组织强调自下而上的信息收集以及自上而下的政策施加，其核心特征是逐层传达、层级节制。这种纵向组织形态的优势在于稳定可靠、秩序井然，能够相对稳定地完成信息收集和政策传达任务。但这种组织形态的传输效率较低且存在失真的弊端，已经无法适应流量城市敏捷治理的需求。在流量城市治理中，需要突破逐级传达、层级节制的纵向组织关系，推进组织形态的扁平化发展，保证信息、政令能够在组织层级间准确、快速地传递，以更加高效的方式应对城市治理需求。

在横向维度上，传统政府组织强调专业分工、各司其职。这种横向组织形态的优势在于职责清晰、边界明确，各部门能够按照职责分工，按部就班地完成相应任务，并形成有效的专业积累。但这种组织形态也存在明显的弊端，特别是在应对大型、复杂任务时，跨部门协调合作的能力较弱，无法形成有效的跨部门合作。而在流量城市治理中，融通部门信息、形成叠加效应，是流量城市治理的必要条件，因此，在流量城市治理过程，横向维度上的传统政府组织形态无法适应流量城市在数据融通方面的需求，打破部门壁垒、联通"数据孤岛"，是发挥流量优势的必要条件，也是流量城市政府组织变革的新压力。

（三）流量城市的经济发展风险

流量带来了经济发展的可能性，成为城市发展的新动能。同时，与流量紧密捆绑的经济发展也隐含了不同类型的风险。由于流量本身具有"大进大出"、快速变化的特性，这使流量城市的经济发展风险等级要比传统农业城市、工业城市更高，而且更容易受到各种因素的影响，也更容易从一个领域向其他领域扩散，扩大流量城市经济风险规模和风险等级。

一方面，经济发展，数字经济、信息经济也是风险经济，大量的经济生产活动都依赖数字化的虚拟信息平台运行，在虚拟信息平台上的风险（包括技术风险、金融风险等）可能会因为信息传输的便捷性，快速扩散到经济生产的方方面面，形成系统性的经济风险，影响整个城市的经济发展。特别是在以服务业、金融业、科技制造业为支柱产业的大城市，这一点可能表现得更为明显，特定领域出现的经济风险，很可能会扩散到其他领域当中，形成风险扩散放大效应，提高流量城市应对经济风险的难度和挑战。

另一方面，流量城市经济发展风险还可能引发一系列的社会治理问题。从客观情况上讲，流量城市的数字经济、信息经济、平台经济大多依靠相对年轻的外来人口，这些人员大多具有学历高、能力强、社会支持网络相对薄弱的特点，城市黏性弱、流动性强。出现经济风险后，这种人口结构的社会风险应对弹性相对较低，很有可能会引发后续的社会治理问题。一方面，这些青年群体会快速流动，转移到其他城市，形成人才外流的不利局面，削减城市发展后续动力；另一方面，这些社会问题也可能会引发线上或线下的抗议行为，进而产生一系列的社会矛盾，给城市治理带来新的压力。

（四）流量城市中的信息整合与信息安全

海量的数据信息对信息整合与信息安全提出了更高的要求。按主体划分，信息流量大致可以划分为以下四方面。一是网络信息技术与应用的迅猛发展带来的虚拟平台交易产生的社会经济活动信息流量，主要包括各种线上商品、服务流通数据及其相关延伸信息。二是网络科技公司在提供商品、服务过程中积累的与交易活动无关的社会性信息流量，主要涉及大的网络科技巨头在提供商品或服务时收集到的大量涉及群众、企业乃至政府等的群体性特征、偏好等信息。三是政府在提供各种公共服务的电子政务平台或政策施行实践中形成的政务信息流量，主要是各类政务统计数据和政务服务数据。四是各社会主体进行各种实体性的工商贸活动形成的社会经济活动信息流量。这些流量各有类型，也各有不同的管理方式，如何将不同主体所生成的数据信息整合进统一的信息系统当中，使其能够发挥总体作用，对城市治理是一个重大挑战。

另外，诸多信息流量的"大进大出"，也给信息安全带来了新的挑战。首先是信息保密性。按照信息保密特征，任何主体提供、收集、管理的信息，只能向具备权限的对象开放。但是在真实场景中的信息保密性很可能会面临挑战，特别是一些网络科技公司在提供商品、服务过程中积累的与交易活动无关的社会性信息，各社会主体进行各种实体性的工商贸活动形成的社会经济活动信息，可能泄露给未经授权的用户，形成信息泄露风险。其次是信息完整性。所谓信息完整性是指信息在输入和传输的过程中，不被非法授权修改和破坏。但是在流量城市的实际运行中，海量信息的传输很可能会出现丢失、重复、乱序的情况，信息的完整性被破坏，造成不同信息主体之间的混乱。最后是信息可控性。对于一个信息系统而言，信息可控性要求信息系统主体可以对系统的整个状态进行掌控。而在流量城市的实际运行中，不同信息的收集、传输、保存存在多个渠道、多个主体，使信息控制难度指数增加，对流量城市的信息管理部门而言，如何在复杂环境下有效掌控信息，将是城市治理面临的重要挑战。

四　流量城市治理现代化的基本原则

现代化的城市治理，需要将城市自身所具有的优势充分发挥出来，对整个城市内部各个部分、城市与城市之间的关系进行全盘考虑和整体规划，协调城市不平衡空间、群体、利益的矛盾与冲突、紧张与失序，以期最有效地实现资源配置、公共服务、安全保障、社会协调的目标。针对流量城市的治理现代化，则要在遵循城市治理现代化普遍性要求的基础上，充分关注与流量密切相关的新问题和新挑战，深刻认识流量对城市治理的双重影响，有效利用流量提升城市治理效能，发挥流量在各个领域的优势，并充分认识到流量的负面效应，从经济、制度、文化及精神各方面积极应对新风险的潜在挑战，实现"聚流""限流""用流"的目标。具体而言，流量城市治理现代化需要在价值追求、参与主体、实施机制、发展理念等要素上有所创新。

（一）在价值追求上坚持"以人民为中心"。

"人"是城市发展的基本载体，增进"人"的福祉是城市治理的核心目标，"美好生活"是流量城市治理现代化的价值追求，人民对美好生活的需要是流量城市治理现代化的发展目标。"美好生活是城市社会治理的底色"①，面对"城市如何能让生活更美好"的社会诘问，我们必须回答城市治理"为了谁"的价值属性问题。在中国特色社会主义的制度框架内，城市治理的本质属性就是以实现城市居民美好生活为目标，以满足人民群众对美好生活的期待为基本遵循。从这个价值立场出发，在流量城市治理过程中，就需要以人民群众的美好生活作为评价流量城市治理现代化的标准，完善公共服务，化解社会矛盾，促进社会公平，推动城市有序和谐发展。

（二）在参与主体上实现多元协同

流量城市治理现代化需要以系统性为基础、包容性为基色、公共性为基本、协同性为基调，实现多元主体协同治理。具体包括以下几点：一是突出党组织的领导和整合作用，党组织统揽全局，对城市治理的目标、路径和方法选择有所把握，同时发挥基层党组织的政治领导和动员能力，激发各种力量参与基层治理。二是建立条块整合协调工作模式，对各部门的职责权限和执法依据进行梳理，推动"分类确责"。三是将治理资源向基层倾斜，以满足群众需要为基础，推动权责利和资源下沉，尤其是确保街道、乡镇对基层治理的规划参与权和综合管理权，在事关群众利益的重大决策和重大项目上的建议权。四是要鼓励群众参与，注重发挥社区干部、网格员、社会组织在流量城市治理中的作用，使其能够为流量城市发展提供人力基础和社会基础。

---

① 姜晓萍、董家鸣：《城市社会治理的三维理论认知：底色、特色与亮色》，《中国行政管理》2019 年第 5 期。

（三）在实施机制上突出技术、制度、情感多重面向

流量城市治理现代化需要突出技术、制度、温情的多重互动，对流量城市政府实现技术赋能、制度赋权和人文赋温。一是在技术层面，注重利用既有的数据资源，对数据进行充分的挖掘、分析，实现主动、精准、整体式、智能化的政府管理和服务，构建一体化智慧决策指挥中枢，实现"一图全面感知、一键可知全局、一体运行联动"。二是在制度层面，打破数据壁垒，强化数据统合。可以在党组织领导下，设计流量城市治理的权责体系，构建体系完整、大数据链接的组织体系，使流量城市的数据、信息能够发挥集成效应。三是在具体执行中，突出数据、信息、流量、技术的"温度"，尤其针对有特殊需求的群体，在通过智能化方式实现精准识别的基础上，突出公共服务的"温度"。而且需要注重消除数字鸿沟，对于老年人、残疾人、学历相对较低的群体，要注重培养他们的数字能力，使其能够享受流量城市带来的数字红利、技术红利。

（四）在发展理念上注重统筹发展与安全的关系

流量城市治理现代化，需要统筹发展与安全，在利用流量的同时保证流量安全，设计资源整合、多主体参与的风险防控体系，构建"统一指挥、专常兼备、反应灵敏、上下联动、事前防控"的流量风险防控体制。确保流量城市治理的物质资源、组织条件、社会网络、领导能力等的完备性；用好特大城市拥有的立法权优势，设计流量状态下的机构与机制，各部门、各行业应急法律规范于一体的紧急状态法律体系。特别是对一些数据型、平台型科技公司，对于它们所掌握的数据、流量，需要强化日常监管，防止出现信息泄露、滥用数据的问题。对此，政府部门需要完善风险法律责任体系，推出多样化数据使用标准，还可以尝试推行风险保险制度，制订应急预案，建立预警系统，成立应急中心，进行救援培训，开展应急演练等，对流量资源进行定期排查和大数据预测，提升流量驱动的特大城市风险防控能力。

第四节　流量城市的深圳样态：优势与挑战

在党和国家做出兴办经济特区重大战略部署以来，深圳经济特区作为中国改革开放的重要窗口，各项事业取得显著成绩，已成为一座充满

魅力、动力、活力、创新力的国际化创新型城市。与此同时，得益于信息技术、数字技术的突飞猛进，深圳在流量城市建设方面也走在了全球前列，成为全球首屈一指的流量城市。在流量城市的基本形态上，深圳表现出了较为明显的特殊性，在流量城市现代化建设进程中，深圳也展现出了较为突出的优势，并面临一定的挑战。

一　深圳流量城市形成与发展的特殊形态

在改革开放的实践过程中，特事特办是特区发展的常态。在流量城市形成和发展的过程中，对于其特殊形态的再次确认和探究，实际上是解析深圳之所以成为流量城市的重要密码，也就是分析深圳流量城市形成与发展的特殊形态。对此，可以总结出四个基本判断。

（一）相较于存量管理，流量管理早已成为深圳城市管理的基本逻辑

相较于中国其他地区的地方政府管理，深圳作为改革开放以来形成的新型大城市，其城市成长的逻辑与管理逻辑表现出了很明显的特殊性，特别是在人口方面，与其他城市具有明显差异，呈现出"移民城市"的特点，这在一定程度上构成了深圳城市发展的底色和比较优势。

基于计划经济和户籍管理的传统轨道，中国其他特大型城市的管理基本是静态管理，强调城乡二元划分和固定化管理，进入市场经济之后，全国范围内的城市才逐渐有了常住人口管理，但是其中户籍人口依然是管理的主体。而且基于中国的财政管理体系，以户籍人口为基数的财政拨付体制长期不变。但是从深圳的发展来看，户籍人口一直是深圳管理中的核心但不是主体，作为一个由"小渔村"发展而来的城市，深圳本身源于乡村的城市扩张，"原住民"就较少。即使在当下，其户籍人口占比也在1/3左右。因此，深圳人口的组成结构导致深圳城市管理的基本逻辑实际上是如何兼顾户籍管理和流动人口管理。在实践中，深圳的区级政府不仅统计其他省份的流动常住人口，同时还统计深圳市域内的户籍人口的跨区流动。这样特殊的人口统计和管理，不仅仅是精细化的体现，实际上也是深圳管理的特殊规定性。在人口归化的过程中，户籍和属地管理，实际上都是存量管理，流量管理才是基于城市发展的管理。因此，深圳城市管理的底层逻辑从城市发展的轨迹来讲，是其内在历史和现实规定动作，也是深圳不同于其他城市的重要特征。

（二）相较于其他普通城市，央地直接合作是深圳城市管理的创新动力

深圳是最早开放的四个经济特区之一，是目前仍然为全域经济特区的城市、现存的五个计划单列市之一、具有地方立法权的较大的市，也是中国特色社会主义先行示范区。所有这些政策高地的集中，赋予深圳特殊的政治地位，因此央地合作成为深圳发展的重要的体制保障。特别是在建市初期，国务院曾经建立由时任副总理谷牧同志直接领导的特区办，深圳与中央政府的接触更为便捷。党的十八大以来，习近平总书记三次到深圳视察指导，为深圳在更高起点上推进改革开放掌舵领航，对经济特区建设寄予殷切期望。深圳的发展始终离不开中央政府的高度重视和战略部署。深圳是改革开放后党和人民一手缔造的崭新城市，是中国特色社会主义在一张白纸上的精彩演绎。

实际过程中，一方面，深圳作为计划单列市能够列席中央政府部门的会议，能够及时掌握来自中央政府的改革意图，并且具有先行推进改革的各种基础条件，因此，深圳的城市管理的各种创新不仅仅与其经济发展相匹配，同时也与中央政府希望深圳先行先试的意图相契合。另一方面，在城市管理创新的过程中，来自中央各部门的主动调研和政策支持，使深圳成为其他地方政府学习的典型。很多地方政府正是在学习深圳实践的基础上，深化对于中央改革的理解，具化为具体的改革路径选择。时至今日，深圳市被赋予了更高的历史使命，努力创造经济特区新的发展奇迹，为科学社会主义在 21 世纪所具有的强大生命力提供鲜明例证，为广大发展中国家提供可资借鉴的"中国方案"。这是一种特殊的责任，也是一种特殊的优势。

实质上，在如此重大的外部压力逐步增强的过程中，深圳政府也主动将这种压力变成动力，并内化为深化改革的可持续机制。同时，深圳也会主动了解城市管理的各种经验和教训，并且通过这种扁平化的央地合作，获得更多的地方创新的空间。在城市管理的政策创新和政策扩散的过程中，深圳作为地方发展的优等生，因其经济发展的优质绩效和巨大体量，也成为国内各地政府甚至众多发展中国家政府向其学习的主要原因。

（三）相较于其他超大城市，"经济发展"始终是深圳城市管理的核心

作为中国最早的经济特区所在的城市，经济发展始终是深圳城市管

理的核心，所有的改革创新始终围绕着经济建设这一中心，并在快速集聚中实现有效的平衡管理。纵观深圳发展四十年的成就和发展轨迹，深圳的城市管理始终是为经济发展服务，高效率是政府对于自身建设的重要自律。在"外引内联"的过程中，作为中国改革开放的"窗口"，深圳市政府在内外压力多方牵制的过程中不断成长。实践历程表明，只有高速的经济发展，才能展现经济特区的制度优势，才能更好地起到"改革开放排头兵"的作用。因此，深圳在城市发展的各个迭代更新的过程中，始终坚持以经济建设为中心，革新生产方式，优化产业结构，以此提升城市竞争力。如今，深圳实际上是一个建立在以科技创新为核心牵引力的"大开大合"的节点城市，已经在国家创新战略中处于领先的地位。

在改革开放的初期，"特区的事特殊处理"的便宜处理方式，为深圳城市的"简捷治理"打下了基础。在经济发展方面，深圳市政府始终采取专业管理的方式推动经济发展。其核心特征是在结合国内外先进管理经验的基础上，主动打破传统的计划经济管理模式，赋予市场更多的活力，给予企业发展更多的自主空间，主动让利于社会，这是深圳处理政府与市场关系时的主要特征，也是深圳经济发展的重要保证。在社会管理方面，由于深圳自身建制的限制，特别是由于户籍人口有限，导致政府事业单位编制奇缺，在这样的前提下，政府一方面承担大量的社会管理职责，另一方面又要面对人少事多的困境。为有效解决这个问题，深圳一是提升公务员的履责能力，通过"大部门"改革的方式，自我瘦身；二是通过"问题导向"主动联合作战，模糊传统的部门边界；三是政府主动"减事"，以提升经济发展效率为牵引，政府采取各种技术治理的手段，减少对经济事务和社会发展的不必要干扰。因此，在具体的城市发展过程中，深圳市政府部门的思维从来不是"父爱主义"的单向度管理，更多的是多元共治的治理思维，在多元主体合作的过程中实现政府有限职能的主动履行。这种政府市场关系，是一种成本更低同时也更具现实绩效的政府治理模式。

比较突出的表现是，深圳政府的"成本—效益分析"的管理主义一直盛行，这个也是流量城市能够形成并且得以发展的重要方面。从世界城市崛起的历史来看，城市本身就是社会分工的集合地，促进经济发展和为人口提供福利是城市的主要功能。没有合作者的城市政府，单靠自身提供居民福利将是极其有限的。换言之，深圳政府不仅仅是流量城市的缔造者，同样也是"流量红利"的拥有者和受益者。依然以人口为例，在日新月异的社会变革中，深圳自身的人口结构不断优化，而且深圳市的外来人口依然占据相当大的比例。这样的人口吸引力，当然得益于经济发展带来的人口红利，同时也因为深圳政府公共服务体系是"轻装上阵"。这些体现在基层服务中，深圳老龄化人口占比较低，而且这些人经济实力较强，对于基本公共服务的要求不高，也使政府可以把更多精力和注意力放在经济发展方面。与传统工业城市的老龄化加剧、社会福利负担加重的情况相比，深圳市在这一点上享受了流量城市在人口方面的巨大红利。

（四）作为大湾区的重要节点城市，流量管理成为政府间协作的重要方面

深圳特殊的地理位置，为深圳经济发展提供了必要的空间条件，经济发展成果又为深圳提供了流量管理的重要物质支持。在粤港澳大湾区与深圳先行示范区"双区"驱动、深圳经济特区与深圳先行示范区"双区"叠加的背景下，深圳市第七次党代会把"深入推进粤港澳大湾区建设，以核心引擎的作为更好服务全国全省发展大局"列为未来十大工作之一，明确提出要"增强核心引擎功能，建设枢纽型城市，强化深港澳一体联动作用、重大平台引领作用、区域辐射带动作用，携手打造国际一流湾区和世界级城市群"。

所有这些地理位置方面的有利条件，都为深圳的聚流、限流和用流提供了重要的空间支持。一方面，深圳主动融入大湾区发展，特别是在基础设施建设方面，采取了主动作为的战略。在 2021 年《深圳建设交通强国城市范例发展策略及近期行动计划》中，深圳同期启动深惠城际、深大城际、龙大城际，一同打造"轨道上的大湾区"。预计到 2035 年，深圳与大湾区核心城市核心区将基本实现半小时直达。这将为流量城市的可持续发展提供必要的物质基础。另一方面，大湾区的其他城市主动采取错位发展战略，主动对接深圳的流量发展战略。例如 2022 年 8 月，中山市提出，要全面拥抱对接深圳，共建大湾区世界级产业集群，抓紧完善和实施《加快推动中山与深圳产业一体化发展实施方案》，全方位对标深圳"20 + 8"产业，深度参与深圳产业链分工，主动为深圳龙头企业

强链补链。立足"深圳所需",发挥"中山所能",系统梳理深中两地产业资源,加快推动战略性产业集群协同发展。

必须指出,广东省政府高度重视深圳都市圈的深入发展,为流量城市的更新换代提供高位支持。广东省委、省政府发布的《关于支持东莞新时代加快高质量发展打造科创制造强市的意见》看似解决东莞问题,其关键在于勾连广州与深圳的深度融合。在打造制造业高质量发展示范区方面,省政府明确要求东莞打造广深"双城"联结纽带,核心在珠三角,意在协同发展。在佛山的发展中,广东省政府更是在《关于支持佛山新时代加快高质量发展建设制造业创新高地的意见》中明确提出,提升与深圳合作发展的水平。支持深圳与佛山建立多层次合作发展机制。加快建设深圳科技园佛山科创园和顺(德)深(圳)产业城。全面对接深圳科创资源,实现"深圳创新+佛山产业"有机结合。未来,深圳的城市发展将驶入高速轨道,实现大湾区的抱团发展,实现流量城市的更加宏大的区域辐射和聚集功能。

二 深圳流量城市发展的内在优势

党中央做出兴办经济特区重大战略部署四十多年来,深圳敢闯敢试、敢为人先、埋头苦干,创造了发展史上的奇迹,成为中国改革开放的一面旗帜。在流量城市不断发展、治理现代化不断推进的进程中,深圳具有流量城市的一般优势。同时,相较于国内其他超大特大城市,深圳在制度性支持、区域发展、产业结构、城市治理方面,又具有较为突出的独特优势(见图1-8)。

(一)"得天独厚"的政策红利

深圳用短短四十余年走过了其他国际化大都市上百年走完的发展进程,实现了从"人口三万人的边陲渔村"到"人口千万的现代化国际都市"的历史性跨越。这种"世所罕见"发展速度和发展质量的重要原因,就在于深圳享有得天独厚的政策红利与改革红利。兴办经济特区,是中央推进改革开放和探索社会主义现代化建设路径的伟大创举。深圳经济特区自诞生之日起,就获得了先试先行的充分制度空间,也被赋予了改革开放试验田和探路者的历史使命。

随着中国特色社会主义进入新时代,中国进入了新的发展阶段。在

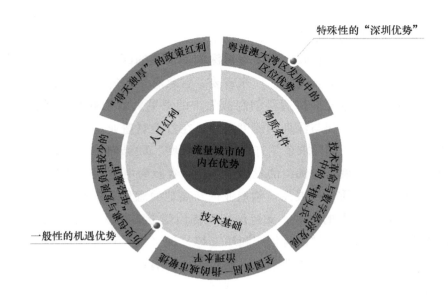

图1-8   流量城市发展的"一般优势"与"深圳优势"

此背景下，深圳被进一步赋予了先行示范的新历史使命。党的十八大后，习近平总书记离京考察调研的第一站就是深圳。2018年12月，习近平总书记在深圳视察后做出重要批示，要求深圳"朝着建设中国特色社会主义先行示范区的方向"前行。2020年10月，习近平总书记在《在深圳经济特区建立40周年庆祝大会上的讲话》中再一次对深圳的发展建设提出殷切期望。

近年来，中央不断加大力度赋予深圳新的重大政策红利，对其城市发展的定位不断清晰、丰富。2019年8月，《中共中央国务院关于支持深圳建设中国特色社会主义先行示范区的意见》发布，系统、全面和准确地阐述了深圳建设中国特色社会主义先行示范区新的时代使命。2020年10月，《深圳建设中国特色社会主义先行示范区综合改革试点实施方案（2020—2025年）》发布，支持深圳实施综合授权改革试点，为先行示范区建设提供了顶层设计。2021年9月，中共中央、国务院发布《全面深化前海深港现代服务业合作区改革开放方案》，前海迎来了物理空间和政策空间的"双扩容"。

随着党的二十大胜利召开，中国已步入了全面建设社会主义现代化国家的新征程。深圳作为改革开放的先锋，也迎来了建设粤港澳大湾区和中国特色社会主义先行示范区"双区驱动"的重大历史机遇。这是新时代深圳继续锐意创新的坚定底气、强大动力。

（二）粤港澳大湾区发展中的区位优势

粤港澳大湾区是区域人口超过7000万人的"巨型湾区"，是中国建设世界级城市群和参与全球竞争的重要空间载体。《粤港澳大湾区发展规划纲要》将深圳定位为区域发展核心引擎的四大中心城市、经济特区全国性经济中心城市、国家创新型城市、现代化国际化城市、具有世界影响力的创新创业之都以及全球海洋中心城市。深圳将主动融入国家级战略发展过程，依托在粤港澳大湾区发展中的区位优势，谋求流量城市发展的新机遇。

粤港澳大湾区一体化协同发展为深圳更好地发展提供了难得的契机。在区域协同发展中，深圳能够通过城市群功能分工，利用好惠州等腹地城市的互补优势，使城市发展的边界模糊化，疏散发展压力，为城市内部难以化解的结构性问题提供区域性、外部性的解决方案。在此过程中，深圳可积极促成区域间合作协调机制的建立，共同建设区域一体化的新基建重大工程和信息管理系统，在区域内积极寻求医疗卫生、教育、文化、住房保障等公共服务领域的深度合作，持续提升区域性基础设施与公共服务共享共建程度和均等化水平。

（三）技术革命与数字经济发展中的"排头兵"

从国家层面看，数字经济对中国经济高质量发展意义重大，是中国把握新一轮科技革命和产业变革新经济的战略选择，有利于中国国家竞争新优势的构建。"十三五"时期，中国数字经济持续增长，占国民经济比重持续上升；"十四五"时期，数字经济将成为国民经济存量的半壁江山和增量的主要贡献来源。[①] 拥有坚实高质量发展基础和前瞻性新基建部署的深圳，正在成为中国数字经济、人工智能经济发展的"排头兵"。对于深圳而言，数字经济发展与深厚制造业基础正在形成强大的互促关系。

---

① 江小涓、靳景：《中国数字经济发展的回顾与展望》，《中共中央党校（国家行政学院）学报》2022年第1期。

深圳推进流量城市建设，不仅能够成为各种要素流动交换的平台，还可以把握第四次工业革命的时代性发展契机，抢占高端制造业发展的高地，利用好中国数字经济发展"排头兵"的特殊优势。

一方面，大规模、高质量的新兴产业集群是深圳数字经济高速发展的"压舱石"。2022 年，深圳新增国家级高新技术企业总数达 2.3 万家；规模以上工业总产值 4.55 万亿元、增长 7%，规模以上工业增加值达 1.04 万亿元，增长 4.8%；规模以上工业总产值和全口径工业增加值实现全国城市"双第一"。其中，20 大战略性新兴产业集群增加值增长 7%，规模达 1.33 万亿元，占 GDP 比重达 41.1%；电子信息制造业作为深圳工业的第一支柱，约占规模以上工业增加值的 60%，产业规模国内占比约为 20%。新一代信息通信等 4 个集群入选国家先进制造业集群，新型显示器件等 3 个集群入选首批国家级战略性新兴产业集群发展工程。① 这是深圳数字经济高速发展的重要基础。

另一方面，加快实现数字经济和制造业的深度融合，是深圳制造业转型的必然选择和步入高质量发展的必由之路。由 5G、AI、智能传感、大数据等新一代技术所构建的"工业互联网"，正推动着深圳先进制造业的数字化转型。随着软件和信息服务业的不断成熟，深圳打造智能化时代的高质量"灯塔工厂"，推进先进制造业与工业互联网的融合程度不断加深，生产效率明显提升。此外，深圳还秉持"适度超前部署新基建"的理念，积极建设"千兆城市"。未来深圳将加快升级网络接入设施，泛在部署物联网感知设施，协同部署数据和算力基础设施，助力数字经济成为构建现代化经济体系和深圳高质量发展的重要引擎，这是深圳把握技术革命机遇的重要前瞻性举措。

（四）全国首屈一指的城市敏捷治理水平

在全国范围内首屈一指的城市敏捷治理水平，是深圳流量城市发展的关键保障。敏捷高效的治理体系使深圳能够有效、从容应对高度不确定的外部环境。

---

① 参见《关于深圳市 2022 年国民经济和社会发展计划执行情况与 2023 年计划草案的报告》，深圳市发展和改革委员会网站（http://fgw.sz.gov.cn/fzgggz/jjxs/content/post_10628344.html），访问日期：2023 年 3 月 21 日。

其一，智慧高效、整体协同的有为政府是深圳城市敏捷治理能力的核心保证。自特区成立，"精干"就是深圳政府的主要特征。四十多年来，深圳不断推进行政体制改革，尤其是把握数字政府建设的重要契机，打造智慧、整体、协同、有为、高效的政府组织结构和管理模式。例如，坪山区一手抓清单梳理，一手抓系统建设，合力推进"一网统管"改革。清单和系统相互结合、相辅相成，不仅能够促进系统本身和政府内部运作流程的持续优化，同时也有利于厘清政府纵向间的职能关系以及职责归属，使政府能全面敏捷地回应社会需求。

其二，在党建引领和政府支持下，较为发达的社会组织是深圳实现城市敏捷治理的重要社会性支撑力量。深圳社会组织参与城市治理尤其是基层治理的水平非常突出，深圳的社会组织发展水平和发达程度长期处于全国前列。截至2023年1月底，深圳市社会组织登记总数为10508家，其中社会团体4871家，民办非企业组织5162家，基金会475家。[①]党建引领、社会组织和数字技术三种力量要素在深圳城市基层治理过程中发挥了重要作用，三类要素以不同方式、在不同程度上进行了匹配组合，产生了不同的治理形态。

其三，借助技术革命的重要契机，智慧城市建设已经成为深圳实现城市综合治理服务能力弯道超车的重要手段。深圳融合人工智能、5G、云计算、大数据等新一代信息技术，建设城市数字底座，打造"1＋4"智慧城市和数字政府建设体系，"以新型基础设施建设为支撑"，围绕"公共服务、城市治理、数字经济、安全防控"4大板块共同发力。具体地讲，深圳将通过通信网络全面提速、部署多功能智能杆等智能感知设备、推进大数据中心建设、建设区块链技术基础设施等手段，夯实支撑智慧城市的新基建，实现城市基础设施的智慧化升级；并在硬件基础建设之上，实现全市公共数据和社会数据整合，打造城市智能中枢，升级"城市数字大脑"；依托GIS（地理信息系统）、BIM（建筑信息模型）、CIM（城市信息模型），完善数字交通、数字民生等一系列工程；同时更

---

① 参见《深圳市社会组织统计数据（2023年1月）》，深圳市社会组织管理网（http：//www.sz.gov.cn/szshzzgl/gkmlpt/content/10/10408/post_10408415.html#19202），访问日期：2023年2月3日。

加强化数据安全和隐私保护。因此，深圳正在成为全球智慧发展、一体联动程度最高的城市之一。

（五）历史包袱与发展负担较少的"年轻城市"

其一，深圳的发展受计划经济时期制度性约束的程度较低，制度创新相对容易。相比北京、上海、天津、广州等"老牌"城市，深圳更少受到计划经济时期遗存的结构性束缚。尤其是深圳政府职能的发展和健全是随着经济发展而逐步形成，受到传统体制的约束不强。在经济发展方面，相比"老牌"城市，在深圳经济发展中市场机制的作用更加明显，产业结构转型升级的阻力相对较小，进行市场化改革的方式更加灵活、层次更加深入。

其二，从城市发展的生命周期上看，深圳发展负担相对较轻。一方面，深圳城市建设发展仅经历了四十多年，城市规划的理念与城市布局更加科学、更加能够适应流量城市发展需求，城市更新压力相对较轻，在历史文化遗迹保护方面的压力也相对较小。同时，深圳的发展不必应对国有企业改组、改造、改制中的遗留问题和民生问题。另一方面，深圳在社会保障尤其是养老问题上的负担相对较轻，人口老龄化程度远远低于全国平均水平。作为一个人口更为年轻的城市，既可以享受更长期的人口红利，提供更高的生产力，也可以规避较大抚养比压力和社会保障资金压力，降低城市发展成本。

三 深圳流量城市发展的现实挑战

作为改革开放的重要窗口，深圳在过去四十多年里取得了令人瞩目的成就，成功从一个落后的小县城跻身发达的全国性国际化大都市。深圳的这种崛起过程不可避免地为其城市未来发展留下了许多印记。作为初具特质的流量城市，汹涌而来的流量为深圳带来了新的发展机遇。与此同时，由于在历史背景、资源禀赋、区位条件等多方面的独有特征，深圳也面临着许多颇具特殊性的现实挑战。综合来看，深圳在人口结构、产业结构、发展空间、信息基础设施、国际化程度等方面存在一些挑战（见图1-9），将影响深圳流量城市的进一步迭代升级，未来深圳需要在这些方面持续发力，释放发展动能，尽享"流量红利"。

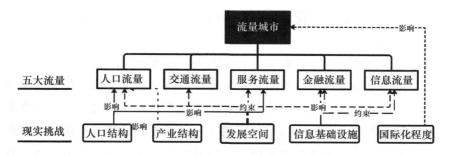

图 1-9　深圳流量城市发展的现实挑战

（一）拓展、优化城市空间资源，释放城市发展潜力

城市空间是城市社会、经济、政治、文化等要素的运行载体。作为一种必要资源，它是城市发展的约束性因素，对城市未来人口、交通、服务、金融、信息等要素的流动与增长都有着至关重要的基础性作用，其中尤其是人口、交通和服务流量。对人口来说，空间限制了人员的瞬时存量和流动规模；对交通来说，空间约束了路网密度和通行效率；对服务来说，空间制约了服务的供给规模和可及程度。从深圳的现实条件看，几十年的快速发展，深圳的经济体量和人口总量不断跃升，经济发展要求与狭小土地空间的矛盾变得日益突出。为释放城市发展潜力，拓展、优化城市空间资源应当成为未来深圳推进流量城市建设的重要着力点。具体来看，深圳在城市空间资源和结构方面的挑战主要表现在以下几个方面。

第一，深圳市整体空间开发强度大、密度高，发展空间有待拓展。深圳市的总面积仅 1997.47 平方千米，不及上海的 1/3、北京的 1/8，是超大城市和特大城市中市域面积最小的，这与其庞大的经济社会流量不相适应。从土地开发上看，深圳国土开发强度已超过 30% 的警戒线，是全国土地开发程度最高的城市。同时，深圳也是全国人口密度最高的城市，在建筑毛容积率上甚至超过了东京、新加坡这些城市，居民的居住成本、生活环境都承受了较大压力。

第二，深圳市用地结构需要进一步优化。相比其他城市，深圳的交通和工业用地占比偏高，居住和公服用地偏低，未能达到国家规定的相关标准。这种用地结构，加之紧缺的土地资源，给深圳发展造成一定限制，如导致公共服务建设规划难以落地、居住空间矛盾突出、生态廊道空间脆弱等问题。

第三，区域发展差距亟待进一步缩小。深圳的发展存在典型的梯度开发的进路，经济特区的范围和政策逐步扩大到深圳全域，但受历史惯性的影响，深圳原经济特区内在经济发展水平、社会治理能力、资源利用效率等诸多方面与后续纳入的区域存在显著差距。如何平衡各区域的发展，减小不同区域间的发展鸿沟，协调推进全市整体的有效治理，也构成深圳进一步发展的现实挑战。

总的来说，深圳这种在空间结构上的发展压力，将深刻影响城市五大流量的有效治理和合理利用，进而影响深圳流量城市的迭代升级。从深层次看，这一方面源于其地级市的低行政体量与政策赋予的高功能定位不相适应，另一方面则与人为的行政区隔仍很大程度上制约着经济社会发展各要素的自由流动有关。同时，需要指出的是，这种压力在一定程度上也蕴含着发展机遇——"倒逼"深圳努力在提升城市承载力、优化空间利用结构、走新型空间开发道路等方面先行先试，开辟新路径，积累新经验。

（二）优化人口结构，持续释放"人口红利"，长期保持城市活力

如前所述，流量城市庞大的人口流量为城市带来了突出的"人口红利"和城市活力，构成流量城市发展的新机遇。深圳也不例外，庞大的人口流量为深圳的崛起贡献了磅礴力量。但是，需要注意的是，深圳庞大的人口流量背后存在着特殊的结构性问题，长期来看将构成深圳城市发展的一定挑战，影响人口流量红利的持续释放和服务流量规模的有效增长。

首先，从户籍结构看，深圳常住人口中非户籍人口所占比重远远超过户籍人口，其中流动人口又占绝大多数，这就是深圳独特的"人口倒挂"现象。作为典型的移民城市，外来人口占据了深圳的大量劳动力市场，为深圳的繁荣发展做出了重要贡献。但在公共服务供给紧缺的现实条件下，城市公共服务供给往往与户籍相挂钩，加之深圳的高房价、高物价，外来人口往往面临着住房、医疗和教育等方面的限制，难以全面享受深圳发展带来的便利，对城市缺乏归属感，形成一定的社会融入问题和不稳定因素。

其次，从年龄结构看，深圳是一座"年轻"的城市，老龄化程度低。这一方面使深圳的社会保障负担（尤其是养老）较小，能够"轻装上阵"。另一方面，这种年龄结构也带来一些问题。一是深圳较为集中的年龄结构将使其人口结构变化频繁，导致管理和服务需求也随之更新。而以"实有人口"为准推进城市管理，使深圳需要"弹性"组织公共服务生产和供给，这不利于公共资源的有效利用，进而可能加剧资源紧张情况。二是从长期来看，集中的人口年龄结构可能会使未来深圳的老龄化在短时间内突然加剧。

再次，深圳人口的知识结构不甚均衡，相对缺乏以高级技工为主的中端技能人才。改革开放以来，快速崛起的深圳承接了大量低附加值、低技术的劳动力密集型产业，吸引了大量外地人口来深务工。这些非户籍人口中的大部分受教育年限较低、文化素质较弱、专业技能相对不足。随着产业调整升级步伐的推进，深圳逐渐大力发展高新技术产业，引进了一大批科研院所和高科技人才，逐步补齐高端科技发展的短板，在一定程度上改变了外来人口的知识能力结构。但深圳当前又相对缺乏制造业技能人才，部分工业企业面临招工难，制造业企业普工、技能型人才短缺。这种不太合理的人口结构不利于深圳产业结构的转型升级，对深圳经济的持续健康发展构成一定的挑战。

最后，从收入结构看，深圳人口收入差距较大，中等收入群体占比较小，低收入人口占据一定比例，高昂的房价和生活成本，给低收入人口造成了较大的负担，深圳流动人口中的大多数都属于从事低端制造业的低收入者，他们集中居住在"城中村"、出租屋等区域，居住密度高、居民成分复杂、公共服务水平低等特征又使其成为治安问题的高发地带。这种不稳定的社会结构给城市安全生产和社会管理等带来了一定的隐患。

总的来看，深圳巨大人口流量背后的人口结构问题不利于深圳人口流量的健康发展，也对深圳城市发展构成了新的挑战。因此，深圳需要在享受当前"人口红利"的同时，未雨绸缪，着力调整优化人口结构，持续释放"人口红利"和"人才红利"，长期保持城市活力。

（三）推动产业结构顺利转型，助力城市健康发展

产业是城市的核心要素，城市发展离不开产业经济这一基础因素。一个城市的产业结构是否合理、能否健康转型，关乎城市发展的方方面

面，如人口结构的优化、城市基础设施的改善、城市空间布局的调整等。作为发展中的流量城市，深圳的产业转型升级进程也面临着一些挑战。自改革开放初期引进大量劳动密集型企业实现快速崛起后，深圳很快认识到自身产业结构存在低端化的问题，在有限的资源和空间条件下，不断采取措施，推进自身产业结构调整。概括而言，当前深圳的产业结构升级主要面临以下几方面挑战。

一是产业结构单一，存在一定风险。相较于北京、上海、广州等地较为多元化的产业结构，深圳经济目前集中在以电子信息为主的高技术相关产业，其他产业发展相对发展不多，城市的产业结构韧性稍显不足。当然，这当中也有深圳受制于有限的空间资源条件无法推进产业多元化的原因。

二是产业转型升级不畅。先进制造业是深圳经济发展的重要支撑和根基所在。而在产业转移的大潮下，许多深圳企业迁走的不仅是大型企业，更像是产业链的整体迁移，一个大中型企业迁移到中国的中西部地区或东南亚地区，许多上下游配套的中小型企业也随之迁走。这埋藏着深圳产业"空心化"、产业链"断链"的隐忧，对深圳先进制造业的发展极为不利。这一方面源于产业升级过程中新兴产业培育慢且周期长，企业发展链条尚未形成；另一方面则在于深圳相对高昂的物价、厂房和人力成本，对制造业形成了成本挤压。

三是深圳产业发展对外依存度较高，产业链、供应链抗风险能力不强。作为节点城市，深圳承担着重要的货物枢纽中心作用，但深圳的发展也高度依赖外部供应链。深圳在水资源和能源方面高度依赖外部供应，水资源多数来自市外的东江引水，电力能源的绝大部分源自市外供应，天然气、成品油和液化石油气等物资都依赖市外百分百供应。这种对外部资源高度依赖的现状，使深圳在产业发展、城市运行方面面临着潜在风险。

总的来看，未来深圳应当大力推进产业结构升级，推动产业适度多元化发展，形成城市核心产业链条，降低产业发展成本，加强产业链、供应链抗风险能力建设，推动城市产业体系健康发展。

（四）大力推进信息基础设施建设，助力城市数字化发展

庞大的信息流量表征一切是流量城市形态特征的核心表现。不同于

传统超大城市和节点城市，流量城市的数字化、信息化水平较高，信息数据日益全面接入城市各个领域，城市的生产生活在其实体之外变换为无数字节，巨大的信息流量日益勾勒出虚拟的数字孪生城市。深圳作为国内首批新型智慧城市建设试点城市之一，从高水平建设数字政府起步，走在中国智慧城市建设的前列。当前，数字化转型已经深入深圳的产业发展、公共治理、社会保障、社区服务等诸多环节，为深圳发展贡献了智慧力量。但是，深圳在关键通信网络设施建设领域仍存在一定短板，在国内外网络信息流动过程中的节点地位不高、作用不突出，对信息流量和日益依赖信息技术的金融流量的发展形成一定挑战。

目前深圳在国家互联网网间互联架构中所处的层级较低。截至2023年2月，全国国家级互联网骨干直联点共19个，除青岛外，其余均位于直辖市或省会城市。深圳作为信息产业发达、信息企业众多、信息应用广泛的发达大城市，未能成为这一关键通信网络设施节点城市。而以直联点为代表的网络设施节点的设立的优势在于，其能大量减少信息的绕转，提高网间流量疏通能力，提升互联网间的通信质量，推动城市数字化发展。同时，深圳也未能设有如国际海底光缆及海缆登陆站、互联网国际出入口节点、互联网域名根镜像服务器、国际互联网服务支撑系统等对外关键通信网络设施节点，互联网服务水平和互联互通网络层级不高。究其原因，是深圳在信息通信节点城市方面的地位不突出，这一方面源于深圳作为几十年间迅速成长起来的新兴大城市，其行政能级不高，如前所述，互联网骨干直联点除青岛外，均设置在直辖市或省会城市。另一方面则在于深圳的国际化水平相较其他大城市较低，在国际通信网络中节点地位不高。

未来，深圳应大力推进新型信息基础设施建设，提升信息网络通信中心节点地位，力图实现"弯道超车"，提高互联网应用服务能力，支撑数字经济高质量发展，推动城市整体数字化转型。

（五）着力提升国际化水平，强化深圳全球城市网络枢纽地位

国际化节点城市是流量城市的典型特征之一。作为流量城市，与其国际性综合交通枢纽、国际科技产业创新中心和全球海洋中心城市的发展定位相比，目前深圳的国际化水平总体滞后于其城市发展。这一情况的形成既有历史因素，也与其产业结构和人口结构等现实因素有关，是

多种原因综合作用的结果。

　　总的来说，目前深圳在国际化方面主要是以电子信息制造中心的角色参与全球生产和服务网络，在全球城市体系中仍处于第二层次的中游。未来深圳提升全球层次、国际化水平，必须努力拉近与纽约、伦敦、东京的差距，成为全球城市体系中更加活跃、更有影响力、更具知名度的国际化城市。除了国家层面的政策支持之外，深圳也需要发挥自身能动性，在最大限度上破解这个难题。一方面，深圳需要营造全球人才向往的创新创业氛围，打造优质便利的国际化生活居住环境，大力吸引国际机构来深和在深开展国际活动。另一方面，深圳也需要努力提升其产业在全球产业分工体系中的层次，充分吸引利用外资，加强开放，走向全球流量城市。

第二章

全球流量城市治理能力
现代化的实践比较

　　深圳的流量城市治理现代化虽然是全新的理念和举措，但从流量的具体内容出发，国际、国内的特大城市治理也可以为深圳提供一些经验借鉴。本章选取典型的 5 个国际城市和 5 个国内城市，总结其城市的特点和治理实践，以为深圳提供经验借鉴。国际城市的选择，以城市不同类型为主要依据，选择在人口、交通、金融、信息、服务等领域居于前列且在城市治理方面有特点的大都市加以深度研究；国内城市的选择，主要依据城市的发展状况，并参考其在城市类型方面的特点，选择城市治理效果较好，且有某种流量城市特点的案例加以研究。需要说明的是，不管是纽约等国际大都市，还是北京等国内特大城市，都有比较明显的城市流量存在，也可以被归入流量城市范畴，只不过深圳首先倡议并努力建设流量城市，积极着手推动流量城市治理现代化。

第一节　国际典型城市的特点和治理成效

　　在综合考虑麦肯锡全球流量经济枢纽城市排名、《GaWC 世界城市名册（2020）》、2020 年《全球城市指数报告》（GCI）、"全球金融中心指数"（GFCI32），以及研究者们对国际城市分类的基础上，本书选取了纽约、伦敦、东京、新加坡和法兰克福 5 个国际城市。本节力图通过全面梳理、总结以上 5 个流量城市的现状与特点，深度考察这些城市的管理实践与主要治理措施，来为深圳市未来发展与城市治理提供经验借鉴。

一 纽约——金融、移民与管理型城市

金融中心、移民城市和管理型城市是纽约市的突出特点。纽约市位于美国东北部沿海哈德逊河口,是美国的经济中心、金融中心和商业中心,是世界三大金融中心之一,常年在各大国际城市排行榜中高居榜首。纽约既是美国第一大城市和人口密度最高的城市,也是一座移民城市。根据纽约市长移民事务办公室(MOIA)2021 年发布的报告,该市拥有超 300 万移民人口,占全市总人口的 40%,移民和移民二代则占全市人口的 60%。

(一)城市流量的主要特点

1. 人口流量

在人口流量方面,纽约市是世界金融、经济和文化中心,拥有最多的 500 强公司总部,吸引了大量全球高素质人才。在常住人口方面,纽约市 2020 年人口为 880 万人,增长 62 万人,增长率为 7.7%。[①] 在 20 世纪去工业化的背景下,纽约市人口流失严重,后通过建设大型文化设施、住房和高等教育机构等城市更新措施,实现复兴。[②] 在人口迁移方面,根据《纽约移民状况报告》,纽约市约有 320 万移民,占全市人口的 37.1% 和劳工人口的 44%。但随着常住人口迁往外州以及国际移民数量的减少,纽约近十年也遭遇了人口减少问题。2017—2018 年,纽约市常住人口由 862.2 万人减少为 840 万人,同比减少 0.47%。

2. 交通流量

公车、地铁及渡轮是纽约的重要交通工具,纽约地铁是世界上最大的公共运输系统之一。在出行交通流量方面,纽约都市圈日出行总量为 7945 万人次,80% 以上为区内出行,纽约市内部出行量 2565 万人次,占总出行量的 32.3%。[③] 在物流吞吐量方面,纽约机场旅客吞吐量约为 14100 万人次,货物吞吐量约为 17980 万吨,是世界上最大的空港之一。

---

① The City of New York and Department of City Planning, "2020 Census Results For NEW YORK City—Key Population & Housing Characteristics" (https://www.nyc.gov/assets/planning/download/pdf/planning-level/nyc-population/census2020/dcp_2020-census-briefing-booklet-1.pdf? r = 3).

② 李文硕:《美国城市更新再认识——以纽约市为中心的研究》,《史学月刊》2022 年第 2 期。

③ 凌小静:《四大世界级都市圈交通出行特征分析》,《交通与运输》2018 年第 6 期。

纽约 21 世纪以来的注册机动车数量基本保持在 210 万辆左右，但随着常住人口的增长、旅游人数和出行需求的上升，纽约市仍然是美国最拥堵的城市之一。

3. 金融流量

纽约市是国际金融中心，在全球金融中心指数排名中多次位居榜首。第一，全球金融机构和金融资产交易平台汇聚纽约。2021 年，纽约金融业增加值超过 2100 亿美元，其金融业增加值占全市 GDP 比重为 18.97%，50 多家世界 500 强企业总部设在纽约。纽约共汇聚 128 家商业银行、59 家储蓄银行、702 家证券公司、255 家保险公司。[1] 第二，纽约拥有全球最大的股票市场——纽约证券交易所。从上市公司数量和交易额来看，纽约证券交易所的上市公司达 2285 家（510 家为外企），占比约为 22.32%；纽约证券交易所股票交易额为 19.34 万亿美元，在全球交易所中排名第一。在本地证券交易所海外上市公司股票交易额方面，纽约 2019 年境外上市公司的股票交易额达 62026.0581 亿美元，本地赴境外上市公司的股票交易量为 123220417.4415 亿美元，均位列第一。[2] 第三，纽约市区块链生态系统迅速发展。仅 2018 年，纽约区块链公司便获得超 5 亿美元的风险投资，较 2017 年增长 500%。[3]

4. 信息流量

纽约通过不断打造升级版创新产业生态系统，逐步成长为真正的科技创新中心。在信息产业流量方面，2019 年纽约市 GDP 达到 8836 亿美元，其中信息行业生产总值达到 1385 亿美元，占 GDP 比重为 15.7%。[4] 纽约市作为全球数字经济最具有竞争力的城市之一，在数据经济领域占据绝对优势地位。[5] 在个人信息流量方面，2015—2019 年，纽约 89.1%

---

① 宋湘燕、李文政：《纽约国际金融中心的资源配置》，《中国金融》2015 年第 18 期。

② 周振华、刘江会主编：《全球城市发展指数 2020》，格致出版社、上海人民出版社 2021 年版，第 202—203 页。

③ 王振、惠志斌主编：《全球数字经济竞争力发展报告（2021）》，社会科学文献出版社 2022 年版，第 252 页。

④ 王振、惠志斌主编：《全球数字经济竞争力发展报告（2021）》，社会科学文献出版社 2022 年版，第 237 页。

⑤ 王振、惠志斌主编：《全球数字经济竞争力发展报告（2021）》，社会科学文献出版社 2022 年版，第 244 页。

的家庭拥有电脑，81.5%的家庭拥有宽带上网服务，纽约市日最大用户量 125756 人，日最大信息传输量 4656GB。另外，纽约市推出"数字纽约"平台，将纽约五个行政区中的公司、创业、投资以及媒体等元素集合起来，实现纽约创新创业和投资孵化信息共享。截至 2016 年，纽约大都市区拥有国际性研发机构 592 个，产业孵化机构 462 个，科技金融资产 10268 亿美元，金融科技化资产 4562 亿美元。[①]

5. 服务流量

纽约服务业占比为 94.9%，其中，专业服务和商业服务占比达 17.4%，金融和保险业占比达 13.6%，政府服务业占比达 17.6%。[②] 纽约市形成了以"曼哈顿模式"为代表的现代服务业集群发展，通过基础设施的投资建设促进区域整体发展、提高城市竞争力。纽约在金融危机后由单一的资本驱动向金融资本和科技创新双轮驱动转型，着重打造全球商业和文化中心。[③] 在服务行业方面，纽约集中了金融、贸易、保险、商业、管理顾问等，其中商业服务包括专业服务、计算机服务、辅助服务和其他商业服务四个分支行业。在空间布局上，形成了国际机构、跨国公司和银行总部集聚的华尔街贸易群和酒吧、娱乐厅等商业服务业集聚的第五大道商业区。[④] 在公共服务方面，纽约市针对老人、妇女、儿童、发展障碍者、贫困者专门设置相应大类，并根据服务内容和时段等细分为更多小类，进而为基本公共服务供给数量和类型提供保障。[⑤] 在教育服务方面，纽约市拥有美国最大的教育系统，截至 2020 年 9 月，全市 1800 多所学校拥有 100 多万名学生；根据 2021 年 QS 世界大学排名，纽约市拥有 2 所世界排名前 100 名的大学，分别为哥伦比亚大学和纽约大

---

① 张智新、王刚：《世界城市建设科技创新中心的经验启示》，《产业创新研究》2018 年第 1 期。

② 赵霄伟、杨白冰：《顶级"全球城市"构建现代产业体系的国际经验及启示》，《经济学家》2021 年第 2 期。

③ 周振华、刘江会主编：《全球城市发展指数 2020》，格致出版社、上海人民出版社 2021 年版，第 61 页。

④ 杨亚琴、王丹：《国际大都市现代服务业集群发展的比较研究——以纽约、伦敦、东京为例的分析》，《世界经济研究》2005 年第 1 期。

⑤ 张敏、张宜轩：《包容共享的公共服务设施规划研究——以纽约、伦敦和东京为例》，载中国城市规划学会编《持续发展 理性规划：2017 中国城市规划年会论文集》，中国建筑工业出版社 2017 年版，第 10 页。

学；纽约市教育部总预算为 380 亿美元，其中 51% 来自纽约市政府，34% 来自纽约州政府，15% 来自联邦政府和其他渠道。[①]

（二）人才优势与产业调整引领发展——纽约流量城市治理的措施及成效

管控与吸引相结合是纽约人口流量治理的突出特点。一方面，为吸引高端人才，推出"经济适用房""纽约人才引进草案""科技人才管道"，要求开发商将新建公寓的 20%—30% 以低价租给青年企业家和科技人员等中低收入人群。针对产业转型升级需要，纽约市制定相应的教育培训政策以培养更多的高科技人才；引进高科技人才，推动高科技产业、金融和商业服务等发展；实施公共交通导向型的住房发展策略。另一方面，针对迁入人口，通过设置房屋要求来限制人口过度集中。迁入者需达到纽约市法律规定的住房面积、设施配备等要求，通过提高居住成本来管控人口迁入。[②]

推动经济结构转型升级和空间结构转型是纽约市交通流量治理的两个关键因素。[③] 空间结构方面，纽约市通过三区大桥和西区改进计划基本建成了交通环道系统。[④] 纽约市在城市规划中始终重视完善交通网络：第一，完善公共交通系统、城市基础设施、网络建设和配套软件，纽约注重高速公路、机场、地铁、通勤铁路、公共汽车等交通基础设施的建设与网络联通。第二，注重公共交通的投资与数字化管理，市政府创建纽约大都市运输署来统一管理公交、地铁等。第三次区域规划提出建立全新的交通网络联结，第四次规划提出扩张地铁系统和整合区域铁路网。2020 年，纽约市交通部利用大数据和信息网络技术将交通信号、摄像头等转换到全新交通安全网络（TSN），创造了纽约市最大的物联网通信网络。第三，为缓解核心区的交通拥堵，实行站点周边土地一体化开发、优化城市空间设计、在市中心收取高昂的停车费、严格路侧停车执法、

---

① 王振、惠志斌主编：《全球数字经济竞争力发展报告（2021）》，社会科学文献出版社 2022 年版，第 247 页。

② 刘长安：《国际大都市人口迁移和国际移民比较研究》，《劳动保障世界（理论版）》2013 年第 1 期。

③ 李文硕：《迈向全球城市：二战后纽约的转型与复兴》，光启书局 2021 年版，第 400 页。

④ 李文硕：《迈向全球城市：二战后纽约的转型与复兴》，光启书局 2021 年版，第 142 页。

提供更加优质的公共交通服务、合理设计交通标志标线等措施。

　　纽约市金融流量治理的方向是，注重不断完善金融基础设施和环境，大力发展经济和贸易，为金融中心地位奠定基础。第一，纽约市不断完善交通、通信、教育、医疗等基础条件，吸引高端金融机构和人才。第二，纽约市构建起完整、立体化的金融系统，包括货币市场、资本市场、信贷市场的金融市场以及相关系统，人为建立离岸金融中心，建立证券跨国清算结算系统、外汇贸易跨国清算结算系统、美元跨国清算结算系统等。第三，纽约市积极推动金融机构数字化转型。金融科技创新实验室是全球首屈一指的加速器项目，2021 年纽约金融科技创新实验室项目选中 10 家新型科技子公司，利用人工智能、机器学习等先进技术，帮助金融机构应对数字产品开发、持续运营等挑战。

　　纽约市在信息流量治理方面的突出表现为，组建由纽约副市长牵头的纽约市数据分析指导委员会，制定全市数据分析的总体战略。在核心策略方面，纽约市政府支持金融、保险和房地产等核心产业发展，加快建设适应创新经济发展的城市基础设施，特别是信息基础设施。通过信息基础设施的完善，让每个纽约人都拥有价格实惠且高速的网络（见表 2 - 1）。第一，立法为先，注重政府信息公开以及相关法律建设是纽约市的重要策略。根据纽约市 2012 年通过的《开放数据法案》，到 2018 年，除涉及安全和隐私的数据外，公民可以不经注册、审批程序等限制来获得政府及其机构的所有数据。[①] 纽约市在加快数据开放的同时注重隐私保护，制定《2020 年纽约市全民数据开放报告》，2021 年发布《全市隐私保护政策和协议》。第二，纽约市"智慧城市"从民生和政务服务等领域入手，率先将智慧技术应用于各基础行业，包括 LinkNYC、NYC311 等应用的推广与使用。第三，纽约市政府将"公平城市"理念贯穿智慧城市建设，对不同文化、种族、身份的人群提供包容、公平、普惠的城市服务，注重用户参与和服务反馈，以数据反哺服务，进而不断优化城市治理水平和服务能力。2019 年，纽约市出台《2050 的纽约》（"One NYC 2050"）战略规划，提出为应对未来城市挑战的八个愿景，需进一步

---

　　① 陶希东：《西方发达城市政府数据开放的经验与启示》，《城市发展研究》2016 年第 9 期。

表 2 - 1　　　　　　　　　　　　　　　**纽约市数据开放历程**

时间	数据开放事件
2012 年	时任市长签署 2012 年第 11 号地方法律《开放数据法案》；同年 9 月，发布纽约市开放数据政策和技术标准手册
2013 年 3 月	开放数据团队在门户网站上提供已在市政府官网上发布的合规数据集
2015—2017 年	时任市长批准了《开放数据法案》的多项修正案，包括对公众请求的响应时间、将开放数据的授权延迟至永久等
2018 年	成立市长隐私办公室（MOIP），致力于保护纽约人身份信息隐私，同时在法律允许的情况下最大化实现跨部门数据共享
2021 年	发布《全市隐私保护政策和协议》，用以指导数据发布

图表来源：王振、惠志斌主编《全球数字经济竞争力发展报告（2021）》，社会科学文献出版社 2022 年版，第 246 页。

完善数字基础设施建设，弥补数字鸿沟。第四，致力于发展创新经济，从人才、基础设施和信息平台等方面扶持高科技产业发展。为助力数字经济发展，纽约市积极明确"全球创新之都"的发展定位，出台一系列科技创新计划，大力发展人工智能、大数据、区块链等新一代信息技术。[1] 第五，在政务信息流量治理方面，纽约市民可通过开放数据门户网站免费获取数据集，数据范围涵盖约 100 个纽约市实体机构，如政府机构、商业改进区等，内容涉及生活各个方面，如建筑许可证、311 服务申请、图书馆分类、学区、职位列表等。[2] 纽约市将继续推进数据共享，启动智慧城市协作计划、设立全市物联网设备清单，推出智慧城市目录，公开分享相关城市项目信息，提高城市数据使用效率。

　　政府规划调控和集聚高素质人才是纽约市服务业发展和服务流量治理的重要措施。第一，纽约市政府积极规划和引导产业集群发展，通过改善投资环境，建设办公楼、住宅楼和展览中心等基础服务设施等为服务业发展营造良好的外部环境。纽约一直是投资家优先考虑的城市，拥

---

[1]　王振、惠志斌主编：《全球数字经济竞争力发展报告（2021）》，社会科学文献出版社 2022 年版，第 237 页。

[2]　王振、惠志斌主编：《全球数字经济竞争力发展报告（2021）》，社会科学文献出版社 2022 年版，第 246 页。

有巨额的公共和私人投资以及大量的金融服务提供者与消费者。在环境与服务设施方面，通过城市基础设施建设与卫星城建设相结合、推进郊区城市化、建设城市群来缓解人口拥堵问题。第二，在教育服务方面，自 2015 年起，纽约市教育部启动"人人卓越平等"（Equity and Excellence for All）计划，旨在确保到 2025 年纽约市所有学生都能够接受计算机教育。同时，纽约市注重网络安全服务的提升。第三，纽约市虽然网络安全行业规模已超 10 亿美元，处于全球领先地位，但仍启动了"网络纽约"计划（Cyber NYC，即 1 亿美元的公私投资项目），旨在将纽约打造为全球网络安全产业之都，催化下一个 10 亿美元的公司，刺激创造1 万个网络安全工作岗位，并提供各类课程培训，以培养人才、推动创新。此外，纽约市政府积极投资科技类项目，如纽约市科技人才管道、全民计算机科学等，并提供技术培训，如网络开发和服务器管理。

纽约市在治理人口流量、交通流量、金融流量、信息流量和服务流量的过程中，有着共通之处与一致的目标指向。首先，通过科学且动态地调整城市发展规划来推动交通设施和服务设施的建设与完善，加快建设适应创新经济发展的城市基础设施，以较为完备的基础设施和便利的交通条件来为人口流入提供便利条件。其次，根据全球经济潮流进行产业调整，纽约市政府支持金融、保险和房地产等核心产业发展，创造良好营商环境，吸引科技人员、青年企业家等人才流入，推动纽约市始终处于全球经济发展潮流的前沿。全球优秀人才的流入，为纽约市科技、信息、金融等产业的发展提供了人力资源支持。最后，人口流动也给城市管理带来了管理压力和风险挑战，纽约市在城市管理方面采取了相应措施进行疏导。

二 伦敦——金融与管理型城市

金融中心和管理型城市是伦敦市的突出特点与优势。伦敦市位于英格兰东南部的平原上，跨泰晤士河下游两岸，大伦敦面积约为 1577 平方千米，伦敦市区面积约为 310 平方千米。伦敦市是英国政治中心、世界经济中心和众多国际组织总部所在地，与纽约并列为世界顶级的国际大都会。

（一）城市流量的主要特点

1. 人口流量

伦敦是老牌国际金融中心、科技创新中心和国际交通枢纽。大伦敦是欧盟所有城市中人口最多的城市，占英国人口的 13.4%。20 世纪 70 年代以来，伦敦市人口经历了先减少后增长的历程。根据英国国家统计局发布的 2021 年人口普查报告，伦敦人口为 880 万人，自 2011 年以来增加了 62.6 万人（占比 7.7%）；伦敦共有 342 万户家庭，自 2011 年以来增加了 15.8 万人（占比 4.6%）。[①] 在人口迁移方面，伦敦市 2002—2020 年总体上迁入人口大于迁出人口。在 2010—2019 年的十年间，国际移民到伦敦的平均人数为 19.7 万人，平均每年有 10.1 万人离开伦敦前往英国国内其他城市。

2. 交通流量

伦敦拥有一流的国际、国内交通系统，伦敦的 5 个国际机场拥有通往世界范围内 530 个目的地的直航航班，是世界上最大的国际港口和航运市场之一。在旅客流量方面，伦敦市机场旅客吞吐量合计 17700 万人次，货物吞吐量为 5320 万吨。在出行交通流量方面，大伦敦地区日出行总量约 2400 万人次，82.2% 的居民生活、工作都在大伦敦，每天有 77 万人通勤进入大伦敦、35 万人通勤出大伦敦。[②] 伦敦市的日均通勤时间为 70 分钟，进出中心城采取公共交通的比例为 85%，出行距离为 15 千米。

3. 金融流量

伦敦是世界三大金融中心之一，在全球金融中心指数排名中长期保持前两名，是全球最大的离岸金融衍生交易市场、最大外汇交易市场、最大的基金管理中心和全球黄金交易结算中心。2021 年，伦敦吸引了 7.64 亿美元资金投资于 114 个金融和专业服务项目，吸引外资投资的此类项目数量高于新加坡、纽约和巴黎等城市。伦敦市金融业增加值占全市 GDP 比重为 18.6%。金融机构集聚是伦敦金融城的一大特点，它聚集

---

① 参见伦敦市政府官方网站（https：//data. london. gov. uk/dataset/2021-census-first-release），访问日期：2022 年 6 月 28 日。

② 凌小静：《四大世界级都市圈交通出行特征分析》，《交通与运输》2018 年第 6 期。

了 50% 以上的英国百强公司以及 100 多家欧洲 500 强企业的总部，并拥有全球 1/3 左右的货币交易业务。① 伦敦证券交易所（LSE）2019 年交易额为 1.5 万亿美元，股票总市值 38670 亿美元。

4. 信息流量

伦敦拥有 46000 家科技企业、1/3 的欧洲科技独角兽，在 IESE 发布的《2020 年城市动态指数》报告中被评为"全球最智慧的城市"。2020 年伦敦科技公司继续保持强劲发展势头，吸引了欧洲 1/4 的科技融资额。作为欧洲独角兽之都，伦敦培育出了 47 家独角兽公司，其中金融科技类公司 18 家。2019 年以来，伦敦进入促进数据流动、激发数字城市发展新动能阶段。② 首先，城市官网是一个城市向外传播信息的重要指标。在官方网站境外访问比例方面，纽约、伦敦、东京、新加坡、法兰克福的官方网站境外访问比例分别为 5.9%、36.6%、15.7%、28.7%、7.4%，③ 伦敦市的访问比例最高。其次，注重顶层设计是伦敦信息建设的重要特点，并通过解决城市管理协作问题、提出"共创智慧城市"计划、实施城市治理的"弹性战略"等措施来推进智慧城市建设。④ 2019 年，伦敦市数字与技术创新办公室通过理事会创新了"政府权力运行 + 企业董事会"模式，形成了智慧城市建设运作系统，运作模式灵活开放。最后，在城市治理方面，伦敦基于数字技术，推动城市防灾战略等来应对不确定性。

5. 服务流量

服务经济是世界城市的共同发展形态，伦敦服务业产值占经济比重的 88%。在服务业方面，伦敦服务业占比 92.4%，其中房地产占比达 17.4%，金融和保险业占比达 16%，信息和服务通信业占比达 12.3%。⑤

---

① Bassens, D., van Meeteren, M., "World Cities Under Conditions of Financialized Globalization: Towards an Augmented World City Hypothesis", *Progress in Human Geography*, Vol. 39, No. 6, 2015, pp. 752 – 775.

② 玛丽：《伦敦城市数字化转型的四个阶段》，《宁波经济（财经视点）》2022 年第 12 期。

③ 周振华、刘江会主编：《全球城市发展指数 2020》，格致出版社、上海人民出版社 2021 年版，第 219 页。

④ WeCity 未来城市项目组：《未来城市：数字时代的城市竞争力重塑》，浙江大学出版社 2022 年版，第 47 页。

⑤ 赵霄伟、杨白冰：《顶级"全球城市"构建现代产业体系的国际经验及启示》，《经济学家》2021 年第 2 期。

伦敦服务业增加值占全市生产总值的比重为 69.47%。在创意产业方面，伦敦是世界上第一个政策性推动创意产业发展的城市，拥有英国 1/3 以上的设计机构，是世界第三大电影摄制中心与广告产业中心和欧洲第一大创意产业中心。在先进生产性服务业方面，伦敦处于最高的网络联系能级和全球城市生产性服务能力顶层。①（见表 2-2）在基本公共服务方面，伦敦市在总体规划层面提出要注重满足弱势群体和少数群体的设施要求，并出台《可到达的伦敦：塑造包容性的环境》来细化对少数群体的关注。

表 2-2　　全球城市先进生产性服务业网络联系能级排名前十城市

城市	网络联系能级	相对网络联系能级	排序
伦敦	6432	1	1
纽约	6412	0.997	2
香港	5567	0.866	3
巴黎	5555	0.864	4
新加坡	4989	0.776	5
上海	4851	0.754	6
东京	4796	0.746	7
北京	4498	0.699	8
悉尼	4494	0.699	9
米兰	4450	0.692	10

数据来源：沈桂龙、张晓娣《上海流量经济发展：必然趋势、现实状况与对策思路》，《上海经济研究》2016 年第 8 期。

（二）由分散治理走向集中治理——伦敦流量城市治理的措施及成效

伦敦大都市区治理体制经历了四次大的变革，逐步由分散的多头治理走向相对集中治理，建立了大伦敦市政府及治理机制。在应对人口发展与流动方面，伦敦通过营造宜居宜业的环境和人口与产业联动的发展机制来留住人才。一方面，伦敦将人口发展规划与城市建设规划、产业规划、区域规划等相结合，使土地、环境等资源配置与人口分布相均衡，

———————

① 沈桂龙、张晓娣：《上海流量经济发展：必然趋势、现实状况与对策思路》，《上海经济研究》2016 年第 8 期。

进而完善人口与产业联动发展机制。另一方面，伦敦注重社区和宜居环境建设。在营造"宜业"的社会环境方面，伦敦倡导"大众创业、宽容失败、鼓励冒险"的创新文化，鼓励个人与企业之间开展合作，实现产品和理念商品化。在宜居环境方面，针对住房拥挤问题，通过控制移民过快增长、对住宅投资交易增税、对房屋空置行为进行高额罚款和多种渠道为伦敦居民提供不同类型的住房等措施来应对。[①]

伦敦交通流量治理的主要措施包括：第一，伦敦重视区域空间的合理规划，优先发展大容量的城市公共交通。伦敦建成了地上与地下、轨道交通与公路交通相连通，集地铁、火车、轻轨、公共汽车、出租车于一体的立体化交通网络。第二，为解决交通堵塞难题，伦敦实施流量监测，道路及车站管理，智能化管理公交运行，实行公交优先、车票一卡通政策，及时疏通公交运行中的拥堵环节；早在 2003 年便开始在市中心地区实施拥堵收费政策以控制中心城区的车流量，并将征收费用于城市交通建设；使用自动交通管理系统，实时统计交通流量并形成自动流量报告，为驾驶员提供行驶指南。第三，通过建设卫星城来分流中心城区的职能，减少中心城区的人口活动，进而减少交通流量。

作为世界主要金融中心，伦敦在金融流量治理方面主要通过金融创新、保险技术创新和制定金融相关产业的全球标准来保持其国际金融中心地位。金融服务业是有效提升伦敦世界城市辐射力的关键。伦敦构建多级政府共治的科技创新行政管理体系，实施"Tech City"计划，打造金融和科技互补驱动的全球科技创新中心。在营商环境方面，伦敦实施产学研一体化，交通、产业、文化"三驾马车"共同发力，以城市规模、城市体量和城市发展带动营商环境的优化。

在信息技术和服务流量治理方面，首先，伦敦市政府制定《智慧伦敦规划》，将人、技术与数据有效整合，提出七条实施路径并有针对性地制定可评估的具体措施。英国政府颁布"数字英国"相关文件，力图通过改善基础设施，推广全民数字应用，进而将英国打造成世界的"数字之都"。其次，在政务服务流量治理方面，伦敦市政府推出政府

---

① 屠启宇主编：《国际城市发展报告（2015）：国际创新中心城市的崛起》，社会科学文献出版社 2015 年版，第 276—277 页。

数据开放门户网 data. gov. uk，开放提供超 40000 个政府数据库；构建"伦敦数据商店"，推出大量的 App，满足用户数据分析和功能开发的需求，如伦敦交通局在 2017 年开放数据开发的 App 就有 675 个，超过 41% 的伦敦居民在使用这些 App；以大伦敦政府信息部门为依托设立数据分析办公室，构建一站式数据开放平台——"伦敦数据仓库"。再次，伦敦将数字技术应用于城市基础设施，升级包括有线网、无线网、宽带网在内的数字网络，促进其与传统基础设施融合，提高城市管理精细化、智能化程度。最后，伦敦市在城市规划时便注重公共服务设施建设。伦敦市出台了《伦敦补充规划指南》（"The London Plan Supplementary Planning Guidance"）来加强满足弱势群体和少数群体的设施需求。伦敦的专业服务业、商业服务业、广告传媒业、金融保险业等现代服务业在扩大就业规模、提高劳动生产率和平均工资等方面具有积极作用；伦敦市注重文化建设，拥有强大的文化软实力，伦敦科技城等 15 个规模化的科技集群蓬勃发展。

注重顶层设计、精细化管理是伦敦市在流量治理过程中的重要特点，有助于提高城市协作管理水平和应对风险能力。第一，伦敦市数字与技术创新办公室创造了"政府权力运行 + 企业董事会"的新模式，运作灵活开放，为智慧城市建设提供灵活且高效的管理模式。第二，伦敦市注重总体规划，并提出要注重满足弱势群体和少数群体的设施要求，出台相关政策来细化对少数群体的关注，在精细化管理的同时提高城市治理的温度，吸引人口流入。第三，将先进技术融入城市治理的环节和过程中，提升城市应对风险的能力。伦敦政府提倡政府数据公众开发、使用，于 2010 年开发线上"伦敦数据库"（LD），并与"伦敦开发数据库"（LDD）部分数据互联互通。

三 东京——服务导向的混合型城市

注重服务、综合发展是东京市的突出特点。东京都位于关东平原南端，总面积为 2187 平方千米，包括 23 个区、26 个市、5 个町和 8 个村，并与周边的千叶县、神奈川县、埼玉县等构成"首都圈"。东京市是日本的政治、经济和文化中心，是全球经济最发达的城市之一，其 2018 年的名目生产总值为 9654 亿美元。

（一）城市流量的主要特点

1. 人口流量

东京是国际金融中心、国际航空口岸和全球最大都市经济体。据统计，截至 2020 年 10 月，东京人口为 1406.5 万人，约占全国总人口的 11.1%，人口密度为每平方千米 6410 人，居日本首位；家庭数为 721.9 万户，平均每户人口为 1.95 人。[①] 2000—2010 年，东京迁入人口基本维持在 10 万人。根据 2022 年日本总务省发表的《住民基本台账人口移动报告 2021 年（令和 3 年)》，2020 年流动人口为 834901 人，其中迁入 420167 人、迁出 414734 人；2021 年流动人口为 834735 人，其中迁入 432930 人、迁出 401805 人。由于大量人员在东京都区部和邻近地区之间通勤移动，因此东京都区部在日间和夜晚的人口差距较大。

2. 交通流量

在交通设施方面，东京建立了放射、环状和辅助三类道路构成的交通网络，拥有 400 千米的地铁网络，是世界上轨道交通网络最为发达的城市之一。截至 2018 年 3 月，东京铁路网络总长达到 1181.9 千米，共有站点 769 个。日本东京都高速公路总长为 230 多千米，每天承担约 112 万辆车的交通量，其承担的车公里数约为东京总量的 26%。在出行交通流量方面，东京都市圈日出行总量 8489 万人次，其中东京都区部出行量 2604 万人次，占总出行量的 30.7%。[②] 在进入市中心交通方式方面，东京的轨道交通利用率高达 86%，纽约和伦敦的同一比率分别为 65% 和 69%。[③]

3. 金融流量

东京是日本乃至世界重要的国际金融中心，是世界主要资金供应地。根据 2022 年发布的"全球金融中心指数"（GFCI32），东京排名第 16 位。东京离岸国际金融市场是典型的离岸金融中心，形成方式上是典型的政

---

① 《东京的人口状况》，东京都政府网站（https://www.metro.tokyo.lg.jp/chinese/about/history/history03.html)，访问日期：2023 年 3 月 18 日。

② 凌小静：《四大世界级都市圈交通出行特征分析》，《交通与运输》2018 年第 6 期。

③ Konheim, C. S., Ketcham, B., "Effective Transit Requires Walkable Communities: Land Use Lessons of Transport Patterns in Four World Cities", *Transportation Research Record*, Vol. 1722, No. 1, 2000, pp. 56–66.

府主导推动型。2019 年，东京出口总额为 1617.89 亿美元，进口总额为 2386.15 亿美元，金融业增加值占全市 GDP 比重为 19.46%。在全球 500 强公司总部的分布方面，截至 2020 年，总部设在东京的 500 强跨国公司有 53 家，而纽约拥有 62 家、伦敦拥有 30 家。在金融市场的结构方面，东京是日本最主要的银行集中地，拥有东京证券交易所、东京工业品交易所、东京谷物交易所、东京国际金融期货交易所等。东京交易所（TSE）2019 年交易额为 4.62 万亿美元，股票总市值 56937 亿美元。

4. 信息流量

东京重视科技研发，东京近 10% 的企业以学术和科研业务为主，[①] 集中了日本 17% 的高等院校和全国 1/3 的研究与文化机构。早在 2009 年，日本政府就制定了《i-Japan 战略 2015》，物联网技术进入高速发展阶段。在国际合作的网络化平台方面，东京依托制造业和物联网平台，以汽车制造业和先进制造业为引领，构建全球生产网络和产业链之间的联系。[②]

5. 服务流量

东京的现代服务业具有多样化、多层次、网络化的结构特征。[③] 东京服务业占比 84.1%，其中批发零售业占服务业比重达 23.5%，专业、科学与技术服务业占比达 13.9%，信息和服务通信业达 12.8%。[④] 第一，法律、会计、学术研究等专业和技术服务业正在逐渐成为东京发展的主导产业之一，占 GDP 的 11.6% 左右。第二，东京拥有数量众多的高等学校，大学数量占日本全国大学总数的 1/3，就读学生占全国大学生总数的一半多。各种文化机构密集，有全国 80% 的出版社以及规模庞大、设备先进的国立博物馆、西洋美术馆、国立图书馆等。第三，东京形成了原始动画创作、终端零售和文化旅游的全产业链，其生产的动画片占世界

①　周振华、刘江会主编：《全球城市发展指数 2020》，格致出版社、上海人民出版社 2021 年版，第 50 页。

②　黄国妍、孟晨阳、卢海燕、熊奇：《全球城市网络关系资产的国际比较与深度拓展研究》，《全球城市研究（中英文）》2021 年第 1 期。

③　杨亚琴、王丹：《国际大都市现代服务业集群发展的比较研究——以纽约、伦敦、东京为例的分析》，《世界经济研究》2005 年第 1 期。

④　赵霄伟、杨白冰：《顶级"全球城市"构建现代产业体系的国际经验及启示》，《经济学家》2021 年第 2 期。

动画片的 65%。东京作为一个国际性的大都市，还经常举办各种国际文化交流活动，如东京音乐节和东京国际电影节等。

（二）政府引导下的城市治理——东京流量城市治理的措施及成效

东京作为世界上人口最密集的地区之一，在人口流量治理方面的主要措施是，通过产业结构优化、城市圈建设进行人口分流，缓解市中心人口压力，通过提高区域工资标准提高大城市行业准入。通过最低工资标准、从业人员住房保障、公共服务均等化、人口自由流通等政策体系，鼓励创业者和青年人流入以及老人到中心城市外的城市群和城市带享受生活，进而形成人口数量和结构的动态平衡。通过立法对一般租赁进行法律保护，通过直接提供公共住房、廉价的租金来满足中低收入家庭的住房需求。在人口迁移方面，受产业由制造业向金融信息产业升级的影响，东京近 20 年人口净迁出量开始减少，净迁入量增加。

日本在交通流量治理上实施了 TOD（Transit Oriented Development）模式，即以公共交通为导向的开发。一方面，将轨道建设与城市规划融为一体，推进轨道沿线重要站点的复合型开发，实现社区营造与交通营运的叠加效应。为把"客流量"变为"留量"，东京 TOD 开发注重营造公共空间，为居民提供丰富多元的公共活动，汇聚人流、物流、资金流和信息流，进而实现"人留商聚"的目的。另一方面，在应对交通拥挤方面，东京发展环线加放射状的交通规划网，建设密集的轨道交通体系，形成了健全的公共交通网络；收缴高昂停车费，严惩违章停车，早在 2003 年便开始实行过往车辆收费制，以减少拥堵地区的车流量；高度重视司机的道德素质培养以及规则意识，引导民众形成使用公交、铁路等公共交通出行的习惯，进而缓解拥堵。

东京的金融与信息流量治理措施主要有：第一，东京市政府注重维护金融市场的自由和效率。减少不合理限制，构建各种金融机构、金融交易、金融产品自由进出，各种信息公开获取的完全竞争的金融市场。第二，完善金融监管，向法制化和信息化监管转变。加强信息披露，采用时价会计制度，实现会计标准的国际化。第三，政府提前规划未来信息产业发展，在信息服务业软实力构建方面，完善产学结合、信息技术人才认证制度，形成重要信息中心；通过鼓励技术创新、实施税收优惠等政策推动中小企业在信息服务领域的发展。第四，在政务信息流量方面，东京都数字服务局利用"数字孪生"技术重现城市空间，推出了"数字孪生"项目网站，在数字空间中以 3D 模型再现城市，联动虚拟与实体两端，并将之应用于人口流动和防灾减灾。①

东京通过政府政策支持、人才优势推动服务业发展，提升服务流量治理效果。第一，在商业服务流量治理方面，政府支持东京服务和基础设施建设，扶持高附加值的金融服务业发展，推动各种大公司总部和政府办公机构集中于东京。东京通过政府补贴、社会力量投入等降低公司综合创新成本，启动新设备投资补贴制度，开发以直销为主的经营管理系统、太阳能利用系统、多品种栽培进度管理系统、小型计算机开发温室环境控制系统和限制果树根区种植环境控制系统。第二，在高端人才流量方面，东京通过吸引海内外高端人才、建设学科交叉研究中心等方式，强化科研机构与政府间合作，实现研究设计、工程与开发和实际生产一体化，促进产业技术产品化、服务化。政府和企业加快培养和吸纳数字人才。2020 年以来，日本政府给出 1000 万日元年薪和灵活工作方式等优厚待遇来吸引精通数字化转型的人才。第三，在政务服务流量治理方面，东京市政府构建了更为完善的数字政府，简化行政手续，降低商务成本，优化创新环境。2021 年 4 月，东京都先于日本国家层面设立东京都数字服务局，以提高行政管理的数字化水平，大幅提高东京都政府的服务质量。数字服务局围绕"各局、区、市、镇、村推进 DX 的技术支撑""督办所有数字化办事机构""汇聚数字化人力资源、培训员工"三大职能；推进政务在线办理，以数字科技取代书面行文、盖章确认等传统行政方式，尽早实现全国统一的"一站式"线上办理；建立国家和地方政府统一标准化的数字信息管理系统，重点建立灾害发生时共享手机 GPS 定位数据系统，用于灾害救助。② 第四，在公共服务流量治理方面，东京市政府完善 5G 基础设施，根据"电波连接东京"、市民公共设施和服务数字化、"城镇数字化转型"和政府数字化四大支柱来提高东京市民的生活质量。

———————

① 王振、惠志斌主编：《全球数字经济竞争力发展报告（2021）》，社会科学文献出版社 2022 年版，第 284 页。

② 王振、惠志斌主编：《全球数字经济竞争力发展报告（2021）》，社会科学文献出版社 2022 年版，第 282 页。

东京市政府通过制定政策、发展交通服务业等推动实现人流"疏导"和"引流"并举。一方面，政府通过最低工资标准、公共服务均等化、车辆收费制等来疏导人口流量；另一方面，在此基础上，通过实施以公共交通为导向、完善交通网络与设施、建设学科交叉研究中心、注重产研结合等实现高素质人口和青年人口"引流"。第一，政府引导产业发展和规划，同时防止管得过多，优化企业发展与创新环境。第二，政府提前规划未来产业发展，为发展抢得先机。第三，东京政府通过简化行政手续、降低成本来优化企业营商与创新环境，提升商业服务水平。

四　新加坡——商贸与交通枢纽型城市

商贸与交通枢纽型城市是新加坡的突出特点。新加坡是一个城市国家，位于马来半岛南端、马六甲海峡出入口，是世界重要的转口港以及联系亚洲、欧洲、非洲和大洋洲的航空中心、国际航运中心、国际贸易中心和国际金融中心。新加坡经济结构以第三产业为主导，重点发展金融服务业、旅游业、商业、航运业和进出口贸易，尤以金融服务业最为发达。

（一）城市流量的主要特点

1. 人口流量

2020年新加坡总人口为568.58万人，其中常住人口为404万人，外籍和非常住人口约为164万人，总体人口数量持续上升（如图2-1）。新加坡人口族群多样，包括马来西亚人、印度尼西亚人、中国人、印度人等。在人口老龄化的压力下，新加坡20世纪80年代实施鼓励移民政策以促进人口增长，但过快地引入移民带来了社会凝聚力削弱、社会稳定和城市管理等问题。在人口规模方面，新加坡自2009年便开始收缩移民政策，强调高质量的人口增长而非简单数量增长，并优化城市管理，通过创造良好就业机会和宜居生活环境来留住高素质人才。

2. 交通流量

新加坡因港而兴，是亚太地区重要的国际航运中心。在航运方面，新加坡港拥有200多条航线并与123个国家的600多个港口拥有业务联系，是国际中转的枢纽港和集装箱枢纽港之一。新加坡樟宜机场货运量为200万吨，旅客吞吐量为6830万人次，港口货物吞吐量为62600万吨。在交通方

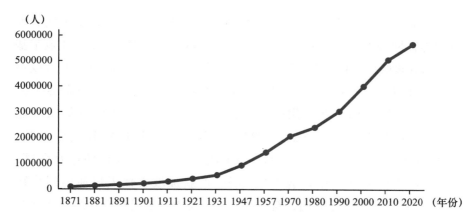

图 2 - 1　新加坡 1871—2020 年人口变化

数据来源：根据新加坡统计局官网数据绘制，参见 https：//www. singstat. gov. sg/，访问日期：2022 年 8 月 20 日。

面，新加坡有近 100 个 ERP 电子闸门，大约有 97% 的车辆已经安装电子读卡器设备。新加坡 76% 的公共交通通勤时间在 60 分钟内，出行采取公共交通的比例为 63%，日均公交车及轨道交通出行量为 754 万人次。

3. 金融流量

新加坡市的经济结构以第三产业为主，重点发展金融服务业、旅游业、商业、航运业和进出口贸易，尤其以金融服务业最为发达，是亚太地区重要的国际金融中心。根据 2022 年最新发布的"全球金融中心指数"（GFCI32），新加坡排名第三，仅次于纽约和伦敦。新加坡金融业增加值占全市 GDP 的比重为 12. 2%。作为国际金融中心，新加坡有众多的金融机构，且金融资产规模庞大；是全球重要的财富管理中心和私人银行，仅次于瑞士；其外汇市场是全球第四大外汇交易中心，仅次于纽约、伦敦、东京；也是全球重要的股票、期货、金融衍生品市场，国际化程度很高。

4. 信息流量

新加坡是亚太地区第四大数据中心，目前拥有 22 家数据中心运营商和 15 个高带宽海底电缆系统，以及 46 个数据中心。[①] 2020 年新加坡数字经济规模为 1438 亿美元，占 GDP 比重超 30%。在商业信息流量方面，新

---

① 张伯超：《数据跨境流动的全球标杆城市：新加坡》，《上海信息化》2021 年第 3 期。

加坡是亚太地区数据中心容量最高的城市。截至 2018 年，新加坡拥有数据中心容量 330MW，排在其后的东京这一数据为 315MW。受优质数字基础设施建设吸引，1/3 的《财富》500 强企业选择在新加坡设立亚太或亚洲地区公司总部。2020 年，新加坡 91% 的企业使用电脑，93% 的企业使用互联网，85% 的企业使用电子支付，20% 的企业使用云计算服务业务。① 在个人信息流量方面，2022 年，90% 的新加坡家庭使用电脑，100% 的新加坡家庭接入互联网，93% 的新加坡常住人口使用互联网，99% 的新加坡家庭使用智能手机，63% 的新加坡常住人口使用网络购物。② 在政务信息流量方面，新加坡电子公民中心是目前全球最为成熟的 G2C 的电子政务模式。此外，新加坡政府重视信息化和电子商务，先后四次推出信息发展计划，电商用户达 410 万人。

5. 服务流量

新加坡推行公共住房政策，实行"居者有其屋"计划。在住房方面，84% 的新加坡人口居住在由政府（建屋发展局 HDB）建造的组屋中（即公共住宅）。因为"居者有其屋"的要求，所以组屋的价格保持低价，能够让每一个新加坡人负担得起。政府提供购买组屋津贴，也让更多的新加坡人能够有房可住。其中新组屋 BTO 只有新加坡公民才可以申请购买，并需要具备相应的条件。在数字文化服务流量方面，新加坡兼容并蓄的包容文化为之提供发展沃土。目前，迪士尼、福克斯、卢卡斯影业等诸多国际娱乐和传媒品牌进驻新加坡，超 7000 家传媒公司以分支机构或办公室入驻新加坡。新加坡服务业增加值占 GDP 的比重为 69.45%，拥有 6 所公立大学，医疗保健方面的年支出占 GDP 的 4.25%。

（二）注重法律与安全建设——新加坡流量城市治理的措施及成效

新加坡实施人口战略助推经济发展，包括以下几个方面：一是新加坡通过实施劳动力技能资格制度、提高工资和合理的移民政策来获取高技能人才与人力资源。具体而言，新加坡劳动局实施劳动力技能资格制度以培养高技能人才；通过提高工资推动企业转变生产结构，控制低端

---

① 王振、惠志斌主编：《全球数字经济竞争力发展报告（2021）》，社会科学文献出版社 2022 年版，第 145 页。

② Infocomm Media Development Authority, "Household Access to Computer by Household Composition, 2017 – 2022"（https://www.imda.gov.sg/about-imda/research-and-statistics/digital-society）。

劳动力流入；通过教育培训制度不断提高人口素质。二是新加坡将可负担的包容性住房、环境友好型生活居住环境作为社会治理目标，持续实施"居者有其屋""环境辐射监测网络系统"等全方位政策措施。

"管""控""疏"多措并举是新加坡交通流量治理的密码。第一，科学规划交通网络，注重精细化管理。新加坡实施一体化的城市建设和交通规划，每10年开展一次土地规划使其适应未来交通发展形势；推行公交、轨道交通线网综合规划，公交与地铁直接衔接，商业和住宅小区与地铁、公交、轻轨等相邻，实现交通、设施与生活方式的一体化。第二，实施限制汽车数量政策。新加坡实施车牌照高收费政策，车辆配额系统（VQS）和拥车证拍卖系统，提高车辆拥有的门槛，进而将车辆总量控制在路网能力范围内。第三，实施交通拥挤收费和非高峰期用车等制度来疏导交通需求。新加坡率先推行公路电子收费系统（EPR），按照道路实时拥堵程度对车辆进行收费，以实现引导交通分流和市民选择公共交通出行方式的目的；交通信号灯采取计算机控制，实行容量大的公交车优先通行；实施区域通行许可证计划（ALS），控制高峰期进入管制区内的车辆数，进而缓解交通拥堵。

新加坡充分利用自身区位优势，积极建设世界离岸金融业中心，探索金融流量治理的新途径。新加坡金融市场具有高度开放、监管高效、体制透明、税收优惠等优势，期货公司面临的政策上的阻力和风险都较小。同时，新加坡对金融企业的设立采取较宽松的准入政策和税收政策，以吸引资本和境外投资；重视现代化的综合交通体系建设，尤其是航空能力的提升；出台《金融部门科技和创新计划》为金融发展提供纲领性指引，并投入2.25亿新元鼓励全球金融部门在新加坡创建金融科技创新和研发中心。

新加坡在信息流量治理方面的主要方向是，推进信息化深度运用和电子政务，通过加强电子政务基础设施建设，不断推进电子政务的实践应用，注重缩减数字鸿沟。第一，在信息流量安全与隐私保护方面，新加坡在开展信息建设的过程中注重数据安全和基础设施建设。新加坡制定了较为完善的数据保护法律和数据流动监管规则，《个人信息保护法》《个人信息保护法关键概念咨询指南》等都对数据的扩径传输进行了详细规定。新加坡加强电信基础设施建设，建设数据中心公园（DCP），以有效扩大数据中心总量。2019 年，新加坡国会通过《支付服务法案》，新加坡成为少数几个明确监管新移动支付体系的国家，降低了移动支付的业务风险，为各领域的用户群体提供了全面的资产保障。① 第二，在虚拟平台交易社会经济活动信息流量上，新加坡开展全球第一个热带数据中心实验，吸引亚马逊、微软、谷歌、阿里等科技巨头来建设数据中心，Global Switch、Keppel、Singtel、Telstra、NTT 数据中心托管商纷纷入驻。第三，在政务服务流量治理方面，新加坡实行了三个计划：第一是"服务 4.0"。随着服务经济从人工服务时代（1.0）—互联网服务时代（2.0）—自助服务时代（3.0），下一阶段是端到端，可以使新兴技术预测与分析客户服务需求的无缝时代（服务 4.0）。服务 4.0 指利用技术不断满足动态的客户需求并提供更高质量的服务体验。它提出了五个目标：满足不断变化的客户需求、创造新价值并获得高生产力、创造并强化就业、让新兴技术更可获得、为企业创造一个包容的生态系统。② 第二是"智慧国家计划"。2014 年新加坡发布了"智慧国家 2025"计划，致力于利用技术提高生产力、便利民众生活，使其成为一个更宜居的城市。第三是"数字政府"。2018 年，新加坡发布数字政府蓝图，并设置 14 个关键绩效指标来衡量数字化进展。"数字政府蓝图"提出到 2023 年，至少70% 的符合条件的政府系统使用商业云；跨机构项目融合共享核心数据所需时间不超 7 个工作日。③

新加坡在服务流量治理方面的治理措施主要有以下几个方面。第一，在商业服务流量方面，新加坡引进大数据人才，聘用数据科学家为政府服务，以促进各个部门的数据智能化应用；重视国际沟通能力的提升，积极发展国际会议产业；发挥多语种、多种族文化融合的优势，发展面向全球的高水平教育、健康保障、法律咨询等新兴服务业。第二，新加坡政府通过建设工业园区、制定优惠政策吸引外资、给予税收和贷款优

① 苏琳、杨娜：《新加坡移动支付的发展及监管模式探析》，《东方企业文化》2020 年第 S1 期。

② 王振、惠志斌主编：《全球数字经济竞争力发展报告（2021）》，社会科学文献出版社 2022 年版，第 157 页。

③ Smart Nation Singapore, "Digital Goverment Blueprit"（https：//www. smartnation. gov. sg/files/publications/dgb-public-document_30dec20. pdf）.

惠政策等措施，不断引导产业升级，包括扩大工业园区规模、建设覆盖全国的科技咨询网络等。第三，新加坡咨询通信发展管理局以电子政府体系为核心，主导实施了"数字市场创造"计划、"财务服务"计划等，推动IT技术和基础设施、相关企业与人力资源的协同发展。在医疗服务治理方面，政府通过将健保双全计划全民化和终身化，放宽和提高门诊津贴，使人们负担得起医疗费用。在教育服务治理方面，政府规定日后将小六会考的成绩鉴别制度从积分制改成等级制，以提高社会流动性。

新加坡在流量治理过程中注重政府主导与顶层设计，科学引流助力治理现代化。首先，新加坡科学规划交通网络，实施一体化的城市建设和交通规划，每10年开展一次土地规划以使其适应未来交通发展形势、基础设施和服务设施建设。其次，"智治"为新加坡提升治理现代化水平提供技术支撑，新加坡将大数据、人工智能等信息技术应用到医疗、政务服务、教育等多个领域，推进信息数据互联互通，利用人工智能分析获取的数据，通过预测公众需求来提供更好的公共服务，面向公众实现数据有效共享。在运输和物流方面，新加坡开发通用数据平台，利用人工智能制定海上、空中与陆路往来运输计划，实现更舒适的公共和私人交通。[①]

五　法兰克福——信息枢纽城市

信息枢纽是法兰克福的突出特点。法兰克福是德国第五大城市，拥有德国最大航空站、铁路枢纽，是德国乃至欧洲重要的商业、金融和交通中心，是全球重要互联网交换中心和国际会展中心城市。法兰克福市的人口虽不足百万人，但法兰克福在信息建设方面独具优势，使其成为我们观察的一个重要城市。

（一）城市流量的主要特点

1. 人口流量

法兰克福是欧洲的金融中心和交通枢纽，2021年人口达77.48万人，是德国的"空中大门"，拥有德国最大的航空枢纽和铁路枢纽。法兰克福每

---

① 徐慧华、杨雄：《新加坡积极推动人工智能发展》，《中国社会科学报》2022年11月21日第7版。

年的旅客总量在德国所有城市中排名第一，2019 年纽约、伦敦、东京、新加坡和法兰克福的入境游客数量分别为 14010 万、19559.9 万、10443.1 万、19760.8 万和 2728.1 万人次。① 根据德国官方数据，半数以上即 51.2% 的法兰克福常住人口拥有移民背景，是德国第一大常住人口中移民占多数的城市。法兰克福会展中心每年举行 30 多场展览，其中汽车展和书展等都是世界上规模最大的展览，每年吸引的参观人数超过 220 万人。②

2. 交通流量

法兰克福是欧洲的交通枢纽，是欧洲客流和物流的第一集散地，其客运和货运量位居世界前 10 位。法兰克福国际机场（FRA）已成为全球最重要的国际机场和航空运输枢纽之一，也是仅次于伦敦希思罗国际机场和巴黎夏尔·戴高乐国际机场的欧洲第三大机场，每年接待旅客数量达到 8500 万人次。③ 法兰克福会展业发达，为其带来了巨大的商流和客流。2018 年法兰克福展览中心举办的 39 个贸易展览会吸引了 41208 家企业参展，观众人次超 150 万人次。

3. 金融流量

法兰克福是德国乃至欧洲重要的工商业、金融和交通中心，拥有 332 家银行（其中 194 家是外国银行）、770 家保险公司。④ 法兰克福股票交易所是继伦敦股票交易所和纽约股票交易所之后的第三大股票交易所，经营着德国 85% 的股票交易。法兰克福是德国的金融中心，欧洲央行、德国央行和德意志交易所都在此城市。根据 2022 年 9 月发布的"全球金融中心指数"（GFCI32），法兰克福是全球排名第 18 位的国际金融中心。法兰克福证券交易所的成交量占全德国所有证券交易所成交量的 90%。

4. 信息流量

法兰克福是世界上最大的互联网交换所之一，DE-CIX 在法兰克福创下 6Tbps 吞吐量的世界纪录，2019 年 12 月突破 9Tbps 的吞吐量纪录。德国

---

① 周振华、刘江会主编：《全球城市发展指数 2020》，格致出版社、上海人民出版社 2021 年版，第 202—203 页。

② 饶博：《法兰克福：一个宜居的国际金融都市》，《经济参考报》2013 年 3 月 5 日。

③ Frankfurt Airport, https：//www.frankfurt-airport.com/zh/about-us/airport-intro/fra.html.

④ 《2023 全球金融中心 | 5 个德国城市世界前 50！》，搜狐网（https：//www.sohu.com/a/663203237_121124334），访问日期：2023 年 3 月 18 日。

法兰克福数据中心是欧洲领先的金融服务器中心，是欧洲商业互联网交易中心，也是重要的互联网交换点，可提供6Tbps的峰值流量。德国法兰克福数据中心连接欧洲大部分互联网线路，为整个欧洲地区市场提供服务。

5. 服务流量

金融服务业、交通、会展等第三产业已成为法兰克福的经济支柱。第一，法兰克福不仅是德国金融业和高科技业的象征，还是欧洲货币机构汇聚之地。法兰克福有4.2万家企业，其中有1550家外国企业。17%为生产企业，83%为服务业企业。① 第二，法兰克福是著名的国际会展中心城市，每年至少有50多个重要展览在这里举行，主要展会有国际汽车展、传统的图书展、全球最大的消费品展等。第三，法兰克福大学是德国排名前列的国际顶尖高校，是德国最著名的研究奖Leibniz-Award获得者最多的大学，精英集群数量全德第二。在医疗服务方面，法兰克福年度医疗机构诊疗人次为69.39万人次。

（二）发展与宜居并重——法兰克福流量城市治理的措施及成效

人口与交通流量治理在法兰克福并不是重点，但也采取了一些积极的措施。第一，法兰克福不断完善城市基础设施建设，畅通交通网络，坚持可持续发展，注重城市绿化，营造宜居的城市环境；不断更新发展理念，法兰克福环境局推出《绿带发展指导方针2030》，将绿带与城市内部和外部空间有效衔接，并注重培养市民的环保理念。第二，在交通方面，法兰克福的大型基础设施相连，交通设施集成在建筑物内，方便出行；通过将机场定位为公益性、基础性设施，政府投资机场业，使航空业与其他产业相互拉动，形成效应。

作为金融业、商业的国际聚集地，法兰克福在金融与服务流量治理方面有较多创新措施，为企业发展提供一流的保障。加强金融基础设施建设，法兰克福拥有欧元跨国支付清算系统，即欧元实时全额清算系统；在证券市场方面，法兰克福证券交易所引入计算机网络（Xetra）从事证券交易，将全球18个国家的450家银行与法兰克福的证券交易中心联网，成为德国最大证券交易所。在服务流量方面，法兰克福秉持"大会展"理念，建设国际化的混合型文化生产消费区，并不断完善城市公共设施

---

① http：//fao. sz. gov. cn/ztzl/yhjlcs/content/post_11375. html.

建设，充分发挥会展中心的集聚效应。

法兰克福是欧洲重要的信息枢纽，得益于德国互联网数据中心（DE-CIX）、世界互联网、运营商建立的互联网交换点，法兰克福已成为国际连接枢纽。创新政企合作模式是信息流量治理的重要途径，法兰克福采取 PPP（Public-Private-Partnership）模式，或由政府提出长远目标和规划，通过财政补贴等方式引导企业开展相关研究，并从中选择合作者；或像德国电信、西门子、宝马等大型企业为推销本公司产品而在一些城市试点，进而吸引相关城市参与。

作为世界互联网交汇中心，法兰克福围绕其信息流优势打通交通流量、金融与服务流量，形成合力，共同助推法兰克福竞争力提升。第一，法兰克福充分利用其信息技术优势与世界领先的互联网交汇中心地位，为金融产业发展提供先进的结算系统与相关软件。第二，作为世界互联网交汇点，法兰克福创新政企合作模式，通过财政补贴等方式引导企业开展合作与研究，吸引全球知名大型企业来此试点、集聚。第三，作为国际航空枢纽，法兰克福不断完善交通网络，并将其与大型基础服务设施相连接，提供一流服务设施，便利国内外人口流动，推动信息技术产业、会展业等发展。

第二节　国内典型城市的特点和治理成效

北京、上海、香港、杭州、成都等作为国内典型城市范例，在城市的各项流量特征与治理成效方面各具特色。总结这些典型城市的流量状况和治理措施，可为深圳流量城市治理现代化提供重要的经验借鉴。

一　北京——政治、经济和文化中心城市

北京市是中国的首都，它以政治中心、文化中心、国际交往中心、科技创新中心"四大中心"作为城市发展的战略定位。在全球城市中，北京市的城市综合水平和影响力排名均位居前列。根据科尼尔公司在 2023 年发布的《全球城市指数报告》，纽约、伦敦、巴黎、东京、北京蝉联榜单前五名。在国内城市中，北京市在国内的政治影响力、人口规模、金融影响力、文旅吸引力等方面始终处于国内城市领先地位。

（一）城市流量的主要特点

1. 人口流量

北京市作为中国首都和超大型城市吸引了大量的外来人口，但不断增长的人口规模和庞大的人口体量在带来人口红利的同时，也给北京的资源、环境、城市基础设施和公共服务带来了巨大的压力。近年来，北京采取人口调控政策，以实现缓解首都功能核心区和城市功能拓展区的人口压力、促进区域平衡发展的目标。在此背景下，北京市人口流量呈现出以下几点特征。

第一，从人口规模看，北京市常住人口规模近年来连续出现小幅下降，流动人口增长放缓。据《北京市统计年鉴 2023》，2022 年末北京市常住人口为 2184.3 万人，比上年末减少 4.3 万人。其中，城镇人口 1912.8 万人，占常住人口的比重为 87.6%；常住外来人口 825.1 万人。[①] 在 2018—2022 年的五年期间，北京市人口数量变化趋于平稳（见图 2 - 2）。第二，从人口分布看，北京市"多点支撑"人口区位特征增强。据《北京蓝皮书：北京社会发展报告（2021—2022）》分析，北京市人口均衡发展呈现新常态，表现出"中间降、边缘稳、外围补"的人口分布结构特征。第三，从人才流量看，北京市吸引高学历人才数量稳居全国前列。智联招聘和泽平宏观联合推出的《中国城市 95 后人才吸引力排名：2022》公布了中国最具"95 后"人才吸引力城市 50 强，其中北京、深圳、上海位居前三。

2. 交通流量

北京市拥有非常发达的交通网络，是全国公路、铁路、航空的运输枢纽和交通中心，运输能力位居全国前列。第一，北京城市交通呈现出承载客流量大、交通方式多样化的特征。据北京交通发展研究院发布的《2023 年北京交通发展年度报告》，2022 年北京城市客运总量达 53.27 亿人次，包括轨道交通 22.63 亿人次，市郊铁路客运量 121.3 万人次，公共汽（电）车客运量 19.2 亿人次，出租客运 1.73 亿人次，互联网租赁自

[①] 《北京市 2022 年国民经济和社会发展统计公报》，北京市统计局网站（https://tjj.beijing.gov.cn/tjsj_31433/tjgb_31445/ndgb_31446/202303/t20230321_2940951.html），访问日期：2023 年 3 月 18 日。

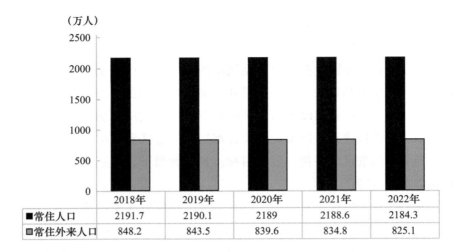

图 2－2　2018—2022 年北京市常住人口和常住外来人口数量变化

数据来源：《北京市统计年鉴 2022》（https：//nj. tjj. beijing. gov. cn/nj/main/2022-tjnj/zk/in-dexch. htm）。

行车骑行量 9.7 亿人次。①

第二，北京城市出行流量与机动车保有量高。据北京交通发展研究院统计，在城市出行量方面，2022 年北京市工作日出行总量为 3394 万人次，其中小汽车工作日出行量为 812 万人次，地铁工作日出行量为 481 万人次，公交工作日出行量为 347 万人次。在机动车保有量方面，2022 年末北京市机动车保有量为 712.8 万辆，新能源汽车保有量为 57.1 万辆。第三，北京市交通具备承接来往客流量和货物运输的能力优势，对外客运流量和货物运输流量始终处于全国前列。据统计，北京市 2022 全年货运量达 24037.4 万吨；货物周转量 881.5 亿吨公里。全年客运量 28057.7 万人；旅客周转量 580.5 亿人千米。②

3. 金融流量

金融业是北京经济社会发展的第一大支柱产业。据《新华·国际金融中心发展指数报告（2022）》，全球最具影响力的前十大国际金融中心

① 《2023 年北京交通发展年度报告》，北京交通发展研究院网站（https：//www. bjtrc. org. cn/List/index/cid/7. html），访问日期：2023 年 3 月 18 日。

② 《2023 年北京市交通发展年度报告》，北京交通发展研究院网站（https：//www. bjtrc. org. cn/List/index/cid/7. html），访问日期：2023 年 3 月 18 日。

城市依次为纽约、伦敦、上海、香港、东京、新加坡、北京、巴黎、深圳和法兰克福，北京位列第七。北京拥有大量优质的金融要素和完善的管理制度，金融资产总量大且增量活跃。主要表现为以下方面。其一，北京市是全国的资金聚集地，2022 年北京金融资产总量已超过 200 万亿元，占全国一半左右。其二，北京市金融机构类型丰富多样，金融机构规模持续增长并创近年新高。2022 年进入银行家榜单前 20 名的中国金融机构共 10 家，其中有 6 家总部设在北京。全国近 1/3 的银行理财子公司、30% 的保险资管机构、20% 的公募基金均设立在北京。① 其三，北京市多层次资本市场持续完善，直接融资规模在全国一直处于领先地位。据中国人民银行发布的《北京市金融运行报告（2023）》，2022 年北京市各类企业实现直接融资 9933 亿元，共有上市公司 460 家，总市值 15.5 万亿元，排名全国第一。

4. 信息流量

北京市拥有庞大的信息主体规模以及信息主体生成的数据流量。北京市的互联网企业数量和数字经济规模领跑全国。据工业和信息化部信息中心发布的《2022 年互联网和相关服务业年度统计数据》，2022 年北京市互联网企业个数为 16545 个，互联网业务收入达 6658 万元，互联网网站个数达 38.7 万个，位列全国城市之首。此外，北京市通信业建设发展与经济运行数据处于全国领先地位。据北京市通信管理局统计，截至 2022 年末，北京市累计建成并开通 5G 基站 7.6 万个，人均 5G 基站数 34.3 个，为全国第一。年末固定互联网宽带接入用户数达到 877.3 万户，移动互联网接入流量 58.4 亿 GB。②

5. 服务流量

近年来，北京市积极提升"北京服务"影响力，加强在基本公共服务、商业服务、中介服务、政务服务等方面的服务水平，服务流量是反映其服务水平的有效视角。整体来看，北京市服务业总体发展规模及其

---

① 《北京金融资产总量超 190 万亿元　2022 年金融业估占本市 GDP 比重创历史新高》，北京市人民政府网站（https：//www.beijing.gov.cn/gate/big5/www.beijing.gov.cn/gongkai/shuju/sjjd/202303/t20230321_2940824.html），访问日期：2023 年 3 月 18 日。

② 《2022 年互联网和相关服务业年度统计数据》，中华人民共和国工业和信息化部网站（https：//www.miit.gov.cn/hlwnj2022/hlw.html），访问日期：2023 年 3 月 18 日。

增加值不断提升并取得显著成果，2022 年北京市服务业实现增加值 3.5 万亿元，服务业增加值占全市地区生产总值的比重保持在八成以上。[①] 其中，实现旅游总收入 2520 亿元，限额以上网上零售额占社会消费品零售额总额的比重为 39.8%，均居国内城市首位；在邮政服务业方面，2022 年北京市邮政业完成邮政行业业务总量 281.4 亿元，邮政函件业务量 1.1 亿件，快递业务量 19.6 亿件。此外，金融业，信息传输、软件和信息技术服务业，科学研究和技术服务业构成了北京市现代服务业的重要组成部分，在 2022 年三个行业增加值分别占全市 GDP 的 19.7%、17.9% 和 8.3%。[②] 以电子商务服务、研发与设计服务为代表的高技术服务业也呈现不断增长态势。

（二）稳定基础上的发展——北京流量城市治理的措施及成效

在人口流量治理方面，北京市的人口调控政策正从规模控制转向空间优化与素质提升。2015 年的《京津冀协同发展规划纲要》提出了北京市人口调控目标，采取"严控增量、疏解存量、疏堵结合"的方式调控北京市人口规模。《北京市国土空间近期规划（2021 年—2025 年）》（草案）提出，到 2025 年，北京市常住人口规模将控制在 2300 万人以内。在具体调控路径方面，北京市采取"以业控人""城市综合治理"等多种方式并举，其中产业疏解是人口调控的重要途径。[③] 未来北京市人口发展的重点将从规模控制转向结构优化，推动维持人口规模与集聚高素质人才双方向发展。

推进交通科技水平和提升创新能力以保证客流量和货流量运输畅通，是北京市在交通流量治理方面的主要措施。北京市在交通治理方面的具体措施及成效体现在以下几点：其一，推动京津冀区域交通一体化。2021 年北京市"轨道上的京津冀"畅通便捷，轨道交通里程（含市郊铁

---

① 《2022 年经济解读系列——服务业篇》，北京市人民政府网站（https://www. beijing. gov. cn/gongkai/gkzt/2022bjsjjyxqk/2022bjsjjyxqk07/202301/t20230119_2905897. html），访问日期：2023 年 3 月 18 日。

② 《北京市 2022 年国民经济和社会发展统计公报》，北京市统计局网站（https://tjj. beijing. gov. cn/tjsj_31433/tjgb_31445/ndgb_31446/202303/t20230321_2940951. html），访问日期：2023 年 3 月 21 日。

③ 童玉芬、周文：《北京市人口调控的政策演变及未来策略》，《中国劳动关系学院学报》2022 年第 4 期。

路）达到 1600 千米；完善高速公路网，总里程超过 1500 千米；城市副中心"桥头堡"交通框架基本形成，"一核两翼"交通联系方便快捷；都市圈 1 小时通勤圈基本形成，区域交通城市化、公交化水平显著提高。其二，构建形成现代化综合交通体系。北京市积极打造轨道交通"四网融合"，推进智能、平安、绿色、共享交通发展水平，完善全方式全时程出行服务体系等。其三，推进交通治理现代化。北京市调整地面公交发展战略，发布公交线网总体规划等。为缓解北京市城市人口压力和城市规模迅速扩张导致的城市交通拥现象，《北京市城市总体规划（2016—2035）》提出在北京市域范围形成"一核一主一副、两轴多点一区"的城市空间结构。伴随未来北京市交通结构的改善，交通流量在规模和顺畅度方面都将得到提升。

北京在金融流量治理方面的重点是坚持稳中求进，推动金融业高质量发展，并通过加强制度供给保障金融安全。一是强化资源配置，服务经济发展。近年来，北京市地方金融监督管理局先后出台《深化金融供给侧改革持续优化金融信贷营商环境的意见》等政策文件，积极保障北京市金融业发展，加大对实体经济的支持力度，深化推进"两区"建设等国家重大战略以及重要领域建设发展的资金需求。据《新京报》报道，截至 2023 年三季度末，北京银行业总资产 33.8 万亿元，其中各项贷款 14.1 万亿元，较五年前分别增长 40% 和 49%；制造业贷款及小微企业贷款分别增长 86% 和 79%。① 二是打造数据平台，赋能首都金融高质量发展。北京市地方金融监督管理局联合多部门共同建设全国首个省级银政数据共享平台——北京金融综合服务网。据中国政府网站信息显示，截至 2023 年三季度末，北京金融综合服务网已经接入银行业保险业金融机构 50 余家，覆盖金融服务网点 4100 余个，累计查询政务数据约 2700 万次。② 三是强化机制建设与加大司法服务保障力度，提升金融服务质效。北京市不断完善科创金融体制机制，有效引领科创金融服务水平提升，激发了北京市银行保险机构服务科创企业的发展热情。北京市地方金融

---

① 《北京银行业总资产规模已超 33 万亿，较五年前增长四成》，新京报网站（https：//baijiahao. baidu. com/s？id = 1780192595884801108&wfr = spider&for = pc），访问日期：2023 年 3 月 18 日。
② 《北京金融综合服务网提升城市治理效能》，中国政府网（https：//www. gov. cn/xinwen/2023 -02/24/content_5743175. htm），访问日期：2023 年 3 月 18 日。

监督管理局在中国（北京）自由贸易试验区建设框架内试点设立中关村科创金融服务中心，开展首创型改革探索。此外，在金融安全方面，2021 年成立北京金融法院，为防控金融风险、加强国家金融管理中心功能建设、促进首都金融高质量发展提供优质司法服务和司法保障。

北京市在信息领域建设方面采取了多项措施。第一，加强数字基础设施建设。北京市大力建设千兆固网、5G 网络、工业互联网、大数据平台等基础设施，产生了大量的相关数据，北京数字经济企业数据和公共数据，为北京市信息领域发展提供了基础和支撑。第二，大力发展数字经济。北京市利用数字经济企业数量多、潜能大等优势，积极推动数字经济企业发展。近三年北京市数字经济核心产业新设企业年均 1 万家，千亿级收入企业 5 家、百亿级收入企业 58 家，数字经济企业已经成为推动北京市经济增长的主要引擎。第三，加强数据管理，提升数字治理能力。2021 年北京市经济和信息化局率先出台《公共数据管理办法》，鼓励北京经济技术开发区采用"首席数据官 + 数据专员 + 部门联系人"的"三级工作制"，这一制度有效促进了数据治理组织体系的上下贯通，有利于提高治理效能。

服务流量治理是北京城市治理的重要着眼点。一是数字经济和服务贸易构成了推动北京市服务业发展的强大基础。北京市汇集了在软件和信息服务业、云计算、大数据、人工智能、区块链、网络安全、文化娱乐、创意设计等服务业方面最一流的资源，在推动首都服务流量的多元化、新模式、科技化等方面发挥着重要作用。二是重视发展新兴产业，加大对高素质人才的引进。北京市将教育、科技、人才、文化等要素资源转化为发展优势，同时也加大了对新能源、新材料、人工智能、大数据等领域的投入，为北京服务业的发展注入新活力。三是通过优化政务一体化服务能力，推出一系列便利企业发展的政策措施，促进营商环境优化，有效激发服务产业和经营主体的活力和创造力。四是充分利用国际赛事、文化名城、科技前沿、旅游胜地、大型博览会等资源打造北京服务品牌。作为双奥城市，北京正积极推动奥运会遗产利用效益最大化，打造新的服务流量增长点。

总体而言，北京作为我国的首都城市和政治、经济、文化中心城市，已经在长期的发展过程中积累了丰富的建设资源和流量资源，为城市治理现代化水平提升打下了坚实基础。相比其他城市大力吸引人口流量带动其他流量的做法，北京市目前正因时制宜地采取符合城市持续发展的相应措施，实现从"流量之争"到"质量提升"。结合上述相关数据，北京市在交通、金融、信息流量等方面都位于全国乃至世界领先的位置，未来北京市将以"以人为本、数据赋能"为发展核心，进一步推进优势领域完善发展，积极推动相关领域高质量提升。例如，提高城市管理智能化水平，实现精细化管理，发展智慧交通，提升市场监管智慧化，营造良好的营商环境，加强数字化治理，助推治理体系和治理能力现代化等。

二　上海——经济和文化中心城市

上海市是我国最大的经济中心城市，也是长江三角洲城市群的核心城市。近年来，上海持续推进"五个中心"（即国际经济、金融、贸易、航运与科技创新中心）建设。伴随城市能级和核心竞争力不断提升，上海市在众多硬实力指标上已居于全球城市前列。作为国际化大都市，上海市为国内城市的发展路径提供了具象化实践，已经成为国家城市发展的引领型城市。

（一）城市流量的主要特点

1. 人口流量

上海市是我国人口聚集能力最强的城市之一。第一，上海市常住人口数量整体保持平稳态势，增速有所放缓。据《上海统计年鉴2022》，2010—2020年，上海市常住人口增加约185.1699万人，增长8.0%，年平均增长率为0.8%。其中，外省来沪常住人口占全市人口的42.1%，增长16.7%。2022年上海市常住人口2475.9万人，户籍人口1505.2万人（见图2-3）。第二，近年来上海常住人口的空间分布呈现出由中心城区向郊区扩散的趋势。城乡人口的空间分布总体呈现"内减外增"的变化格局，中心城区的人口密度由2010年的每平方千米24137人下降到2020年的每平方千米23092人；浦东新区和郊区的人口密度由每平方千米2650人提高到每平方千米3006人。第三，上海市连续多年成为对海外人才吸引率最高的城市，远高于北京和深圳。根据上海市人社局发布的《上海海归300指数（2021）》，落户上海的"海归"人数已经从1997年的约200人上升到2020年的约2.2万人；目前在上海工作、创业的留学

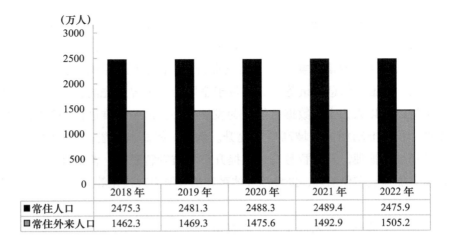

图 2 - 3   2018—2022 年上海市常住人口、户籍人口数量变化

数据来源：《上海统计年鉴 2022》，上海市统计局网站（https：//tjj. sh. gov. cn/tjnj/nj22. htm？d1 = 2022tjnj/C0201. htm），访问日期：2023 年 3 月 16 日。

人员已有 22 万余人。其中，毕业于世界排名前 100 名大学的人占比超过 50%，毕业于世界排名前 300 名大学的人占比近 80%。

2. 交通流量

作为拥有 2400 万常住人口的超大型城市，上海市已经形成了庞大和发达的交通设施网络和运行体系。目前上海的"枢纽型、功能性、网络化"综合交通体系更加完善高效。上海市在交通领域产生了巨大的交通流量，具体表现为以下几个方面。

第一，上海市汽车保有量数量持续增加，新能源汽车保有量全国最高。2021 年是上海数字城市建设和双碳转型的元年。据上海市公安局发布的数据，截至 2022 年 6 月底，上海机动车保有量达 509 万辆。其中，上海市新能源汽车保有量 71 万辆，占汽车总量的 15.74%，已经超过北京和深圳，位居全国第一。第二，上海市城市道路交通需求快速增长，公共交通工具呈多样化发展。据上海市交通委员会统计，2022 年上海市的公共交通客运总量达 31.13 亿人次，日均 852.96 万人次。其中，轨道交通客运量 22.79 亿人次，公共汽电车客运量 8.19 亿人次，轮渡客运量 1524.40 万人次。第三，上海市拥有发达的客货运输网络，客运与货物运输流量持续增长并创历史新高。据新华·波罗的海国际航运中心发展指数排名，2020—2023 年上海始终维持国际航运中心全球前三的排名。据上海统计局数据，2022 年全年上海市各种运输方式完成货物运输量141373.64 万吨，旅客发送量 8629.55 万人次，全年完成港口货物吞吐量73227.16 万吨，集装箱吞吐量 4730.30 万国际标准箱，上海浦东、虹桥两大国际机场全年共起降航班 32.70 万架次，实现进出港旅客 2889.00 万人次。其中，国内航线进出港旅客 2754.56 万人次，国际及地区航线进出港旅客 134.44 万人次。[①]

3. 金融流量

上海市是我国的国际金融中心城市，金融业是上海经济增长的重要支柱之一。根据 2022 年 3 月发布的"全球金融中心指数"（CFCI31），上海市已成为仅次于香港的全球第四大金融中心。第一，上海市金融业增加值居全国城市首位。据上海市统计局数据，2022 年全年上海市金融业增加值达 8626.31 亿元，占地区生产总值 19.3%，全年金融市场交易总额达到 2932.98 万亿元。[②] 其中，上海证券市场首发募资额全球第一，现货黄金交易量、原油期货市场规模等均位居世界前三。[③] 第二，上海市是中国金融市场体系最为完备的城市之一，众多国内外知名金融机构在沪布局。据中国人民银行发布的《上海市金融运行报告（2023）》数据，截至 2022 年末，上海持牌金融机构总数增加到 1736 家，其中外资金融机构539 家，占比超 30%，在 38 家外商独资和合资私募证券管理人中有 32 家落户上海。[④] 第三，上海市吸引的金融人才流量持续增加。其中，浦东新区金融从业人员已经超过 35 万人，占全市金融从业人员 70% 以上，[⑤] 已经成为全球金融要素市场最丰富、金融人才最密集的区域之一。

---

① 《2022 年上海市国民经济和社会发展统计公报》，上海市统计局网站（https：//tjj.sh.gov.cn/tjgb/20230317/6bb2cf0811ab41eb8ae397c8f8577e00.html），访问日期：2023 年 3 月 17 日。

② 《2022 年上海市生产总值》，上海市统计局网站（https：//tjj.sh.gov.cn/ydsj2/20230118/af7af7dfb6bc4a259b0ac0faec143e12.html），访问日期：2023 年 1 月 18 日。

③ 谢卫群：《上海国际金融中心建设稳步推进（经济聚焦）》，《人民日报》2023 年 6 月 13日第 10 版。

④ 《上海市金融运行报告（2023）》，中国人民银行上海总部网站（http：//shanghai.pbc.gov.cn/fzhshanghai/113589/5126117/index.html），访问日期：2023 年 11 月 22 日。

⑤ 《浦东吸引金融人才优势明显　从业人员占总就业人口比例接轨国际》，上海市人民政府网站（https：//www.shanghai.gov.cn/nw4411/20231122/bd0700488c0741d89255d108ea7466fb.html），访问日期：2023 年 11 月 22 日。

4. 服务流量

上海市持续推动"上海服务"品牌建设。据《2022 年上海市国民经济和社会发展统计公报》，上海市 2022 全年第三产业增加值为 33 万亿元，占地区生产总值的比重为 74.1%。一方面，上海市现代服务业快速增长，信息传输、软件和信息技术服务业及租赁和商务服务业占第三产业的比重不断提高。另一方面，在政务服务方面，上海市的城市数字化服务已经达到了国际领先水平。上海市推行"一网通办"和城市运行"一网统管"。截至 2022 年末，上海市"一网通办"总门户已接入 3600 项服务事项，其中2934 项可实现全程网办。此外，在邮政服务业方面，2022 年全年上海市完成邮政业务总量 1849.85 亿元，电信业务总量 575.43 亿元，邮政业全年完成快递业务 28.58 亿件，快递业务收入 1845.43 亿元。[1]

5. 信息流量

上海市定位于建设成国际数字之都。近年来，上海市在加快推动各个领域的数字化升级，推进智慧城市建设、数字基础设施建设等方面取得显著成果。具体来看：第一，上海市信息基础设施全国领先，率先成为全国首批 5G 和固定宽带"双千兆"城市。据上海市通信管理局发布的电信业务统计数据，截至 2022 年末，上海市千兆光网接入能力已覆盖961 万户家庭，累计建设超 6.8 万个 5G 室外基站、27 万个室内小站，实现全市域 5G 网络基本覆盖。[2] 第二，上海市数字经济发展水平居全国前列。2022 年全年，上海市完成电子商务交易额 3.33 万亿元。其中，B2B交易额 2 万亿元，网络购物交易额 1.33 万亿元。网络购物交易额中，商品类网络购物交易额 8359.8 亿元，服务类网络购物交易额 4971.8 亿元。[3] 第三，作为城市信息化的重要体现，上海市的"一网通办"服务流量不断攀升。2022 年上海市"一网通办"日均办事 29 万件，实际网办率达

---

[1] 《2022 年上海市国民经济和社会发展统计公报》，上海市统计局网站（https：//tjj. sh. gov. cn/tjgb/20230317/6bb2cf0811ab41eb8ae397c8f8577e00. html），访问日期：2023 年 3 月 17 日。

[2] 《2022 年上海市国民经济和社会发展统计公报》，上海市统计局网站（https：//tjj. sh. gov. cn/tjgb/20230317/6bb2cf0811ab41eb8ae397c8f8577e00. html），访问日期：2023 年 3 月 17 日。

[3] 《2022 年上海市国民经济和社会发展统计公报》，上海市统计局网站（https：//tjj. sh. gov. cn/tjgb/20230317/6bb2cf0811ab41eb8ae397c8f8577e00. html），访问日期：2023 年 3 月 17 日。

84.01%，"一网通办"实名用户数达 7884 万人，法人用户超 301 万家。①

（二）精细化综合治理——上海流量城市治理的措施及成效

上海市采取控制人口规模与推动人才引进相结合的人口人才政策，积极推进人口流量治理。一方面，上海市严格控制人口规模。根据《上海市城市总体规划（2017—2035 年）》，到 2035 年上海市常住人口要控制在 2500 万人左右。上海市目前正通过深化完善积分落户制度、完善"居转户"政策等方式严格控制常住人口规模。另一方面，上海市积极吸引高端人才入沪。根据《上海市引进人才申办本市常住户口办法》（沪府规〔2020〕25 号），上海市正积极推动"高层次人才 + 重点机构紧缺急需人才 + 高技能人才 + 市场化创新创业人才 + 专门人才和其他特殊人才"引进。同时，上海市近年逐步放宽应届毕业生申报落户条件。2022 年 6 月，上海市教委等四部门联合发布《关于做好 2022 年非上海生源应届普通高校毕业生进沪就业工作的通知》，规定对符合基本条件的在沪研究所、高校应届硕士毕业生，无须打分可直接落户。

上海的交通流量治理投入量大，以双碳目标和数字化转型为目标驱动，打造高质量、现代化综合交通体系。第一，上海积极推动个体交通向公共交通方式转移。上海市通过持续推进轨道交通、道路网络建设，充分利用道路资源优化交通组织，提升路网通行效率。第二，上海结合道路管理信息系统实现全市道路交通全方位、数字化、智能化管理。第三，上海不断夯实并提高国际枢纽中心能级。上海市通过推进港口群一体化治理，持续提升虹桥国际开放枢纽建设，加强设施能力和平台，建立高效的运输体系，实现海空运输流量的进一步提升。针对未来十年的交通发展路径，2022 年 12 月上海市交通委员会发布了《上海市交通发展白皮书》，可作为推进上海交通未来发展的"行动指南"。

上海市通过不断完善金融市场体系、深化对外开放、优化金融发展环境，加强风险防控，稳步推进国际金融中心建设。第一，完善金融市场体系，加速集聚中外金融机构。上海市聚集了全国性股票、债券、外汇、黄金、期货、保险等金融市场交易平台，已经成为国际上金融市场

---

① 《2022 年上海市国民经济和社会发展统计公报》，上海市统计局网站（https://tjj. sh. gov. cn/tjgb/20230317/6bb2cf0811ab41eb8ae397c8f8577e00. html），访问日期：2023 年 3 月 17 日。

体系最为完备的城市之一。第二，拓展金融开放的广度和深度。上海市率先实施优质企业跨境人民币结算便利化、境内贸易融资资产跨境转让等创新举措。第三，持续优化金融营商环境，增强风险防控能力。上海市在全国率先设立金融法院、金融仲裁院等机构，构建了与国际金融规则相衔接的制度体系。同时，上海市也建立了国务院金融委办公室地方协调机制（上海市）和上海市金融稳定协调联席会议制度，并通过互联网金融专项整治、各类交易场所清理整顿、非法集资专项整治等工作，守住金融风险底线和增强风险防范意识。

上海市在信息流量治理领域积极推进城市数字化转型建设。2022 年 3 月，上海市人民政府办公厅印发《上海城市数字化转型标准化建设实施方案》，围绕"经济、生活、治理"进行全面数字化转型。第一，继续推动基础设施建设。聚焦城市数字化转型的基础要素，研制通用基础、数据基座、支撑能力、数字安全、数字信任等标准。第二，推动数字经济与实体经济融合发展。聚焦市场主体提质增效升级需求，推进在科技、金融、商贸、航运、制造、农业等领域数字化转型相关标准的研制与推广应用。第三，完善服务民生的生活数字化转型标准。聚焦市民生活需求、急难问题和高频事项，在健康、教育、居住、出行、文旅等生活领域展开关键技术的研制和应用，提升数字化对各项服务的赋能。第四，完善精细管理的治理数字化转型。服务高效能治理需求，推动政务服务"一网通办"、城市运行"一网统管"的跨部门多场景应用标准化，在营商环境、综合监管、自然资源、生态环境、水系统治理、公共安全等领域，推动标准研制和应用。

上海市积极打造"上海服务"品牌，围绕提升城市核心服务功能、服务经济高质量发展、服务高品质生活以及服务高效能治理展开行动并取得了显著成效。2021 年，上海市推出新一轮《全力打响"上海服务"品牌 加快构筑新时代上海发展战略优势三年行动计划（2021—2023年）》。第一，推动信息服务、研发设计等生产性服务专业化和高端化发展。第二，构建多元化、特色化的一流品质教育格局，建设高端健康服务业城市，形成现代社会养老体系等。第三，深化服务型政府建设，提升城市治理能力和管理服务智能化水平，推进城市治理数字化转型。实现上海政务服务"一网通办"和城市运行"一网统管"全面提升，建设人民城市精细化管理示范区。

综上，上海作为中国最大的经济中心城市，秉持着"一流城市一流治理"的理念，肩负着加快建设具有世界影响力的国际大都市的重任。上海市第十二次党代会明确提出，今后五年上海市要以治理数字化牵引治理现代化，全面提升科学化、精细化、智能化水平，探索超大城市治理现代化新路。面对超大城市复杂的系统，上海市治理现代化转型的关键在于通过打造"城市大脑"实现对数据流量的汇聚集中和优化运用。由政务"一网通办"和城市运行"一网统管"构成的"两张网"能够将上海市海量流量数据聚合一起，通过相关部门协同发力，进而实现更为便捷、优质的政务服务，同时也能够赋予上海市以数字化体征。

三　香港——金融、贸易和航运中心城市

香港是拥有"东方之珠"美誉的国际化大都会，具有强大的人口流量、金融流量、空港流量优势。近年来，香港确定了"八大中心"的城市发展新定位，在巩固国际金融中心、国际航运中心、国际商贸中心、亚太地区国际法律及解决争议服务中心的同时，继续推进建设国际航空枢纽中心、国际创新科技中心、区域知识产权贸易中心、中外文化艺术交流中心建设。此外，香港也是全球离岸人民币业务枢纽、国际资产管理中心及风险管理中心以及粤港澳大湾区区域发展的核心引擎之一，是构筑深港合作的"桥头堡"。

（一）城市流量的主要特点

1. 人口流量

香港是世界上人口密度最高的城市之一，人才流入量具有显著优势。据香港特别行政区政府统计处发布的数据，截至2022年，香港人口为734.6万人，人口密度每平方千米6740人。2018—2022年年中，香港人口数量变化见图2-4。在人才流动方面，香港在吸引全球人才方面具有很强的国际吸引力和国际竞争力。据瑞士洛桑国际管理发展学院（IMD）发布的《2022年IMD世界人才竞争力报告》显示，香港的人才竞争力位列全球第14名，在亚洲区稳居第二。根据香港劳工及福利局公布的数据显示，从2022年12月底至2023年10月底，香港各项人才已突破11万人，优才计划获批超1.2万人，高才获批超4.3万人。

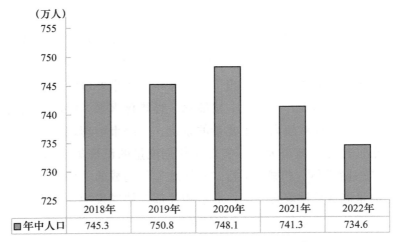

图 2 – 4　2018—2022 年年中香港人口数量变化

数据来源：国家统计局编《中国统计年鉴 2022》。

2. 交通流量

香港打造了多元化、一体化的公共交通系统，城市公共交通使用率高且载客流量大。香港的公共交通方式包括铁路、电车、巴士、小型巴士、的士和渡轮等。据香港特别行政区政府统计处数据，2022 年香港公共交通每日载客量约为 970 万人次。其中，港铁是使用率最高的铁路网络，整个铁路系统每日平均载客量约为 400 万人次。另外，香港的港运能力依旧强大，航空货运量在全球处于领先地位。香港港口是全球最繁忙的货柜港口之一，是亚太区内主要的枢纽港。2022 年香港港口货物吞吐量达 16685 千 TEU。在航空客货运量方面，根据国际机场协会的统计数据，香港国际机场在 2022 年的年货邮吞吐量 420 万吨。香港特别行政区政府统计处数据显示，2022 年香港航空客运量为 560 万人次，较 2021 年大幅上升 319.3%；机场货运量为 420 万公吨。香港机管局目前正计划提升香港国际机场的客货运能力，预计于 2035 年起能够达到每年处理 12000 万人次旅客和 1000 万公吨货物的目标。①

---

① 《香港统计数字一览（2023）》，香港特别行政区政府统计处网站（https://www.cen-statd. gov. hk/en/data/stat_report/product/B1010003/att/B10100032023 AN23 B0100. pdf），访问日期：2023 年 3 月 28 日。

3. 金融流量

香港是世界领先的国际金融中心。据 2023 年 3 月发布的 "全球金融中心指数"（CFCI33），香港总排名维持在全球第 4 位，仅次于纽约、伦敦、新加坡。香港金融业流量主要呈现出以下特点：第一，香港是全球银行机构密度最高的城市之一。据香港金融管理局《2022 年年报》，截至 2022 年 12 月，香港有持牌银行 155 个，在香港设有业务的具全球系统重要性银行 30 间。[①] 第二，香港金融体系资金实力雄厚。根据香港金管局公布的数据，2022 年底，香港资产总额达 27 万亿港元，外汇基金资产为 4 万亿港元，[②] 第三，香港是全球融资最活跃、流动性最高的证券市场之一，外汇市场全球领先。据香港特别行政区政府统计处数据显示，2022 年底，香港证券交易成交额为 30.7 万亿港元，市场总值达 35.6 万亿港元。[③] 第四，香港是全球离岸人民币业务的重要枢纽，也是中国内地以外流动性最高和最深广的人民币市场。香港是全球最大离岸人民币资金池，2022 年底香港的人民币存款达 9817 亿元，占全球人民币 SWIFT 支付交易最大份额达 70% 以上。[④]

4. 信息流量

根据瑞士洛桑国际管理学院（IMD）发布的《2022 年世界数字竞争力排名》，香港亚洲排名第 3、全球排名第 9。香港是全球最蓬勃、最先进的电讯市场之一，完善的基础架构设施为香港成为国际数据中心枢纽提供了保障。2022 年初，香港有 12 个海底电缆系统，23 个连接内地的陆上电缆系统，9 枚卫星，用作提供对外通信服务。据香港通讯事务管理局统计数据，截至 2022 年 3 月，香港流动通信用户数目约为 2610 万人，香港按人口计算的流动服务用户渗透率达 341.7%，属全球最高比率之一，其中 5G 流动服务用户有 44.2% 的用户渗透率；约有 290 万个住宅及商业

---

① 《2022 年年报》，香港金融管理局网站（https：//www. hkma. gov. hk/gb_chi/data-publica-tions-and-research/publications/annual-report/2022/），访问日期：2023 年 3 月 28 日。

② 《2022 年年报》，香港金融管理局网站（https：//www. hkma. gov. hk/gb_chi/data-publica-tions-and-research/publications/annual-report/2022/），访问日期：2023 年 3 月 28 日。

③ 《香港统计数字一览》，香港特别行政区政府统计处网站（https：//www. censtatd. gov. hk/tc/EIndexbySubject. html？pcode＝B1010006&scode＝460），访问日期：2023 年 3 月 28 日。

④ 《2022 年年报》，香港金融管理局网站（https：//www. hkma. gov. hk/gb_chi/data-publica-tions-and-research/publications/annual-report/2022/），访问日期：2023 年 3 月 28 日。

固网宽频用户，住宅渗透率为 98%，是全球宽频渗透率最高的地方之一；共有 83095 个公共 Wi‑Fi 热点。[①] 香港拥有大量咨询及通信科技专才。截至 2022 年 4 月，香港有 112425 人从事资讯科技相关工作，包括电讯、咨询科技服务和咨询服务。此外，近年来香港通过互联网进行的电子商贸不断增加。设有自家网页或网站的香港公司，比率从 2013 年的 26.4% 上升至 2021 年的 43.7%。在云端运算方面，据香港特别行政区政府统计处数据，2021 年香港约有 95.2% 的商业机构使用云端运算服务，在亚洲云端运算协会发表的《2020 年云端准备程度指数》中，香港排名第一。[②]

5. 服务流量

香港是全世界服务业主导程度最高的经济体。第一，香港从事服务业的人数占比高，服务业是香港的主要就业来源。据香港特别行政区政府统计处发布的《服务业统计摘要（2023 年版）》，2022 年香港整体就业人数共有 360 万人，服务业占 320 万人。第二，香港服务业产生的总值占比高，香港服务业对本地生产总值的贡献为 2012—2021 年介于 92.2%—93.7% 之间。2021 年香港主要服务业对本地生产总值贡献见图 2–5。第三，服务业在香港对外贸易方面担当重要角色。香港的服务输出一直以强劲的速度增长，并在 2018 年达到 8869 亿元的历史新高。2022 年香港服务业输出总额为 6546 亿元。

（二）智慧治理——香港流量城市治理的措施及成效

面对人口老龄化及人口外流的双重挑战，香港将落实积极生育支持措施和引进人才作为优化人口政策的主要政策导向。一方面，香港特区政府推行各种家庭友善措施，缔造利于生育的环境。在具体措施方面，香港推行的措施包括加大家长养育子女、幼儿照顾、初生婴儿照顾、家庭友善的工作环境等方面的津贴补助和政策支持。另一方面，招揽人才是香港特区政府的施政重点。香港推出多项输入劳动力及人才计划，吸引更多人才来港，具体包括一般就业政策、输入内地人才计划、高端人才通行证计划、优秀人才入境计划、非本地毕业生留港就业安排、输入

[①] 《通讯事务管理局 2021—2022 年年报》，香港通讯事务管理局网站（https：//www. coms-auth. hk/annual_report/2122/text/sc/5. html），访问日期：2023 年 3 月 28 日。

[②] 《香港资讯及通讯科技业概况》，香港贸易发展局经贸研究网站（https：//research-prd. origin-aws. hktdc. com/sc/article/MzExMTUwMDAy），访问日期：2023 年 3 月 28 日。

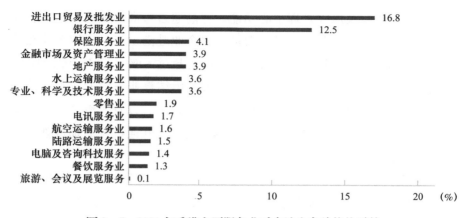

图 2 - 5　2021 年香港主要服务业对本地生产总值的贡献

数据来源：《服务业统计摘要（2023 年版）》，香港特别行政区政府统计处网站（https：//www. censtatd. gov. hk/sc/EIndexbySubject. html？pcode＝B1080007&scode＝330#section1）。

中国籍香港永久性居民第二代计划、科技人才入境计划等。近年来，优才计划取得了较为显著的成效：据香港入境处统计，2022 年共有 2845 人通过优才计划获批赴港定居，获批人数较 2021 年增幅高达 206%。

香港持续巩固、提升国际航运中心和国际航空枢纽地位，加大运输基建建设和智慧交通建设，多措并举调节交通流量。第一，香港以公共交通为本，以铁路为骨干，推进和改善香港和跨境运输基建，推行智慧交通措施。如兴建自动扶梯连接系统和升降机系统，改善行人设施，改进并建设高效、便捷和多元化的公共交通服务。第二，香港兴建航空设施，协同湾区机场群发展。目前香港正在兴建三跑道系统及扩建二号客运大楼、兴建 T2 客运廊等，持续采取措施提升香港国际机场的竞争力。第三，香港积极打造智慧港口、高端高增值现代物流。为保持港口效率高、联系性强和覆盖面广的优势，香港积极推动航运和港口业在业务流程和运作上的数码科技，发展智慧港口。同时，香港通过改善基础设施等方式，提升香港物流业的竞争力。

作为重要的金融中心，香港在巩固和提升其国际金融中心地位的同时，为粤港澳大湾区建设助力。在 2021 年发布的《中华人民共和国国民经济和社会发展第十四个五年规划和 2035 年远景目标纲要》中，提到香港应进一步提升国际金融中心地位，强化全球离岸人民币业务枢纽、国际资产管理中心及风险管理中心功能。香港通过粤港澳大湾区建设，深化推进与内地的金融联系。目前大量内地企业赴港上市，内地企业在香港上市公司中占比超过一半，股票市值占比超过80%。截至2022年底，人民币存款额接近一万亿元，全球离岸人民币结算业务约七成半在港进行。沪港通、深港通和债券"北向通""南向通"，以及大湾区"跨境理财通"等安排，凸显出内地与香港资本市场互联互通机制愈加成熟，为香港金融业发展注入新的活力。

在服务流量治理领域，香港通过创新、合作、引才等方式推进现代服务业发展。第一，推动创新型服务业发展。香港在加快推进金融机构、金融市场创新，培育服务实体经济的金融业等的基础上，积极推进现代服务业与制造业的融合发展，如促进"互联网+"、人工智能等服务业新技术及模式的发展。第二，加强与内地的服务业合作。香港通过服务业专才与内地企业协作发展，提升产业及产品价值，接通环球商机。第三，通过引才、育才，提高服务行业整体素质和竞争力。香港出台了一系列人才引进政策并加快优化人才发展环境，以满足当前现代服务业发展建设和创新的需要。

在信息流量治理领域，香港以建成"智慧城市"标杆为目标，大力推动数字化发展。香港打造的"智慧香港"蓝图强调将科学技术创新作为智慧城市建设和发展的关键支撑，从而提升香港城市的智慧化、智能化、数字化水平，主要举措包括以下几点：一是加大数字基础设施建设。由香港特区政府全资支持建设香港科学园及数码港，提供设备完善的研发办公室、会议场地、技术中心以及专业支援服务。香港特区政府资讯科技总监办公室（下称"资科办"）提供了新一代政府云端平台、共用区块链平台，可以强化政务基础建设。根据资科办资料显示，香港的公共Wi-Fi渗透率位居世界前列。截至2023年7月，香港特区政府及私人机构合共设立了86885个Wi-Fi热点，其中通用Wi-Fi品牌已在全港18区设立逾46000个Wi-Fi热点。[①] 此外，香港致力促进第五代（5G）移动通信及技术的发展。二是大力推动香港"智慧城市"建设。2020年香

---

① 《香港资讯及通讯科技业概况》，香港贸易发展局经贸研究网站（https：//research-prd.origin-aws.hktdc.com/sc/article/MzExMTUwMDAy），访问日期：2023年3月28日。

港推出的《香港智慧城市蓝图2.0》，涵盖智慧出行、智慧生活、智慧环境、智慧市民、智慧政府、智慧经济以及智慧乡村先导计划，提出了超过130项措施。香港"智慧城市"建设连接了政府、企业和民间数据，打造了一个坚实的基础数据平台，在便利市民生活，优化城市能源结构和使用效率，加强与大湾区内地城市物流、资讯流、交通流等互联互通方面起到了显著作用。三是加大与内地的信息通信服务业务，便利香港与内地的经贸联系等。根据《内地与香港关于建立更紧密经贸关系的安排》，香港服务提供者可在内地设立合资企业，提供增值电信服务，不受地域限制。有关服务包括互联网数据中心、存储转发类业务、呼叫中心、互联网接入服务以及信息服务。

总体来看，香港是重要的国际金融、贸易、航运中心，也是全球最自由的经济体和最具竞争力的城市之一，其开放性和国际化的城市特质成了香港的独特标签。受新冠疫情影响，香港出现了人口人才流失的情况，这对香港产生了不小的影响。面对这一形势，在未来的发展中，香港既要不断夯实和提升自己在金融、贸易、航运等方面优势地位，也需要通过引进高端人才、创新现代服务业、打造"智慧城市"等方面提高城市的综合竞争力。与此同时，香港在未来将会融入国家发展大局，加大力度推动与内地在人才流、物流、资金流、信息流方面互联互通，发挥粤港澳大湾区区域发展的核心城市引擎作用，也为香港的高质量发展注入新活力。

四 杭州——电子商务和数字中心城市

杭州在全国首创"城市大脑"，随着杭州探索城市数字化建设的步伐不断加快，目前杭州市正聚力打造"全国数字治理第一城"。杭州也是中国电子商务产业的重要发源地之一，被称为"中国电子商务之都"。

（一）城市流量的主要特点

1. 人口流量

杭州市人口流量整体呈现出增量大、流动快、人才流入量逐年增加的特点。第一，杭州市的人口增量和人口增速始终保持上升态势。据杭州市统计局数据，2021年末，杭州市常住人口数为1220.4万人，相比2020年末，增长23.9万人。2022年，按全市5‰人口变动抽样调查推算，年末全市常住人口 1237. 6 万人。从人口增量上看，杭州市连续数年常住人口增量在 20 万人左右，在全国各市人口增量排名中处于前列。2018—2022 年杭州市人口数量变化见图 2 – 6。

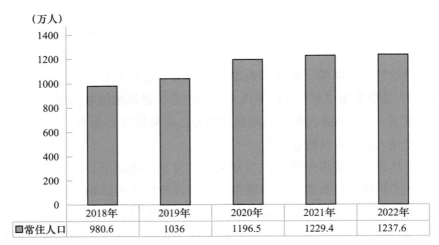

图 2 – 6　2018—2022 年杭州市常住人口数量变化

数据来源：《2022 年杭州统计年鉴》，杭州市统计局（http：//tjj. hangzhou. gov. cn/art/2022/11/28/art_1229453592_4107024. html）。

第二，杭州市流动人口数量居全省首位。据浙江省统计局 2020 年的数据，在全省十一市中，杭州市是流动人口数量最多的城市。杭州市在 2000 年、2010 年、2020 年的流动人口数量分别为 156 万人、370. 5 万人、497. 37 万人，与 2010 年相比，杭州目前已经超越温州，成为浙江省流动人口数量最多的市。[①]

第三，在人才净流入率、海外人才净流入率、互联网人才净流入率等多项指标上，杭州连续多年保持全国前列。据杭州市政府网站消息，截至 2022 年，杭州人才净流入率连续多年保持全国领先，连续 11 年入选"外籍人才眼中最具吸引力的中国城市"。[②] 根据猎聘大数据研究院发布的

---

① 《浙江省第七次人口普查系列分析之七：流动人口》，浙江省统计局网站（http：//tjj. zj. gov. cn/art/2022/7/22/art_1229129214_4956222. html），访问日期：2023 年 3 月 28 日。

② 《全市城镇化率已达 84. 0%　西湖区人口增速最快》，杭州市政府网站（http：//www. hangzhou. gov. cn/art/2023/3/3/art_812270_59075845. html），访问日期：2023 年 3 月 28 日。

《2022 新一线城市人才吸引力报告》，在新一线城市中，杭州在新发职位量、求职者投递人数和人才薪资方面均位居第一，2018—2022 年杭州市人才净流入占比分别为 1.2%、1.4%、1.6%、1.6%、1.3%，始终为正，人才吸引力排名稳居全国城市前列。

2. 交通流量

杭州市全方面打造综合立体交通网络，客货运运输量和承载量大。根据《2022 年杭州市国民经济和社会发展统计公报》，杭州市 2022 年全年货运量 4.3 亿吨，客运量 1.0 亿人次。至 2022 年末，萧山国际机场开通航线 243 条，其中国际航线 34 条。航空客运吞吐量 2004 万人次，货物吞吐量 83.0 万吨。在车辆保有量方面，杭州市 2022 年末社会机动车保有量 414.2 万辆，营运汽车保有量 356 万辆。其中，私人汽车 324.1 万辆。（见表 2-3）此外，在航运运输方面，杭州市萧山国际机场基本建立起覆盖国内，连接东亚、东南亚以及欧美、非洲的客货航线网络，成为国内十强、华东地区第三大机场，并跻身世界机场 100 强。2022 年萧山国际机场能够满足年旅客吞吐量 9000 万人次的出行需求，并且在 2021 年货邮吞吐量就已经突破 90 万吨，位居全国第 5 名。

表 2-3　　　　2022 年杭州市各种运输方式完成货运量和客运量

指标	单位	绝对数
全社会货运量	万吨	43161
铁路	万吨	486
公路	万吨	35091
水路	万吨	7539
航空	万吨	45
全社会客运量	万人次	9826
铁路	万人次	4465
公路	万人次	4100
水路	万人次	243
航空	万人次	1018

数据来源：《2022 年杭州市国民经济和社会发展统计公报》，杭州市统计局网站（http://tjj. hangzhou. gov. cn/art/2023/3/20/art_1229279682_4149703. html）。

3. 金融流量

杭州是我国金融科技发展高地之一。根据新财富发布的《2022 中国内地省市金融竞争力排行榜》，杭州位列中国城市金融竞争力排行榜第四，仅次于北京、上海和深圳。首先，杭州市金融产业规模不断扩大。2022 年杭州市金融业增加值为 2407 亿元，占 GDP 比重达到 12.8%，[①] 增幅与比重均居全国前列。其次，杭州民营资本活跃，高净值人群和企业总部集聚度在长三角区域仅次于上海。截至 2022 年，杭州共有境内外上市公司 273 家，总市值达 7.5 万亿元。[②] 再次，杭州市是国内率先布局金融科技的城市之一。杭州依托钱塘江金融港湾、金融特色小镇、杭州国际金融科技中心等产业平台和生态优势，培育了如全球金融科技领军企业蚂蚁集团等金融科技创新型企业，逐渐形成"一超多强"的金融科技产业格局。最后，杭州的金融综合实力逐渐增强，金融机构规模不断扩大。根据中国证券投资基金业协会发布的截至 2022 年 9 月的数据，杭州注册私募 1480 家，是继上海、北京、深圳之后的中国第四大私募之城。[③]

4. 信息流量

杭州市作为数字经济的先发城市，其数字信息化水平始终保持领先地位。据《2022 年杭州市国民经济和社会发展统计公报》，2022 年杭州市数字经济核心产业增加值 5076 亿元，数字经济核心产业制造业增加值 1180 亿元。[④] 电子商务引领杭州数字经济发展。目前杭州已经形成具有全球影响力的电子商务、云计算、大数据、数字安防等产业集群，拥有阿里巴巴、网易、有赞、浙江中拓、蘑菇街、云集等主要上市企业。同时，在信息基础设施建设方面，杭州移动 5G 用户数和终端普及率增速迅猛。2022 年 4 月杭州移动 5G 单日分流比（5G 流量占全网流量的比重）达到 40.01%，5G 日均流量突破 2700TB，成为全国首个 5G 占比里程碑式连续突破的城市。[⑤]

---

① 《2022 年杭州市国民经济和社会发展统计公报》，杭州市统计局网站（http：//tjj. hang-zhou. gov. cn/art/2023/3/20/art_1229279682_4149703. html），访问日期：2023 年 3 月 28 日。
② 《杭州，金融力第四城》，杭州市投资促进局网站（http：//tzcj. hangzhou. gov. cn/art/2023/3/17/art_1621408_58892335. html），访问日期：2023 年 3 月 28 日。
③ 《杭州，金融力第四城》，杭州市投资促进局网站（http：//tzcj. hangzhou. gov. cn/art/2023/3/17/art_1621408_58892335. html），访问日期：2023 年 3 月 28 日。
④ 《2022 年杭州市国民经济和社会发展统计公报》，杭州市统计局网站（http：//tjj. hang-zhou. gov. cn/art/2023/3/20/art_1229279682_4149703. html），访问日期：2023 年 3 月 28 日。
⑤ 《杭州移动 5G 分流比率先突破 40%，5G 业务向成熟期迈进》，中国工信新闻网（ht-tps：//www. cnii. com. cn/tx/202204/t20220418_373468. html），访问日期：2023 年 3 月 28 日。

5. 服务流量

服务业是支撑杭州经济发展的中坚力量。杭州立足于建设现代服务业标杆城市，重点发展数字服务、科技服务、金融服务、文化服务、旅游休闲、商务服务、健康服务、物流服务八大产业。据杭州市统计局数据，2022 年杭州市服务业增加值 12787 亿元，1—11 月规模以上服务业营业收入 14901 亿元，其中租赁和商务服务业、科学研究和技术服务业营业收入分别为 1786 亿元和 1083 亿元。① 此外，杭州市 2022 全年的邮政行业寄递业务量累计完成 401797.7 万件，快递业务量累计完成 348459.5 万件；全市邮政行业业务收入累计完成 430.3 亿元，其中，快递业务收入累计完成 335.6 亿元，邮政寄递服务业务收入累计完成 18.7 亿元。② 在政务服务方面，杭州市政府继续推进政务服务精细化、政策便利化、信息公开规范化，提升服务满意度。2022 年，杭州市政府开展企业个性化、定制化、便利化公开改革，目前已开具报告近 5000 份，累计为企业节省 190 余万小时。③

（二）以数字治理为统领——杭州流量城市治理的措施及成效

杭州市主要通过调整落户政策和门槛、推出引进人才方案等方式吸引更多人才落户。第一，制定与调整落户政策，降低落户门槛，鼓励外来人口入杭。2023 年初，杭州发布新一轮户籍制度改革政策，将落户门槛进一步放宽，拥有大专及以上文凭且年龄在 35 周岁以下、缴纳社保即可落户。第二，通过数字化赋能城市能级、产业升级与创新等吸纳人才落户。近年来，杭州市致力于互联网、数字经济等发展，通过调整落户门槛、优化引进人才政策来给产业更新、产业结构优化储备人才。同时，城市能级的跃升、城市基础设施改善与产业加速集聚创造了很多就业机会，吸引大量人才入杭。

---

① 《2022 年杭州经济运行情况》，杭州市统计局网站（http://tjj.hangzhou.gov.cn/art/2023/1/20/art_1229279240_4135980.html），访问日期：2023 年 3 月 28 日。

② 《2022 年杭州市邮政行业经济运行情况》，浙江省邮政管理局网站（http://zj.spb.gov.cn/zjsyzglj/c102495/c102509/c102515/202301/982bd0b6171e4cfd8e32ffe040e337a1.shtml），访问日期：2023 年 3 月 28 日。

③ 《杭州市发展和改革委员会 2022 年政务公开总结和 2023 年工作思路》，杭州市发展和改革委员会网站（http://drc.hangzhou.gov.cn/art/2022/12/7/art_1663791_58905888.html），访问日期：2023 年 3 月 28 日。

面对城市交通拥堵以及承载较大客货流量等方面的现实问题，杭州市主要采取了以下措施：一是加快建设交通强国示范城市，打造国际性综合交通枢纽城市。据杭州市人民政府网站信息，截至 2022 年底，杭州开通航线 243 条，通航城市达 157 个；全市公路总里程达 16642 千米，其中高速公路近 900 千米；轨道交通总里程达 516 千米，居全国城市第六。① 二是将公交服务与移动互联网、云计算、大数据对接和融合，推进智慧公交建设，打造"互联网＋公共交通"新格局。杭州"公交一卡通"完成改造并投入使用，实现了"公交一卡通"全国互联互通。城市公交特色线路和定制公交线路，满足了市民、游客多样化、个性化出行需求。

杭州以建设成为现代金融创新高地为目标，积极探索金融服务的"杭州模式"。2023 年，杭州市人民政府办公厅发布的《关于建设现代金融创新高地助力经济高质量发展的实施意见》对杭州市金融业发展提出了具体措施。第一，建设国家级科创金融改革试验区。杭州市主要围绕健全科创金融服务体系、优化科创信贷产品供给、构建科创风险分担机制、提升供应链金融服务效能等方面持续推进改革。第二，提升钱塘江金融港湾核心区能级。主要通过推动核心区拥江扩面、强化金融资源集聚功能、提升发展引领辐射能力等措施。第三，打造国家金融科技创新与应用中心。主要通过强化金融创新策源功能、赋能金融科技成果转化、深化金融改革先行先试等方式。第四，创建全国资产管理中心，打造全国非公开市场第一城，推动创新资本持续健康发展等。

杭州把加快服务业转型升级作为培育经济增长新动能、推动经济高质量发展的重要抓手，服务业能级和质效不断提升。具体来看，杭州市采取的主要措施包括：第一，杭州明确提出发展现代服务业"1＋N"政策体系，建设现代服务业标杆城市。其中，重点发展数字服务、科技服务、金融服务、文化服务、旅游休闲、商务服务、健康服务、物流服务八大产业，打造新服务和新制造双轮驱动的产业新格局。第二，杭州持续推进数字化政务服务建设。杭州市推动建成"数字政府—政务公开模

---

① 《加强建设交通强国示范城市》，杭州市人民政府网站（https：//www.hangzhou.gov.cn/art/2023/9/28/art_812262_59087865.html），访问日期：2023 年 9 月 29 日。

块"，涵盖依申请办理、政务新媒体管理、政府网站管理、政府公报发行等；运用数字化集成推动政府门户网站和政务新媒体融合发展，通过门户网站、政务新媒体、政府公报等多载体集成联动。依托"城市大脑"系统，借助人工智能、5G、区块链等新技术，致力于提高政务服务便捷度，如依托"亲清在线"平台，推动更多涉企政务服务事项快捷办理。

作为新兴的数字城市，杭州在信息流量治理领域的措施，主要包括加大信息基础设施建设、推动数字技术产业、依托数字技术赋能等方面。相关措施及成效具体表现为：第一，加大数字基础设施建设，强化数字基础设施支撑能力。截至 2022 年底，杭州已开通 5G 基站 1.8 万余个，实现了市区、县城、主要乡镇的连片覆盖。第二，提出打造"新电商之都"的目标。杭州市通过电子商务产业扶持政策，明确新电商发展方向，进一步优化新电商发展环境，扩大杭州的新电商城市影响力。2022 年杭州网络零售额首次突破万亿元，达 10496.3 亿元，已有综合类和垂直类头部直播平台 32 家、主播近 5 万人，直播相关企业注册量超 5000 家，数量列全国第一，带动就业超 100 万人。[①] 第三，强化数字赋能城市治理。杭州市在全国首创"城市大脑"，据《中国城市数字治理报告（2020）》显示，杭州数字治理指数超越北上广深，位居全国第一。

综合上述治理措施，作为"数字治理"的实践范例，杭州市正持续探索具有城市特色的大城市治理现代化路径，全面建设"全国数字治理第一城"。杭州市运用大数据、云计算、区域块、人工智能等前沿技术推动城市管理手段、管理模式和管理理念创新，实现从数字化到智能化再到智慧化。在数字赋能城市的背景下，杭州市通过做优"城市大脑"建设，结合流量数据打造城市运行数字化的最优方案；做深"移动办事之城"，实现数据互联互通，提供更为优质的政务服务，使城市更为智慧、生活更便利、治理更精细、发展更强劲。同时，杭州市作为电商之都，也在大力推动发展数字经济，重塑"数字经济第一城"，促进杭州市新电商高质量发展。

---

① 《探索成立长三角直播电商联盟推动行业自律》，人民政协网（https://www.rmzxb.com.cn/c/2023－02－19/3294562.shtml），访问日期：2023 年 3 月 28 日。

五 成都——区域中心和新兴"网红"城市

成都市是国家中心城市、国际门户枢纽城市和世界文化名城。成都市以独特的城市气质、休闲文化和生活美学形成的"网红城市"已经成为其独特的标签，积聚了大量的人流量和城市流量。在 2022 年度"向往的城市"百度文旅影响力榜单中，成都位居榜单第一。其中，成都在城市搜索关注度、旅游关注度、旅游景点关注度方面均位列第一。①

（一）城市流量的主要特点

1. 人口流量

近年来，成都市人口流量和人才流量不断攀升。一方面，成都市人口规模和人口增量均位于全国城市前列。据成都市统计局数据显示，截至 2022 年末，成都市常住人口达到 2126.8 万人，2018—2022 年成都市常住人口数量变化见图 2-7。成都市是国内人口流入量最多的十大城市之一。据成都市经济发展研究院数据，2010—2020 年成都市人口增量达

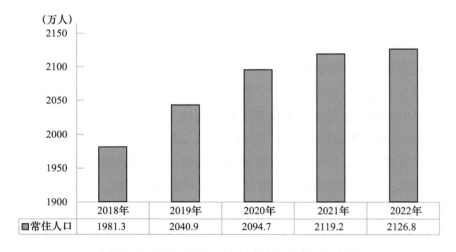

（万人）	2018年	2019年	2020年	2021年	2022年
常住人口	1981.3	2040.9	2094.7	2119.2	2126.8

图 2-7 2018—2022 年成都市常住人口数量变化

数据来源：《成都统计年鉴 2022》，成都市统计局（https://cdstats.chengdu.gov.cn/cdstjj/c155009/2023-03/10/content_55e834f929054755931293fde6d64cba.shtml）。

---

① 《百度公布文旅影响力榜单"向往的城市"TOP1 成都》，成都市人民政府网站（http：//www.chengdu.gov.cn/chengdu/home/2023-01/19/content_4a758887591b4e98a75082fff8f619d9.shtml），访问日期：2023 年 3 月 28 日。

581.89万人，增量为全国城市前三名。"新市民"和流动人口已经成为成都市常住人口的主要增量来源。成都市也因其独特的城市文化吸引了大量的旅客流量。另一方面，成都市人才总量不断攀升，对高学历人才和年轻人吸引力强。据成都市委组织部的数据，截至2022年初，成都的人才总量已达到587.6万人，其中包含各类重大人才计划专家4153人，近年来新落户成都的青年大学生59万余人。2021年成都硕士及以上人才流入占比、应届生人才流入占比分别位列全国第四、第二。

2. 交通流量

成都市的客运承载量和流量在全国名列前茅。在市内交通方面，成都市的轨道交通实力强劲，轨道交通客流量仅次于北京、上海、广州、深圳。据成都市城市轨道交通运营数据速报，2023年初，成都市轨道交通客流量达7万人次，位居全国城市第五。[1] 在汽车保有量方面，据公安部发布的统计数据，截至2023年9月，成都市汽车保有量超600万辆，超过北京成为全国汽车保有量最高的城市。[2] 在客运量运输方面，2022年成都市旅客周转量为535亿人千米，其中，铁路旅客周转量为39.9亿人千米，公路旅客周转量为31.3亿人千米，航空旅客周转量为464.1亿人千米。在货物周转量方面，2022年成都市货物周转量514.7亿吨千米。其中铁路运输货物周转量106亿吨千米，公路运输货物周转量393.3亿吨千米，航空运输货物周转量15.4亿吨千米。[3] 此外，成都是继北京、上海之后第三个拥有双国际枢纽机场的城市。据统计，截至2023年上半年，"两场"完成旅客吞吐量3458.9万人次，在全国排名第三。[4]

---

[1] 《2023年1月城市轨道交通运营数据速报》，中华人民共和国交通运输部网站（https://www. mot. gov. cn/fenxigongbao/yunlifenxi/202303/t20230303_3767857. html），访问日期：2023年3月28日。

[2] 《全国机动车达4.3亿辆　驾驶人达5.2亿人　新能源汽车保有量达1821万辆》，中华人民共和国公安部网站（https://www. mps. gov. cn/n2254098/n4904352/c9244719/content. html），访问日期：2023年3月28日。

[3] 《2022年成都市国民经济和社会发展统计公报》，成都市统计局网站（https://cdstats. cheng-du. gov. cn/cdstjj/c154795/2023 – 03/25/content_c2016a5d71b24884835ddb8ea0bfbe1a. shtml），访问日期：2023年3月28日。

[4] 《成都加速建设国际航空枢纽》，成都市发展和改革委员会网站（https://cddrc. cheng-du. gov. cn/cdfgw/fzggdt/2023 – 07/24/content_26a2771db47441e79513d9e4be157333. shtml），访问日期：2023年7月25日。

3. 金融流量

成都市金融综合竞争力居中西部城市前列。2022 年成都市实现金融业增加值 2445.2 亿元，占 GDP 比重达 11.7%。据"全球金融中心指数"（GFCI32），成都已经超过杭州，成为除北京、上海、深圳外排名最高的城市。据中国（深圳）综合开发研究院公布的第六期中国"双创"金融指数（CIEFI），2022 年成都市"双创"金融发展综合指数连续多期排名中西部地区第一、全国第六。从上市公司数量与股票市场上市融资量看，截至 2022 年末，成都市共有境内外上市及过会企业 149 家，其中 A 股上市公司 114 家，全年股票市场上市融资 367.8 亿元；证券交易额 17.1 万亿元。

4. 服务流量

成都市服务业是全市经济发展的重要支撑和动力引擎。在 2023 年第一财经·新一线城市研究所发布的《城市商业魅力排行榜》中，成都位居全国第五、新一线城市第一。据成都市统计局数据，2022 年成都市服务业增加值 13825 亿元。近年来，成都市现代服务业发展成绩显著。根据《2022 年成都市国民经济和社会发展统计公报》数据，2022 年成都市生产性服务业实现增加值 7121.3 亿元，对 GDP 的增长贡献率为 62.7%。其中，以信息传输、科学研究、金融业和租赁商务服务业等为代表的现代性服务业实现增加值 5246.9 亿元，以交通运输、仓储和邮政业以及批发业等为代表的传统生产性服务业增加值为 1874.5 亿元。同时，市场主体数量和规模持续提升，新增规模以上生产性服务业企业 1207 家。[1]

5. 信息流量

成都积极服务数字经济发展，通过"数字产业化"和"产业数字化"双轮驱动，大力打造数字经济发展。第一，基础设施建设规模和数量持续增加。截至 2023 年，成都累计建设达 6.5 万个 5G 基站，累计推进 8 万户企业"上云用数赋智"，成为全国一体化算力网络成渝国家枢纽节点以及工业互联网标识解析国家顶级节点，数字经济发展基础不断牢固。[2] 第

---

[1] 《2022 年成都市国民经济和社会发展统计公报》，成都市人民政府网站（https://www.chengdu.gov.cn/cdsrmzf/c170178/detail_one.shtml），访问日期：2023 年 3 月 28 日。

[2] 《成都打造现代产业体系高地的成效与经验启示》，清华大学国情研究院网站（https://new.qq.com/rain/a/20230614A04LFB00），访问日期：2023 年 6 月 14 日。

二，成都是四川建设国家数字经济创新发展试验区的核心区域，数字经济正成为成都高质量发展的动力源泉。据成都市统计局数据，2022年成都数字经济核心产业增加值2779.51亿元，占全市GDP比重为13.4%，占全省数字经济核心产业增加值比重达64.3%。[①] 第三，成都市以其独特的城市特色与城市形象获得了大量的网络信息流量关注度。2022年巨量引擎城市研究院发布了《2022美好城市指数白皮书》，报告依托抖音、头条等产品数据关注国内城市发展情况，成都市位居城市线上繁荣度排行榜第二位。此外，成都市的电子商务贸易额持续增长。据成都市人民政府网站信息显示，2022年成都市实现网络零售额5085.3亿元。[②]

（二）打造幸福城市——成都流量城市治理的措施及成效

成都市目前正加快建设创新人才集聚高地，全方位招引各类各层次人才。2022年成都市人才政策升级，先后推出实施天府实验室全球高端人才招引计划、支持高能级平台向社会开放等举措。此外，成都还推出"蓉城人才绿卡""蓉漂人才码"等人才服务配套体系，构建"租售补"并举的人才安居体系，"筑巢引凤"吸引人才。根据《中国城市人才吸引力排名：2023》，成都市人才流入、流出量均较大，2022年成都人才流入占比3.1%，人才流出占比3.7%，整体人才流动性强。

成都市稳步推进交通运输系统各项工作，国际性综合交通枢纽能级日益提升。具体来看，一是推进构建"一市两场"的国际航空枢纽运营格局。天府、双流国际机场与全球枢纽城市直通互联，打造了面向全球的航空门户枢纽、洲际航空中转枢纽和航空货物转运中心。此外，成都市铁路枢纽功能、公路路网建设不断优化完善，城市交通轨道覆盖率不断提升，目前已经形成轨道、公交、慢行交通三网融合的绿色交通出行体系。二是加快构建综合立体互联交通体系。成都市将建设成渝与京津冀、长三角、粤港澳为主轴的综合立体交通网主骨架。三是依托"城市交通大脑"实现智慧交通。成都市交通运行协调中心（TOCC）基本实现成都交通行业已有数据

---

①《2022年全市数字经济核心产业保持平稳向好发展态势》，成都市统计局网站（ht-tps：//cdstats.chengdu.gov.cn/cdstjj/c154785/2023－02/06/content_7d94182d0b95476889e165de96db8d07.shtml），访问日期：2023年3月28日。

②《2022年四川电子商务运行情况》，四川省商务厅网站（https：//swt.sc.gov.cn/sccom/swdt/2023/1/12/5b4988b92a8d4a189c5aa9cb2e01c47a.shtml），访问日期：2023年3月28日。

全接入，实现对人流、车流、事件的综合分析，助力城市总体的交通运行监测、综合资源调度、交通政策调整以及公众出行服务。

在金融流量治理方面，根据《成都市"十四五"金融业发展规划》，成都市提出要建设国内一流、国际知名的功能总部集聚中心、金融市场交易中心和金融科技创新中心，推动形成国内领先的特色金融先行区、"一带一路"金融合作区和金融生态示范区。"十三五"时期，成都出台纲领性文件《关于进一步加快建设国家西部金融中心的若干意见》和金融科技、金融人才、金融对外开放等20余个专项政策，初步形成"1 + X"金融政策体系。目前成都市已经落地上交所西部基地、深交所西部基地、新三板西南基地、中欧国际交易所西部中心等区域性资本市场基地，成为全国唯一一个拥有三大交易所区域基地的城市。全市科创板上市企业数量在西南三省一市一区范围内实现包揽。2022年，成都实现金融业增加值位居中西部首位和全国前列。

成都服务流量治理的特点是高度重视生活服务。成都以建设践行新发展理念的公园城市示范区为统揽，创新公共服务组织和供给方式，打造高品质生活宜居地，持续推进公园城市示范区建设。近年来，成都市大力推动将城市形态、城市功能、产业业态和市民生活融为一体的城市开发模式。在政务服务方面，成都市政府不断优化政务服务，聚焦成都营商环境5.0改革重点举措，全力推进"一件事一次办"改革，持续提升全市政务服务"一网通办"能力。依托"天府蓉易办"平台优化升级智能客服模块，为企业群众提供7×24小时智能搜索、连续问答服务。成都市网络理政办搭建"提醒服务"平台，将政务服务由被动服务转变为主动服务、提前服务、精准服务。

成都市加速促进经济社会各领域数字化转型，加快建设网络强省、智慧社会，打造西部领跑、全国领先的数字驱动发展高地。第一，大力推进数字产业化、产业数字化，数字经济核心产业规模扩大。加快推进金融、文旅等服务业数字化，率先开展数字人民币试点，获批金融科技创新监管试点。第二，深入实施"互联网＋城市"行动，持续推进新型基础设施建设。成都市通信网络设施加速布局，围绕国际性区域通信枢纽建设，打造"一带一路"重要信息通信节点。目前成都已基本建成国际领先的千兆光纤宽带网络，成为全国首个"5G双千兆＋"全面商用城市，国际性区域通信枢纽功能不断增强。第三，成都大力推动数据要素高效汇聚和有序流动，挖掘数据资源价值激发数字经济发展新活力。成都市依托智慧治理中心，高效归集政府、企业、社会数据，形成"公共数据＋社会数据＋科学数据"数据资源分类体系。率先出台《成都市公共数据运营服务管理办法》，搭建成都市公共数据运营服务平台。

　　总之，成都已经连续15年被评为"中国最具幸福感城市"，同时也吸引了大量的"流量"而成为独具特色的"网红"城市。那么，如何将"流量"变为"留量"，打造人民宜居宜业的城市，探索高效能治理的现代化城市治理新路径，现已成为成都市发展的目标。在智慧化建设方面，成都以"智慧蓉城"建设为牵引，全面推动城市、经济、生活、治理数字化转型，以数据联通、服务联结、治理联动，推动城市运行实现一网统管、政务服务一网通办和公共服务一网通享。随着城市规模日渐扩大、城市结构日益复杂，成都市未来的发展将更加注重提高精细化治理水平，打造属于成都特色的城市治理品质品牌。

第三节　深圳流量城市治理的方位

　　与国际主要城市相比，深圳城市发展时间比较短；即使与国内主要城市相比，深圳城市发展也是在短期内实现快速崛起，因此，深圳的城市流量是短期内集聚而成的。这让深圳在城市治理上具有后发优势，能够在城市流量治理方面吸收国内外先进经验，在一定的领域形成集中创新，并率先建设流量城市，达成流量城市现代化的目标。同时，城市流量的快速集聚必然会给流量城市治理带来挑战，如何应对这些挑战也是流量城市治理能力现代化需要重点关注的。

一　深圳城市流量的要素构成

　　流量城市治理能力现代化以厘清城市流量的构成为前提。本书所界定的人口、交通、金融、信息、服务五大流量是基础，结合国际、国内主要城市流量构成和流量治理的经验，这里将深圳城市流量进一步具体化为14个二级要素，即将五大流量都进一步细化为两到三个具体要素（见表2－4）。

表 2－4   流量城市治理现代化要素集成

流量类型	治理要素	治理措施
人口流量	常住人口	优化人口结构
		控制常住人口总量
	流动人口	激发流动人口红利
		保障低收入者基本生活
	海外人口	引进海外高层次人才
		加大紧缺人才补贴力度
		培育移民文化，做好移民管理
交通流量	城市内部交通网络	完善城市交通网络
		做好规划降低通勤成本
		新技术推动交通运输业发展
	交通枢纽	按需建立多层次交通枢纽
		提升交通枢纽对外连接度
	物流转运	完善物流公共服务政策
		改善转运中心硬件设施
		提升跨境物流便利度
金融流量	投资量	争取最优的投资政策
		完善市场机制，保证资本安全
		引入国资，吸收民营资本和境外资本
	券商集聚度	提升特定行业扶持力度
		搭建服务平台，引导券商对接企业
	上市公司数量	提升监管容忍度
		优化政策，放松管制，推动创新
信息流量	数字政府	构建互联互通的政务信息网
		打造线上线下相结合的政务平台
		完善政务信息的安全保障体系
	互联网企业数据	加强政府与企业的信息共享
		监管互联网企业数据
		打击滥用用户信息的行为
	个人信息	保障个人信息数据安全
		建立个人信息纠纷的管理制度

流量类型	治理要素	治理措施
服务流量	公共服务	扩大公共服务规模
		提高公共服务效率
		促进公共服务均等化
		增强公共服务可及性
	私人服务	扩大私人服务的覆盖面
		提升私人服务的便利性
		提高私人服务的满意度
		增强私人服务的社会化程度

人口流量自然以人为核心，围绕着人口规模和流动展开。人口流量主要包括常住人口、流动人口和海外人口流量三个维度。作为超大型城市，深圳应在严控人口总量的基础上吸引城市发展所需的高层次人才，通过优化人口结构，完善不同人群管理措施等方式，变流量为发展"留量"。

交通流量涵盖陆海空等交通方式，以及人员、货物等。交通流量包括城市内部交通网络、交通枢纽和物流转运三个维度。如何提升物流转运的便利程度？如何发挥好深圳作为海陆空交通枢纽的功能？如何完善城市交通？这些问题的解决对促进流动要素的集散和合理配置城市资源具有重要意义。

金融流量是城市乃至区域经济发展的标志性要素，在国际化大都市的治理中占据重要地位。金融流量主要涉及（城市某阶段）的投资量、券商集聚度以及上市公司数量三个维度，同时金融业增加值占 GDP 的比重也是一个常用的衡量指标。深圳要进一步发挥好特区的区位优势和政策优势，推动金融创新，发挥好金融流量的作用，同时提高金融监管力度，保证金融安全。

信息流量是互联网时代流量的标志，其他流量在一定程度上都可以信息流量的形式呈现。数字政府、互联网企业数据、个人信息这三个维度，都为城市治理带来了新的机遇与挑战。深圳市要注重主动利用信息，在保障信息安全的前提下，以技术手段推动治理能力现代化进程。

服务流量是城市生活的主基调，城市的公共生活和私人活动很大程度上要围绕着服务展开。服务流量主要包括公共服务和私人服务两大维度。公共服务主要由政府和社会组织提供，主要考虑规模、效率、均等化和可及性等方面；私人服务主要由商业企业来提供，也会涉及公众日常生活的必需部分，主要从覆盖面、便利性、满意度、社会化程度等方面来考虑。

二 比较视野下深圳城市流量的优劣

在前述研究的基础上，本书将深圳市与国际、国内主要流量城市进行比较，可以发现深圳流量城市治理的优劣主要体现为以下几点。

（一）人口流量有优势，公共服务有压力

深圳人口流量方面的优势在于人口增长迅速，为经济发展提供了强有力的支持，同时流动人口多于户籍人口，有助于增加城市活力。与世界五个都市相比，深圳的人口数量比纽约、伦敦、新加坡和法兰克福都要多几倍，只比东京都市圈少。这种人口的优势除了中国人口总量大这个客观因素外，还有城市管辖范围上的差异，总体上这种比较意义不大。与国内五个主要城市相比，深圳的人口总量也仅比杭州和香港多，排在上海、北京和成都之后，居第四位，其最大的特点在于流动人口数多于户籍人口数，是六大城市中唯一的。深圳的劣势在于，人口承载能力因地域面积和地理位置等因素而受限，与部分城市在人口总量上还存在一定的差距；流动人口过多给城市管理和公共服务带来一定的压力；人才储备和人才吸引力虽然在不断增强，但与世界主要城市相比还存在一定的差距。

（二）货运流量居前列，交通流量不占优

交通流量方面，深圳在港口货运量方面有相对优势，同时城市交通能力因城市规划的不断完善而逐步提升。根据麦肯锡全球城市流量排行，深圳的港口货物流量居世界第三（2016年），在国际主要城市中仅落后于新加坡，在国内城市中仅落后于上海；而在空港人员、货物和服务流方面，深圳不仅落后于伦敦、东京、新加坡，也落后于北京、香港和上海。深圳作为地域相对较小的特大城市，交通流量及其治理存在天然的不足，沿海狭长的地理位置给城市交通治理增添了压力，铁路交通运输在客运、

货运两方面都存在一定的差距。

（三）金融流量有优点，安全因素是关键

金融流量方面，深圳与国际金融中心纽约、伦敦、东京等城市的差距较明显，与北京、上海、香港也存在一定的差距。根据麦肯锡全球城市流量排行，深圳的资金流排世界第 23 位（2016 年），落后于伦敦、纽约、新加坡、东京等国际金融中心，也落后于香港和上海。即使是在本书所使用的金融业增加值占全市 GDP 比重这一指标，深圳也在香港、北京和上海之后，位居第四。当然，深圳作为经济快速增长的"快节奏"城市，其资金总量可能还不如一些金融中心和大都市，但其资金周转速度比较快，从而为整个城市带来比较多的现金流。从服务经济发展、促进国际交流的角度，深圳的金融流量治理首先是吸引和增加流量，在此基础上提高质量，同时增强国家金融安全。

（四）信息流量增长快，创先争优需努力

在信息流量方面，得益于政府规划和支持以及新技术产业的快速发展等因素，深圳具有相对比较明显的优势。这种相对优势更多体现在与国内主要城市的比较上，比如在数字经济增加值占 GDP 的比重方面，深圳居国内主要城市首位；其数字政府建设和政务服务流量也居前列。根据《中国城市数字经济发展报告（2021）》的评估结果，深圳在核心数字产业和数字政策环境方面都领先于北京、上海、杭州等地，位居全国第一；但数字创新要素和数字基础设施都落后于北京和上海。但从全球范围看，根据麦肯锡全球城市流量排行，法兰克福、伦敦、纽约、新加坡和东京的信息流都位居全球前 12，国内只有香港地区位居前 12（2016年）。另外，在信息治理精细化、培养龙头信息技术企业、保障信息安全等方面，深圳同样面对较大挑战。

（五）商业服务领先，公共服务须拓展

在服务流量方面，深圳的优势在于商业信息发达，政务服务信息起步较早，信息利用率相对较高。比如，深圳的第三产业增加值在国内主要城市中仅低于北京和上海；另外一个能反映服务业发展趋势的指标是快件业务量，深圳 2021 年达到 59.8 亿件，位居国内主要城市之首。但在商业信息的公益化、公共服务和政务信息的流动与共享、个人信息安全保障以及信息存储服务等方面，还需要更深入的探索和进一步完善。

三　深圳流量城市治理的经验借鉴

国际和国内具有显著流量特点的城市的治理措施，为深圳率先建设流量城市提供了不同层面的经验借鉴。虽然这些城市在发展中不一定都明确为流量城市，但它们在五大主要城市流量方面各具特色，其城市治理也都有可取之处，值得借鉴。

总结国际、国内主要城市在流量治理方面的经验，它们为深圳提供的借鉴主要为以下几点。

（一）流量城市建设应突出优势

鉴于流量城市是一个全新的概念，其判断标准也处于发展和完善之中，其中一个显著的现象是，并不是五大流量都居于前列才能成为流量城市，多数城市会在某几个流量方面表现突出。这也启示着流量城市建设应该因应形势，突出优势，而不必追求全面发展。对深圳而言，要想在五大流量方面都有突出表现，并不是很现实，故根据自身情况突出优势因素，并补足短板，是可行之路。目前来看，深圳的优势在于人口流量和信息流量，这也是五大流量中最关键的因素。深圳需要在这些领域做出更为积极的探索，将流量转化为城市发展的资本。

（二）流量城市治理能力现代化的关键是以人为中心

城市流量虽然来自多个方面，但流量城市治理需要围绕人这个中心展开。这包括两层含义：一是人是流量城市治理的基础，没有人作为基础，其他流量要么就不存在，要么就显示不出其价值。二是流量城市治理要为人服务。人是城市的关键，城市治理如果不能为人带来积极价值，不能增进人们的美好生活，不能促进人的发展，就失去了根本方向。综观国际、国内主要城市的治理措施及其结果，人的需要和发展都是它们的终极价值追求。

（三）流量城市治理要充分体现发展性

流量城市本身就是城市发展中的新形态，是后工业化时代以信息化为基础的综合性城市变革，故流量城市治理必然要具有前瞻性和发展性。一方面，要顺应城市流量的发展变化。信息时代各种变化可谓白驹过隙，流量城市治理不能固守传统城市发展的定式，要以开放的姿态接纳各种流量的发展变化，将流量作为城市发展新的推动力。另一方面，流量城市治理要引领城市发展。流量城市治理要将汇聚于城市的各种流量组合调动起来，在一定的政策措施下，实现城市发展的目标和价值。简单地说，流量要为城市治理带来正向功能，而不能为城市治理减分。比如，网红城市以网络信息流量为基础，确实能够增加城市的曝光度和知名度，但也有可能给城市造成负面形象，要慎重引流。

（四）流量城市治理要注重规划

城市的各种流量一般都是自然形成的，人为因素往往达不到预期效果，但流量城市治理对规划也有很高的要求。正如现代城市发展要规划先行一样，流量城市治理也需要对流量的管理、应用等做出详尽的规划，尽可能将流量的效用最大化。综观国际、国内主要城市的发展过程，交通、信息、金融等各种流量的相关规划都是明确存在并发挥着积极作用的，深圳在流量城市治理进程中要进一步完善相关规划，力争率先实现流量城市治理能力现代化。

（五）准确把握各领域流量治理的侧重点，突出自身优势

人口流量治理现代化要侧重于流量变"留量"。人是现代化的基础，流量城市也以人口流量为要素之一。深圳的人口结构中，常住人口甚至少于流动人口，这种人口结构有其优势，但也有其问题。如何将流动人口留下来，将流量变成红利，是需要面对的现实问题。深圳还需要进一步改善人口结构，使人口的年龄结构更均衡。

金融流量治理现代化侧重于增加资金的流动性。深圳要进一步加快金融中心建设的步伐，争取在金融流量上更具优势；更重要的是，深圳要利用城市活力强、流动性快的优势，加快资金的流动速度，以流动速度弥补资金总量上的不足。

交通流量治理现代化的重点是增速保质。深圳的交通流量并没有显著的优势，从流量城市的角度需要进一步增加交通流量，包括港口、机场、铁路等客货流量都有增加的空间。同时，要注意交通流量对城市治理现代化的"双刃剑"效果，公共交通等流量的增长可能会给城市治理现代化带来成倍的压力。

信息流量治理现代化要立足于快和稳。在全球信息化都飞速发展的背景下，深圳要紧跟潮流，将传统流量信息化，以信息流量作为流量城市治理的基础性支撑；同时，信息流量治理必须坚持安全原则，政府信

息、商业信息和个人信息都必须保证安全，不能为了信息化而信息化。

　　服务流量治理现代化要以融合为重点。在公共服务和商业服务都快速增长的情况下，要思考服务流量化的对策，以便更好地为社会公众提供有效服务；同时，针对公共服务和商业服务界限分明的情况，要谋划服务流量融合的合理途径，以便两种服务流量相互促进，进一步提高服务质量。

第 三 章

人口流量超大型城市的治理
评估与挑战分析

　　无人口便无流量，人是所有流量的载体。在流量城市诸要素中，人口流量是最根本的要素，也是金融、交通和信息等其他流量的基础。所谓"人口流量超大型城市"，一是指常住人口规模超过千万人的城市，如北京、上海、广州等；二是指人口流动频繁且规模大的城市，比如从民用运输机场吞吐量来看，北京、上海、广州等城市的运输机场旅客吞吐量均达到了千万人次。据此来看，深圳是一座典型的"人口流量超大型城市"，在人口规模上，深圳市常住人口已达 1768.16 万人，[①] 占广东省常住人口数的 13.94%；[②] 在人口流动方面，深圳宝安机场 2022 年的旅客吞吐量为 2156 万人次，位居全国第三。[③] 作为我国改革开放的"桥头堡"，深圳之所以能够从改革开放初期的一个小渔村成长为世界级城市，不断涌入的人力资源正是其中一个关键要素。

　　超大人口流量对于优化深圳市城市空间治理体系的挑战，主要反映为物理空间和社会空间两个层面。其中，物理空间主要反映为超大的人口流量与狭小的行政区划，社会空间主要反映为市场经济条件下的居住空间失衡现象。进一步来看，无论是超大人口流量本身带来的治理挑战，还是由此引发的城市空间治理问题，最终都主要反映在基层。因此，在

---

① 数据来源：《深圳统计年鉴 2022》。

② 数据来源：依据《广东统计年鉴 2022》和《深圳统计年鉴 2022》计算得出。

③ 《2022 年全国民用运输机场生产统计公报》，中国民用航空局网站（http://www.caac. gov. cn/XXGK/XXGK/TJSJ/202303/t20230317_217609. html），访问日期：2023 年 4 月 1 日。

城市治理数字化转型的背景下，如何持续有效地吸引各类人才和管理与服务好实有人口，破解人口大量增长对深圳市物理空间、社会空间和基层治理带来的挑战和难题，并推动作为流量城市大规模、强流动根源的人口流量治理现代化，将会成为深圳打造现代城市治理体系和风险防控体系的关键环节，也是推动共同富裕、完成建设中国特色社会主义先行示范区战略任务的必然要求。

第一节 深圳市人口流量治理导向变迁

人口是社会运行和社会经济发展的主体和基础，对于延缓或提升生产力发展水平具有重大影响。在我国，一定程度上正是人口红利创造了改革开放以来高速增长的经济奇迹。[①] 从近代以来城市化演进的基本规律来看，快速推进的城市化通常会导致各类城市，尤其是大中城市人口规模的急速扩张。我国改革开放以来的城镇化实践也已经证明：不宜将城市的人口规模作为制定城镇化战略的主要依据。尤其是近年来，国内大中城市纷纷上演的"抢人"大潮更是与中小城市普遍面临的发展"收缩"局面，形成鲜明的对比。这在一定程度上可以被视为我国新型城镇化发展的一个重要节点：现阶段的城市化进程已经开始步入一个重要的阶段，即以超大城市和区域中心城市为中心的都市圈扩张阶段，同时也更加强调发挥人才尤其是高素质人才对于城市高质量发展的驱动与支撑作用，即从"人口红利"过渡到"人才红利"。鉴于此，本节将首先对深圳市人口流量的基本特征和未来发展趋势进行总结和分析，继而以人口流量变化态势为基础，对深圳市人口流量治理策略及主要经验进行归纳提炼，并对作为城市人口流量治理重要组成部分的人才政策进行系统梳理，最后提出数字化转型背景下深圳市人口流量治理的优化策略导向。

---

① 蔡昉：《人口转变、人口红利与经济增长可持续性——兼论充分就业如何促进经济增长》，《人口研究》2004 年第 2 期。

一 深圳市人口流量的基本特征和未来发展趋势

（一）深圳市人口流量的基本特征

根据深圳市第六次、第七次全国人口普查公报和《深圳统计年鉴2022》，① 深圳市现有人口流量呈现出以下基本特征。

第一，深圳在较短时期内经历了爆发性的人口增长。深圳市作为一个快速极化的增长区域，② 其常住人口在 2021 年已达到 1768.16 万人，是 1979 年常住人口总数的约 56 倍，年平均增长速度为 10.1%。尤其是在 20 世纪 80 年代至 90 年代末，深圳市常住人口迎来爆发性增长，"八五"时期（1991—1995）甚至年平均增长速度达 21.8%。从城区人口规模来看，目前深圳已成为我国仅次于京沪的第三大城市。（见图 3-1）

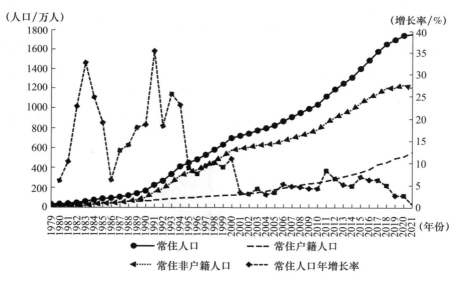

图 3-1 1979—2021 年深圳市人口增长情况

数据来源：《深圳统计年鉴 2022》。

---

① 注：如无特殊说明，本节数据均源于深圳市第六次、第七次全国人口普查公报和《深圳统计年鉴 2022》。

② 王爱民、尹向东：《城市化地区多目标约束下的适度人口探析——以深圳为例》，《中山大学学报》（自然科学版）2006 年第 1 期。

第二，流动人口（常住非户籍人口）是深圳市人口增长的主要动力。从人口数据来看，深圳市流动人口自改革开放以来整体上呈现逐年增长趋势，2020年为最高峰，总计达1243.87万人，占常住人口的比重为70.8%，流动人口已成为深圳市常住人口的主要组成部分。比较而言，2020年北京、上海、广州三地的相应比重分别为38.5%[①]、42.1%[②]、50.2%[③]，这表明深圳相对其他一线城市，对流动人口的吸引力更强。可见，深圳的建设发展广泛吸纳了来自全国乃至全球的人力资源，是我国依靠劳动力要素自由流动收获经济红利的典型代表。

第三，人口年龄构成呈现"两头增加、中间减少"态势，但人口红利仍在继续保持。根据深圳市第七次全国人口普查公报，在深圳市常住人口中，0—14岁人口为265.34万人，15—59岁人口为1396.60万人，60岁及以上人口为94.07万人，分别占比15.11%、79.53%和5.36%（见图3-2）。其中在60岁及以上人口中，65岁及以上人口为56.52万人，占比3.22%。与2010年比，0—14岁人口的比重提高了5.14个百分点，15—59岁人口的比重下降了7.5个百分点，60岁及以上人口的比重提高了2.36个百分点，65岁及以上人口的比重提高了1.39个百分点，呈现出"两头增加、中间减少"态势。虽然深圳15—59岁的人口比重有

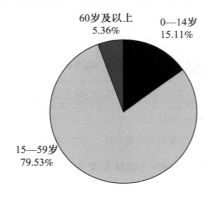

图3-2 深圳市人口年龄构成

数据来源：深圳市第七次全国人口普查公报。

---

① 数据来源：北京市第七次全国人口普查公报。
② 数据来源：上海市第七次全国人口普查主要数据公报。
③ 数据来源：根据广州市第七次全国人口普查公报主要数据计算得出。

所下降，但仍然比全国同一比重高 16.18 个百分点，比广东省同一比重高 10.73 个百分点，表明深圳依然"年轻"，仍处于人口红利期。①

第四，人口受教育程度有较大提高，人口素质不断提升。在深圳市常住人口中，拥有大学（指大专及以上）文化程度的人口为 506.59 万人；拥有高中（含中专）文化程度的人口为 363.41 万人；拥有初中文化程度的人口为 548.22 万人；拥有小学文化程度的人口为 202.15 万人。② 与 2010 年相比，15 岁及以上人口的平均受教育年限由 10.91 年提高至 11.86 年，每 10 万人中拥有大学文化程度的人数由 17545 人上升为 28849 人，表明深圳市在人口受教育程度有较大幅度提高的同时，人才队伍规模也在不断扩大，人口素质和人才红利均不断提升。

第五，人口性别比存在一定的失衡。根据深圳市第七次人口普查公报，在深圳市常住人口中，男性人口与女性人口分别为 966.52 万人和 789.48 万人，总人口性别比由 2010 年深圳市第六次全国人口普查的 118.23 上升为 122.43（见图 3-3）。结合人口普查数据可以发现，在 2000 年之前，深圳市常住人口一直是"女多男少"，但自 2000 年之后，人口性别比逐年提高，呈现出"男多女少"的失衡状态。在光明、坪山、大鹏、龙华等区，人口性别比均在 130 以上，不过这与其正处于基础设施兴建时期，施工人员以男性为主有关。作为一个"移民"城市，深圳市

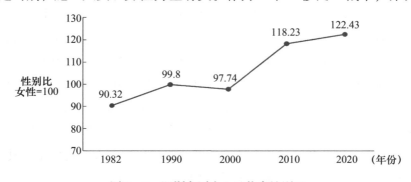

图 3-3 深圳市历次人口普查性别比

数据来源：深圳市历次人口普查公报。

---

① 《深圳市第七次全国人口普查主要数据解读》，深圳统计（http://tjj.sz.gov.cn/ztzl/zt/szsdqcqgrkpc/szrp/content/post_9138049.html），访问日期：2023 年 7 月 1 日。

② 这里所述的各种受教育程度的人口包括各类学校的毕业生、肄业生和在校生。

非深圳户籍人口中男性占比逐步上升，性别比在 2020 年已达到 133.1,①而同期深圳户籍人口（不含深汕特别合作区）性别比则为 98.75,②呈"女多男少"趋势，表明深圳市人口性别比提高主要受市外流入人口性别失衡影响。

（二）深圳市人口流量的未来发展趋势

结合上述深圳市人口流量的基本特征和相关数据，深圳市人口流量发展呈现出以下新趋势。

其一，人口总数将继续平稳增长，户籍人口占比将逐步上升。从近些年的深圳市人口流量数据来看，深圳市常住人口的增长速度逐渐趋于平稳，同时户籍人口占比逐年上升，已从 2017 年的 20.13% 上升到 2021 年的 29.99%。③这与户籍制度改革背景下深圳市所实施的较为宽松的落户政策有关。比如在 2017 年，深圳市放宽入户条件，人才入户不再受指标数量限制，且 35 岁以下全日制大专学历以上并且在深圳有工作、有社保的市民可以直接入户，2023 年，深圳市将《深圳市积分入户办法（试行）》修订为正式文件，在确保政策延续性的基础上继续为在深圳稳定就业和生活的常住人口的市民化提供保障。需要看到，与同为人口流量超大型城市的北京、上海相比，深圳市户籍人口占比仍未达到 40%，在较为宽松的户籍政策背景下，未来增长空间依然较大。

其二，区域一体化发展格局逐步实现，原特区外地区人口增长迅速。根据深圳市第七次全国人口普查公报，深圳市常住人口超过 200 万人的区为宝安、龙岗和龙华，合计占全市人口比重的 62.55%。与 2010 年相比，人口增加较多的区为龙岗、宝安、龙华、南山和光明，分别增加了 209.46 万人、183.76 万人、114.94 万人、70.75 万人和 61.44 万人。除南山区外，其他四个区均是原特区外地区。这表明，随着深圳城市基础设施的完善，以及各区域社会经济发展的逐步协调，人口也发生了转移，不再仅仅集中于福田、罗湖等原特区内地区，原特区外地区也吸引了大量的人口流入。预计随着组团式、多中心城市规划布局的推进，以及城

---

① 数据来源：2022 年 7 月 15 日在深圳市委政法委处调研所得资料。
② 数据来源：《2020 年深圳市社会性别统计报告》。
③ 数据来源：2022 年 7 月 15 日在深圳市委政法委处调研所得资料。

市规划理念从经济导向向全面发展的转变，原特区外地区人口流量在未来一段时间内仍将保持一定增长趋势。

其三，在继续保持人口红利的同时，人才红利也在加快形成。近年来，深圳市先后印发《关于实施引进海外高层次人才"孔雀计划"的意见》《关于促进人才优先发展的若干措施》《深圳市人才引进实施办法》《深圳青年创新创业人才选拔扶持实施方案》《深圳市高技能人才创新培养计划重点项目实施方案》等一系列政策文件，高度重视人才引进和培育等工作。在"十三五"期间，深圳市新引进人才 120 万人，在深全职院士增加到 61 人，高层次人才超 1.9 万名，留学回国人员近 17 万名。[①] 这表明，深圳市正在促进将人口红利转化为人才红利，强调通过释放人才红利来推动深圳经济的转型升级和稳步发展。

其四，人口老龄化有加快趋势，人口生育意愿呈现较为明显的下滑趋势。按照 60 岁及以上人口占比 10% 及以上即达到老龄社会的国际标准，深圳尚未进入老龄化社会。但需要注意的是，根据预测，2029 年深圳 60 岁及以上常住老年人口将达到 149 万人，占总人口的 10.52%，届时深圳将正式步入老龄化社会，[②] 未来无疑需要对养老问题加强关注。同时，深圳市一孩率从 2013 年的 79.73% 下降至 2020 年的 49.2%，二孩率在实行全面"两孩"政策后虽有所提升，达至 2017 年的 54.6%，但随后也呈逐年下降趋势，2020 年已下降至 43.8%，[③] 表明深圳民众整体生育意愿较为冷淡，这同样需要引起重视。

二　深圳市人口流量治理导向变迁

自改革开放始，深圳常住人口快速增长，虽然为产业发展和转型升级、新旧动能转换提供了充足的劳动力要素，但巨大的人口流量也给深圳市人口治理提出了诸多难题和考验。可以说，深圳的发展历程不仅仅是一部"移民史"，更是一部"人口治理史"。根据不同时期的人口流量变化态势，深圳因时制宜，采取不同的治理策略，并由此形成了各时期

---

① 刘传书：《深圳：创造让世界刮目相看的奇迹》，《科技日报》2021 年 6 月 2 日第 8 版。
② 陈宏胜、胡雅雯、崔敬壮、陈雁红、蔡一丹：《迈向"老龄友好"：深圳适老型城市发展经验与规划对策》，《规划师》2023 年第 1 期。
③ 数据来源：《深圳统计年鉴 2021》。

特征突出的人口流量治理导向。

以 2000 年和 2011 年为节点，可将深圳的人口流量变化态势分为三个阶段：首先，从特区成立至 2000 年，深圳市人口高速增长，流动人口大量涌入，这一阶段主要采取以治安管控为导向的流动人口管理措施；其次，2001—2011 年，深圳人口迎来平稳增长，波动性较小，这一阶段主要采取以管理与服务并重为导向的精细化治理；最后，从 2012 年至今，深圳人口继续平稳增长，但年增长率整体呈现下降趋势，人口增速逐渐放缓，这一阶段主要采取以数字化治理为导向的韧性城市建设措施（见图 3－4）。

图 3－4　深圳市不同时期人口流量变化态势与治理导向

（一）特区成立至 2000 年：以治安管控为导向的人口管理阶段

在这一阶段，得益于特区经济的快速发展，如"三来一补"企业在深圳遍地开花，吸引了大量外来人口，促使深圳人口流量保持高速增长态势。但大量的外来人口涌入也造成了"实际管理服务人口、常住人口和户籍人口严重倒挂"①，带来了一系列问题，如基础设施配套不足和社会治安问题等。因此，在这一时期，加强对流动人口的治安管控成为政府的工作重点。

而延续计划经济时期的人口管控思路，"以证管人"成为深圳市的主要工作方法和思路。具体而言，流动人口进入深圳需要办理边防证、暂

---

① 章平、魏欣、刘启超：《城市化中的土地和人口治理——深圳经验解析》，《开放导报》2018 年第 5 期。

住证、外出务工证、计划生育证等多种证件，并被收取暂住人口管理费和各种证件费用。[①] 以非深户籍人口进入深圳特区所必需的边防证为例，其办理需要经过单位政审、派出所核查、公安局办证三个程序，如果没有单位，还需要经过街道居委会审查，申请手续非常复杂，在办理成功后，还应随身携带，以防随时抽查。[②] 对于进入特区的流动人口，其管理大致可分为"入关""住宿"和"务工"三方面。[③] 在"入关"方面，由深圳市边防武警依托"深圳经济特区管理线"进行检查，[④] 以阻止大量无证人员进入特区；在"住宿"方面，则由公安机关负责，主要是处理辖区内暂住人员户口管理的日常工作，如审核申办暂住证的资料、依法查验暂住证件、对居留人员进行登记管理等；在"务工"方面，由劳动部门负责，主要是进行违反劳动用工检查及保护劳工合法权益等。对于违反规定的外来人员，则采取收容、遣送、罚款等方式。与"以证管人"的方法和思路相适应，深圳市相继出台了《深圳经济特区与内地之间人员往来管理规定》《深圳经济特区暂住人员户口管理条例》等法律法规。

为进一步应对庞大外来人口流量所带来的社会治安问题，深圳市在正式警力之外还组建了"暂住户口协管员"队伍和治安队。前者负责协助民警进行流动人口的管理工作，后者作为村（居）民委员会组建的群众性组织，则负责协助公安机关维护社会治安。虽然协管员队伍和治安队在一定程度上弥补了正式警力不足的问题，但同时也带来了执法随意、贪污受贿、敲诈勒索等违法违纪问题，导致流动人口的合法权益屡屡受到侵犯。总体来看，这一阶段面对短时期内涌入的大量外来人口，深圳市沿用计划经济时代人口管理模式，以维护城市社会治安为目标，采用"以证管人"的主要人口管理方式，方法简单粗暴且成本巨大，乃至最终

① 汪建华、刘文斌：《深圳流动人口治理的历史演变与经验》，《文化纵横》2018 年第 2 期。

② 林涛：《快看！1980 年的边防证长这样》，《深圳晚报》2020 年 7 月 27 日第 A02 版。

③ 郑党贞：《深圳特区暂住人口管理探讨》，《特区经济》1993 年第 9 期。

④ 为更好地管理深圳特区，1982 年国务院批准在深圳特区和非特区之间设立"深圳经济特区管理线"，东起盐田区梅沙背仔角，西至宝安区南头安乐，沿线全部设有铁丝网，并设有 10 个检查站，从而把深圳分为特区内（关内）和特区外（关外），因此，进入深圳特区又被称为"入关"。参见《深圳经济特区管理线是条什么线？撤销了会怎样？》，澎湃新闻网（https://www.thepaper.cn/newsDetail_forward_1952391），访问日期：2022 年 8 月 1 日。

演化为政府管理人员同外来人口之间的一场"猫捉老鼠"的游戏，难以取得良好的治理效果。①

（二）2001—2011 年：管理与服务并重的精细化治理阶段

相比于上一阶段，这一阶段深圳的人口增幅明显下降，进入平稳增长阶段。其原因在于，从 20 世纪 90 年代末开始，深圳便着手进行产业结构调整。一方面对原有的"三来一补"企业实行转移、升级、转型的方针，另一方面则大力引进和发展高新技术产业。进入 21 世纪，尤其是在 2008 年广东省提出"腾笼换鸟"战略后，深圳市进一步加大了产业转移力度。随着劳动密集型、资源型等产业的不断迁出和调整，外来人口增长逐渐变缓，常住人口增长幅度也随之下降。但与此同时，深圳人口总量仍十分庞大，在 2005 年已逾 800 万人，其流动人口在国内各大城市中规模最大、密度最高、流动也最频繁，引发了劳资纠纷、子女入学、就医就业、社会保障等诸多社会问题。② 因此，与产业结构优化升级相伴随，深圳市这一时期在建设"服务型政府"的宏观治理导向下，逐渐摒弃过去粗放式的人口管理方式和手段，采取了一系列管理与服务并重的精细化人口流量治理措施。

首先，加强了人口流量治理工作的组织领导，并明确了人口管理工作原则。以往，深圳市人口管理工作"政出多门"现象突出，公安、工商、劳动、计生、民政、城管等部门对于流动人口均有各自相应的管理规定，严重影响了治理效能。鉴于此，深圳于 2004 年组建市人口工作领导小组，以加强对全市人口管理工作的统一领导，承担审议全市人口发展政策、调整和监督人才引进政策和劳动用工政策、研究提出与社会经济协调发展的人口管理相关措施、协调属地政府间和相关职能部门间在制定与实施人口政策方面的关系等职责。③ 在市人口工作领导小组成立一年后，深圳市便发布了由其牵头，公安、民政等多个部门参与制定的《深圳市关于加强和完善人口管理工作的若干意见》，以及与之配套的 5

---

① 徐志青：《从社会分层看深圳人口的调控与管理》，《特区实践与理论》2009 年第 5 期。

② 《深圳 6 项政策遏制外来人口》，新浪网（https：//news. sina. com. cn/c/2005 - 07 - 31/04046570690s. shtml），访问日期：2022 年 8 月 1 日。

③ 《成立深圳市人口工作领导小组》，深圳政府在线（http：//www. sz. gov. cn/zfgb/2004/gb410/content/post_4949603. html），访问日期：2022 年 8 月 1 日。

个文件,① 旨在为流动人口的管理与服务提供系统化、制度化的规定。其中,《深圳市关于加强和完善人口管理工作的若干意见》明确提出了加强和完善人口管理的四项工作原则,即人口发展与人口调控相结合原则、人口管理与人口服务相结合原则、人口管理与产业结构调整升级相结合原则、人口管理与城市综合管理和建设和谐社区有机结合原则。

　　其次,坚持寓管理于服务之中,以服务体现管理,通过"以证管人"和"以房管人"来实现对流动人口的管理与服务。就"以证管人"而言,在2003 年因孙志刚事件收容遣送制度被废除后,暂住证强制性的法律依托便不复存在,对流动人口的管控力也随之消退。基于这一现实背景,深圳市于2008 年出台《深圳市居住证暂行办法》,开始全面推行居住证制度,流动人口持证可在深圳享有一系列与户籍人口基本相当的公共服务,包括子女能够在深圳接受义务教育、个人可以购买深圳市"五险一金"、可以申请租房补贴、可以享受公共就业服务等。截至2010 年6 月,深圳市已累计办理居住证1148万张,② 通过"1 +3 +N"信息化应用系统将流动人口就业登记、居住证申办、居住登记三个信息采集入口融为一体,并与劳动就业和房屋租赁信息挂钩,构建了落地化、动态化、精细化的流动人口服务管理体系。③

　　在"以房管人"方面,深圳市于2003 年底设立隶属于综治部门的市、区、街道、社区四级流动人口和出租屋综合管理机构,并组建了一支1.6 万余人的出租屋管理员(综合协管员)队伍,④ 专门负责流动人口和出租屋管理服务工作。2007 年,市流动人口和出租屋综合管理办公室开始实施出租屋编码卡制度,对全市范围内的所有房屋进行普查登记,对房屋进行编码、信息采集、系统录入和信息核对等,⑤ 并借助

---

　　① 包括《深圳市户籍迁入若干规定(试行)》《深圳市暂住人口证件和居住管理办法(试行)》《深圳市暂住人口就业管理办法(试行)》《深圳市流动人口计划生育工作管理办法(试行)》《深圳市暂住人口子女接受义务教育管理办法(试行)》。

　　② 《深圳大事记:户籍破冰　全面推进居住证制度》,搜狐新闻(http://news.sohu.com/20100906/n274736464.shtml),访问日期:2022 年8 月1 日。

　　③ 《深圳办大运:一体化迎新契机　九万里风鹏正举》,光明网(https://topics.gmw.cn/2011 –03/29/content_1766000.htm),访问日期:2022 年8 月1 日。

　　④ 许跃芝、李万祥:《精细　规范　便捷——看深圳如何创新流动人口管理模式》,《经济日报》2013 年4 月1 日第15 版。

　　⑤ 《深圳租赁房占住房面积一半　出租屋有了"身份证"》,中新网(http://www.chinanews.com.cn/estate/gdls/news/2008/11 –17/1452070.shtml),访问日期:2022 年8 月1 日。

流动人口和出租屋信息管理系统将收集的实有人口信息及时传递给公安等相关部门,[①] 推动"以房管人"和"以证管人"相结合。同时,深圳市还通过推行"旅业式""物业式""单位自管式""散居包片式"和"院区围合式"五种出租屋管理模式来强化对流动人口的管理与服务。以"物业式"管理模式为例,其主要是指在实行物业化管理的住宅小区,由物业管理公司(管理处)依法承担出租屋和暂住人员协管的责任,并按照统一规定和要求对出租屋和暂住人员实施长效管理措施。[②]

此外,深圳市还通过其他创新性举措来推动对深圳人口尤其是流动人口的精细化管理与服务。比如探索成立社区服务中心,为社区居民提供各种公益性与福利性服务,包括社区图书馆、理发店、单车修理、饮用水配送、家政服务、居家养老服务等;[③] 又比如通过在流动人口中建立计划生育协会来开展"生产、生活、生育"服务,在增强流动人口对所属社区归属感和认同感的同时也完善了对其的管理与服务。[④]

(三)2012 年至今:基于数字化治理的韧性城市建设阶段

从 2012 年至今,深圳市人口总量继续平稳增长,但年增长率整体呈现下降趋势,人口增速逐渐放缓,尤其是在 2015 年至 2021 年这一时期,人口增速持续下降较为明显。但不可忽视的是,这一阶段深圳市经济总量持续增长,经济活力日益增强,作为改革开放的排头兵仍吸引了大量流动人口,其数量从 2012 年的 908. 23 万人上升到了 2021 年的 1211. 77 万人,同时也在这一阶段沉淀了大量常住人口,其总量在 2019 年已正式突破 1700 万人。作为拥有如此海量人口的超大型城市,因人口流量大、密度高、流动频繁、异质性强而极易产生公共安全、环境污染、社会稳定、信息孤岛等各类复杂治理问题,应对稍有不慎,便易诱发和加剧社会矛盾风险,从而使城市运行处于一种高风险状态。面对上述治理场景,深圳市在这一阶段充分发挥自身科技优势,采取了诸多以数字化治理为

---

① 王礼鹏:《超大城市有效治理的探索与案例》,《国家治理》2017 年第 35 期。

② 米鹏民、张妍:《出租屋管理为社区和谐破题》, 《深圳商报》2006 年 3 月 6 日第 A05 版。

③ 《深圳首家社区服务中心挂牌运行》,搜狐新闻(http://news. sohu. com/20061122/ n246538344. shtml),访问日期:2022 年 8 月 1 日。

④ 刘爽:《以人为本 制度创新——对深圳建立城市流动人口计生协经验的思考》,《人口学刊》2001 年第 1 期。

导向的韧性城市建设措施，探索推动大数据、人工智能等新兴信息技术赋能城市人口流量治理，在风险识别、风险预警与防控、信息共享、流量趋势研判、统筹规划等方面全面提升人口流量治理的智能化水平，以增强自身面对社会人口压力的长期适应性、可恢复力和可持续发展能力。

其中，打造"织网工程"便是这一治理导向下的首要措施。2012 年，深圳市在前期摸爬探索的基础上正式发布《深圳市社会建设"织网工程"综合信息系统建设工作方案》，提出以"一库一队伍，两网两系统"为基本架构，[①] 建设覆盖市、区、街道、社区四级的"织网工程"综合信息系统（见图 3-5），旨在利用大数据厘清人口、法人、房屋等城市治理基本要素，实现信息资源的共享共用和互联互通，以加强对社会风险的感知力和化解力。具体而言，其主要从建设全市统一的公共信息资源库、推行社区网格化管理、搭建社会治理协同工作平台、推动社区家园网全覆盖、建设社区综合信息采集系统、构建决策分析应用支撑平台六个方面展开。[②] 以社区网格化管理为例，深圳市在科学划分社区基础网格的基础上，整合原有出租屋、计生、城管等部门从事基础信息采集的人员，组建了一支统一采集、统一管理、统一考核的网格信息员队伍，并构建起"定格定责、采办分离"的网格化工作模式，以实现人口等基础信息和矛盾纠纷等事件信息的及时传递、共享和更新。2013 年，深圳市发布《关于全面推进社会建设"织网工程"的实施方案（试行）》，开始在全市范围内推广"织网工程"建设。至 2016 年，"织网工程"公共信息资源库已联通 10 个区和 23 家市直部门，导入公安、教育、卫生计生等部门业务数据达 13 亿条，且通过自动清洗比对关联 1800 多万人口、100 多万法人、1000 多万间房屋的信息，[③] 实现了人口流量要素信息的清晰化以及以此为基础的公共服务的优化加强。以"织网工程"公共信息资源库为例，每位深圳人的出生日期、父母信息、籍贯、何时调入深圳、现有工作地

---

① 具体指公共信息资源库，网格信息员队伍，社会管理工作网、社区家园网，社区综合信息采集系统和决策分析支持系统。

② 杨丽萍：《数据多跑腿　百姓少跑路　深圳推进"织网工程"探索城市治理新路径》，《深圳特区报》2016 年 4 月 27 日第 A01 版。

③ 尹栾玉：《协同治理视域下政府公共服务职能重构——以深圳"织网工程"为例》，《北京师范大学学报》（社会科学版）2016 年第 2 期。

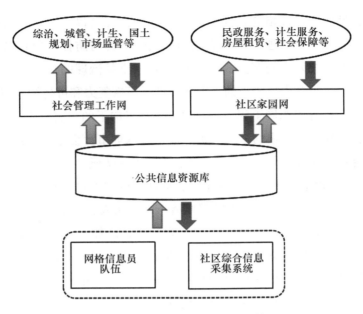

图 3 - 5 "织网工程"基本架构

数据来源：李秀峰等《深圳"织网工程"：创新社会治理的新标本》，《行政管理改革》
2014 年第 10 期（引用时有改动）。

点、住所等信息在其中均有据可查，目前政府相关职能部门基于此数据库已在积分入学、居住证办理、房屋租赁合同登记备案等方面进行了二次开发应用，并取得初步成效。[1]

与"织网工程"同时起步的还有深圳智慧城市建设。2013 年，深圳市成为全国首批 90 个国家智慧城市试点之一，2018 年，深圳市发布《深圳市新型智慧城市建设总体方案》，提出要建成"国家新型智慧城市标杆市"，在 2020 年实现"一图全面感知、一号走遍深圳、一键可知全局、一体运行联动、一站创新创业、一屏智享生活"的"六个一"发展目标。目前来看，深圳智慧城市建设在提升公共服务质量和城市治理能力的同时，也相应提升了人口流量治理的信息化、智能化和协同化水平。以统一地址规范标准建设为例，根据其建设要求，深圳对全市 60 多万栋建筑

---

[1] 刘姝媚：《深圳推进"织网工程"探索城市治理新路径 用"大数据"服务城市治理和社会管理》，《深圳晚报》2017 年 9 月 11 日第 A06 版。

物和 1100 多万间（套）房屋赋予二维码，建立了全市统一的地址基础
库，各类房屋信息不断汇聚到统一地址库进行清洗关联比对，形成了权
威准确的地址信息。[①] 这一标准建设将空间治理与社会治理深度融合，通
过将房屋地址码（空间地理信息）作为载体，可融入人、事、物等社会
管理要素，进而在不同的管理层级和辖区打造"块数据"，一方面可提升
社会治理的精准化、智能化水平，另一方面也可解决"由于缺乏完整的
标准地址库认证，存在录入地址不规范、不合法的情况，以房管人难以
落地"的人口治理窘境。[②]

三　深圳市人才政策的发展变迁

城市人才政策是城市吸引外来人口的重要原因，[③] 是城市人口流量治
理的重要组成部分。如果说规模庞大的常住人口为深圳市社会经济发展提
供了充足的劳动力要素，那么选择在深圳稳定就业和生活的广大人才则为
深圳市社会经济发展提供了强有力的智力支撑，是深圳得以建成全球城市
的重要且关键变量。长期以来，深圳始终坚持人才是第一资源，把人才引
领发展放在核心位置，让各类人才的创造活力和聪明才智竞相迸发。在
2023 年的政府工作报告中，深圳市提出要完善具有全球竞争力的人才政策
体系，全方位培养、引进、用好人才，打造创新人才高地示范区。因而，
对于深圳市人口流量治理导向的分析总结必然涉及对人才的管理、引进、
培育和激励等。在遵循上述深圳市人口流量治理导向变迁所划分阶段的基
础上，本部分同样将深圳市人才政策发展变迁划分为三个阶段。

（一）特区成立至 2000 年：主要侧重于人才引进

在这一阶段，深圳特区的各行各业均在高速发展，为满足特区大规
模建设与开发对各类技术人才和管理人才的迫切需求，深圳实施了以人
才引进为主的一系列政策。1983 年，深圳颁布《深圳市实行劳动合同制
暂行办法》，成为中国第一个实行劳动用工合同制的城市，为人才的流动

---

① 刘强、傅江平：《每栋楼每套房都有了"身份证"》，《中国质量报》2018 年 1 月 23 日第
2 版。

② 乔智：《统一地址标准引领社会治理精细化》，《国家治理》2018 年第 2 期。

③ 古恒宇、肖凡、沈体雁、刘子亮：《中国城市流动人口居留意愿的地区差异与影响因
素——基于 2015 年流动人口动态监测数据》，《经济地理》2018 年第 11 期。

提供了一定便利。1984 年，深圳成立市引进国外人才领导小组及其办公室，并随后设立引进国外人才联络小组，开始引进海外人才。1988 年，深圳颁布《深圳市鼓励出国留学生来深圳工作的暂行规定》，进一步加大引才力度，规定留学人员可享受再次出国来去自由、市内自由流动、评职称不限指标等 10 多项特别待遇。[①] 进入 90 年代，为继续深入推进改革开放和产业发展，深圳市开始注重提升人才引进质量。1997 年，深圳启动"每年接收万名毕业生工程"，并于 1998 年制定《深圳市市外调干和接收市外院校毕业生专业目录》，明确人才引进的紧缺、优先和控制专业。2000 年，深圳市印发《关于鼓励出国留学人员来深创业的若干规定》，进一步吸引优秀人才来深创业和工作。

总体来看，深圳这一阶段的招才引智工作虽处于起步摸索阶段，但取得了良好成效。1998 年，深圳的专业技术人员已达 44 万人，是特区成立之初的 110 倍，至 2000 年时，深圳专业技术人员占比已超过 19.9%，包括信息传输、软件和信息技术服务业就业人员、管理技术人员等。[②] 当然，在这一阶段末期，深圳也开始重视本土人才的培育，于 1999 年和 2000 年分别兴建了深圳虚拟大学园和深圳大学城，用以吸引境内外知名高校来深创办分校，培养高端技术人才。

（二）2001—2011 年：侧重于人才的引进、激励和培育

在这一阶段，深圳市高新技术产业、现代物流业等迅速发展，对高端技术人才的需求日趋迫切，但此时改革开放已在全国范围内深入推进，且由于生活成本高企、工资增长放缓等原因，深圳市人才引进的比较优势有所弱化，面临着人才资源"结构性贫血"的危机。[③] 面对新形势和新挑战，深圳市优化调整人才政策，以产业升级转型发展为导向，在加大对高端人才、应用型研究人才引进力度的同时，还注重对人才的激励和培养。

在人才引进方面，深圳强调对高层次人才的引进，先后出台《关于

---

① 杨丽萍：《建设更具竞争力的人才特区》，《深圳特区报》2020 年 7 月 9 日第 A03 版。

② 李诗元、唐咏：《我国城市创新发展主要特点及人才挑战——以深圳为例》，《理论月刊》2019 年第 11 期。

③ 李文雄、邓晓俊、欧阳坚：《人才发展三十年：深圳这样走过》，《中国人才》2008 年第 19 期。

调整引进人才若干政策的通知》《关于引进国内人才来深工作的若干规定》《深圳市人才引进个人申办实施办法》等政策文件，并于 2011 年重磅颁布《关于实施引进海外高层次人才"孔雀计划"的意见》，提出要在未来 5 年重点引进并支持 50 个以上海外高层次人才团队和 1000 名以上海外高层次人才来深创业创新，吸引带动 10000 名以上各类海外人才来深工作。

在人才激励方面，深圳出台《深圳市产业发展与创新人才奖暂行办法》《鹏城杰出人才奖评选办法（试行）》等政策文件，建立了高层次人才激励机制，并于 2006 年起设立"产业发展与创新人才奖"，用以奖励在深圳产业发展与自主创新方面做出突出贡献的创新型人才。

在人才培养方面，深圳于 2006 年发布《关于进一步加强技能人才队伍建设的实施意见》，提出要建立与深圳社会经济发展相匹配的技能人才培养新体制，并在 2008 年出台《关于加强高层次专业人才队伍建设的意见》和六个配套文件，给予高层次人才资金资助、研究进修等支持，初步形成了高层次人才队伍建设政策体系。同时，筹建南方科技大学、深圳光启高等理工研究院等教学科研机构，以进一步加强高层次人才的培养。至 2010 年底，深圳市"两院"院士达 21 人，中央"千人计划"22 人，国家有突出贡献的中青年科技专家 34 人，"百千万"人才工程国家级人选 16 人，享受国务院政府特殊津贴专家 448 人，高层次科技人才总量达到 1796 人。①

（三）2012 年至今：侧重于将人才"流量"转变为"留量"

在这一阶段，深圳市的主导行业开始向新一代信息技术产业、数字经济产业、高端装备制造业转变，更加需要高层次技术型和知识型人才。同时，经过前两个阶段的起步探索和统筹规划，深圳市已基本形成比较完备的人才政策体系，但高房价等因素也带来了人才部分流失的问题。因此，这一阶段，深圳市在继续完善人才政策体系，优化人才引进、激励和培育等工作的基础上，更加注重对人才的服务与支撑保障，强调通过营造良好的人才发展环境来将人才"流量"变为"留量"，进而成为推

---

① 崔宏轶、潘梦启、吴帅：《我国经济特区科技人才政策变迁及对策建议——以深圳为例》，《江淮论坛》2020 年第 5 期。

动城市高质量发展的关键"变量"。

　　党的十八大以来，深圳市密集出台《深圳经济特区人才工作条例》《关于加强党对新时代人才工作全面领导进一步落实党管人才原则的意见》《关于实施"鹏城英才计划"的意见》《关于促进人才优先发展的若干措施》等政策文件，在系统性优化、整合人才政策的同时，形成了"顶层法规文件、综合政策措施、配套实施办法、具体操作规程等位阶高低有序、效力统一协调的四个层次政策法规体系"①。在人才服务与支撑保障方面，深圳市致力于在住房、户籍、出入境、配偶安置、子女入学、社会保障和医疗等多个方面为人才提供优惠政策，解决人才发展的后顾之忧。以住房保障为例，根据深圳市 2016 年发布的《关于完善人才住房制度的若干措施》，深圳组建了专门从事人才安居房投资建设、运营管理的政策性市属国有独资公司——深圳市人才安居集团，截至 2020 年 10月，深圳市已累计供应人才配租（售）房近 14 万套，发放住房保障货币补贴 49 亿元，总计保障人才及家庭成员约 65 万人。② 又比如为给人才提供更好的服务，深圳向高层次人才发放"鹏城优才卡"，人才凭卡可以直接办理 20 余项便利服务，并组建了人才服务专员队伍，为杰出人才提供"一对一"服务。总之，在这一阶段，深圳市人才队伍尤其是高层次人才队伍发展显著，截至 2022 年 12 月，全市共有全职院士 86 人，高层次人才 2.2 万人，引进海内外高精尖缺团队 251 个，留学回国人员超过 19 万人，各类人才总量超 662 万人。③

　　综上，自特区成立以来，深圳市根据不同时期的人口流量变化态势采取了不同导向的治理策略。从以治安管控为导向的流动人口管理到以管理与服务并重为导向的精细化治理，再到以数字化治理为导向的韧性城市建设，深圳市不断破解人口治理难题，为特大城市人口流量治理做出了有益探索。同时，作为城市人口流量治理的重要组成部分，不断加

---

　　① 杨丽萍：《海纳百川聚人才——党的十八大以来深圳人才事业创新发展综述》，《深圳特区报》2021 年 11 月 1 日第 A01 版。

　　② 贺林平：《搭建干事平台　激发创造活力——深圳大力实施人才引领发展战略》，《人民日报》2020 年 10 月 29 日第 11 版。

　　③ 袁静娴：《深圳集聚国际科创一流人才　目前拥有全职院士 86 人，各类人才总量超 662万人》，《深圳商报》2022 年 12 月 8 日第 A03 版。

码的人才引进、服务政策和措施，极大地促进了深圳人才强市建设，为深圳中国特色社会主义先行示范区的建设提供了充足支撑。① 在当前社会治理数字化转型的背景下，继续推动大数据、人工智能、云计算等新兴信息技术赋能城市人口流量治理，高效化解海量人口集聚带来的社会运行风险，面向人民日益增长的美好生活需要提供更为精准优质的公共政策和公共服务，将成为深圳未来一段时期推进人口流量治理现代化的关键。

第二节　超大人口流量对行政区划的挑战

　　超大人口流量对于深圳市空间治理的挑战可以从物理空间和社会空间两个层面具体展开。其中，物理空间层面的挑战主要表现在两个方面：一方面，尽管"大城市病"在深圳表现得同样非常突出，但与其他超特大城市相比，又存在一定的不同：深圳市并不存在城市建成区过度扩张、蔓延，土地城镇化高于人口城镇化，假性城镇化现象等常见问题。相较于京沪穗等其他一线城市，深圳所面临的经济发展与城市治理挑战，部分源于其超大的人口流量与相对狭小的行政区划之间的矛盾。在北上广深四个一线城市中，北京的行政辖域超过 10000 平方千米，上海和广州也分别超过了 6000 平方千米和 7000 平方千米。与之形成鲜明对比的是，深圳有着比肩北上广的人口规模，但行政辖域却仅为 1997.47 平方千米。另一方面，为满足高新企业的用地需求，深圳的居住用地面积比重始终低于全国平均水平，导致住房市场供需失衡。可见，不合理的物理空间总量与配置已成为深圳住房价格居高不下、产业布局受限、交通拥堵等"大城市病"的重要根源。

一　城市之忧：超大的人口流量与狭小的行政区划

　　作为一线城市、超大城市，深圳市有着与自身庞大人口流量极不相称的空间规模。由表 3 - 1 可见，中国超大特大城市国土面积普遍超过

---

　　① 袁义才：《深圳经济特区 40 年发展的阶段性特征与经验》，《特区实践与理论》2020 年第 6 期。

6000 平方千米，中位值更是达到 11293 平方千米。而深圳市辖域总面积仅有 1997.47 平方千米，在全国超特大城市中排名末位且远低于其他城市，只达到中位值的 17.7%。结合人口数据可以看出，深圳市城区人口规模接近且仅次于北京、上海，但辖域面积却仅为两地的 31.5%、12.2%。而从更直观地反映城市人口聚集性、拥挤程度的建成区人口密度来看，2020 年深圳市每平方千米容纳了 1.82 万人，在超大特大城市中仅次于佛山市，远超每平方公里 1.16 万人的中位值。可见，从人口流量来看，深圳市完全可以称得上"大深圳"，但从辖域面积观之，却还是不折不扣的"小深圳"，这一"大"与"小"构成了深圳市城市发展的主要矛盾。（见表 3 - 1）

表 3 - 1　　　　　全国 21 个特大城市的行政区域与人口规模

城市	面积 （千米²）	面积比（深圳/ 其他城市，%）	人口 （万人）	城区人口 （万人）	建成区面积 （千米²）	建成区人口密度 （万人/千米²）
上海	6340.50	31.5	2487.09	1987	1237.85	1.61
北京	16410.00	12.2	2189.31	1775	1469.05	1.21
深圳	1997.47	100.0	1756.01	1744	955.68	1.82
重庆	82403.00	2.4	3205.42	1634	1565.61	1.04
广州	7434.00	26.9	1867.66	1488	1350.40	1.10
成都	14335.00	13.9	2093.78	1334	977.12	1.37
天津	11966.45	16.7	1386.60	1093	1170.24	0.93
武汉	8569.15	23.3	1232.65	995	885.11	1.12
东莞	2460.10	81.2	1046.66	956	1194.31	0.80
西安	10108.00	19.8	1295.29	928	700.69	1.32
杭州	16850.00	11.9	1193.60	874	666.18	1.31
佛山	3797.72	52.6	949.89	854	162.35	5.26
南京	6588.54	30.3	931.47	791	868.28	0.91
沈阳	12860.00	15.5	902.77	707	567.00	1.25
青岛	11293.00	17.7	1007.17	601	758.16	0.79
济南	10244.45	19.5	920.24	588	793.65	0.74
长沙	11819.00	16.9	1004.79	555	409.51	1.36
哈尔滨	53069.00	3.8	1000.99	550	473.00	1.16

城市	面积 （千米²）	面积比（深圳/ 其他城市，%）	人口 （万人）	城区人口 （万人）	建成区面积 （千米²）	建成区人口密度 （万人/千米²）
郑州	7567.00	26.4	1260.10	534	640.80	0.83
昆明	21012.53	9.5	846.00	534	482.80	1.11
大连	12574.00	15.9	745.07	521	444.04	1.17
中位值	11293.00	17.7	1193.60	874	793.65	1.16

数据来源：建成区面积来源于住建部发布的《2020 年城市建设统计年鉴》（北京为 2019 年数据）；城区人口数来自国家统计局发布的《经济社会发展统计图表：第七次全国人口普查超大、特大城市人口基本情况》；人口数来自第七次全国人口普查公报；面积来自各城市政府官方网站，最后访问时间：2023 年 7 月 2 日。

　　限于狭小的行政区划，深圳市只能通过高强度开发现有土地以满足城市发展的现实需求。2020 年，深圳城市建设用地面积为 954.06 平方千米，占国土总面积的 47.8%，远超 21 个超大特大城市 6.3% 的中位值（见表 3-2），也超过了国际上公认的 40% 的生态安全警戒值。[1] 人均建设用地面积仅达到每人 54.7 平方米，远低于超大特大城市 86.9 平方米的中位值以及原特区允许的 120 平方米的人均建设用地。[2] 同时，根据 2022 年 4 月发布的《深圳市国土空间规划保护与发展"十四五"规划》的要求，深圳市建设用地总规模需要保持在 1032 平方千米以内，五年建设用地预期供应规模为 58 平方千米，也即每年只能供应不到 12 平方千米的土地进行建设。即便深圳市每年还会通过土地更新整备实现土地的再利用，但在全市 478 平方千米陆域生态保护红线面积、974 平方千米基本生态控制线面积，以及接近 50% 的土地开发强度的限制下，其自身的存量用地已十分有限，生产空间存在长期的刚性硬约束，严重影响了高端建设项目落地和城市空间的合理拓展。

---

　　① 方创琳：《深圳经济特区空间格局优化与扩容的建议》，《中国国情国力》2016 年第 10 期。
　　② 参见中华人民共和国住房和城乡建设部《城市用地分类与规划建设用地标准》（GBJ 137-90）。

表 3 – 2   全国 21 个超大特大城市建设用地情况

城市	面积 （千米²）	城区人口 （万人）	城市建设用地 面积（千米²）	建设用地占土地 面积比重（%）	人均建设用地 面积（米²/人）
上海	6340.50	1987	1944.96	30.7	97.9
北京	16410.00	1775	1471.75	9.0	82.9
深圳	1997.47	1744	954.06	47.8	54.7
重庆	82403.00	1634	1452.62	1.8	88.9
广州	7434.00	1488	722.04	9.7	48.5
成都	14335.00	1334	909.65	6.3	68.2
天津	11966.45	1093	1040.63	8.7	95.2
武汉	8569.15	995	864.53	10.1	86.9
东莞	2460.10	956	1194.31	48.5	124.9
西安	10108.00	928	700.69	6.9	75.5
杭州	16850.00	874	634.05	3.8	72.5
佛山	3797.72	854	153.40	4.0	18.0
南京	6588.54	791	840.74	12.8	106.3
沈阳	12860.00	707	643.83	5.0	91.1
青岛	11293.00	601	651.19	5.8	108.4
济南	10244.45	588	560.06	5.5	95.2
长沙	11819.00	555	332.04	2.8	59.8
哈尔滨	53069.00	550	443.36	0.8	80.6
郑州	7567.00	534	622.50	8.2	116.6
昆明	21012.53	534	464.54	2.2	87.0
大连	12574.00	521	440.73	3.5	84.6
中位值	11293.00	901	700.69	6.3	86.9

数据来源：城市建设用地面积来源于住建部发布的《2020 年城市建设统计年鉴》（北京为2019 年数据）；城区人口数来自国家统计局发布的《经济社会发展统计图表：第七次全国人口普查超大、特大城市人口基本情况》；面积来自各城市政府官方网站，最后访问时间：2023 年 7 月2 日。

二 年轻人之殇：流量难转留量

过高的人口密度与流量、过强的城市开发力度势必带来一定的治理风险与严重的"大城市病"。在一般情况下，大规模人口在有限空间的聚集容易出现三类风险，即硬质空间拥堵、柔质空间不足、外部空间隔离的"空间风险"，安全事故频发、人身财产受损的"安全风险"，社会矛盾与基层政府职责超载、长期发展贫民窟化的"治理风险"。① 新冠疫情的暴发给了检验"城市空间与风险关系"的机会，有研究指出：道路密度、公交线网密度、CBD 邻近度、建筑密度、人口密度和土地价值与小区疫情传播风险呈显著正相关，② 总之，城市过大、人口密度过高、基础设施不足、缺乏绿化空间等对疫情防控有负面影响。③

在全国乃至全球都居于最前列的人口密度与开发强度下，深圳不可避免地存在着上述治理风险以及交通拥堵、公共资源紧俏等普遍的"大城市病"现象，而其中最直接也是最为显著的便是房价高企的问题。关于深圳市高房价的讨论充斥于各类互联网论坛，有网友认为深圳房价高企、只适合年轻人居住、互联网企业密集、加班文化严重，是中国版的"加州"，并为"来了就是深圳人"的城市宣传语添加了下半句——"没钱就是惠州人"。

深圳市房价高企的问题从各类研究报告中可见一斑，无论是贝壳研究院发布的《2021 新一线城市居住报告》、中房智库研究院发布的《全国重点城市房价收入比报告》，还是上海易居房地产研究院发布的《全国 50 城房价收入比报告》等，尽管不同报告采取的口径和计算方式不同，但深圳市的房价收入比均居于全国主要城市甚至全球主要城市的首位。以全国 21 个超大特大城市房价收入比为例（见表 3 - 3），④ 2018—2020年，深圳市房价收入比遥遥领先于排名第二的上海市，是除北京、上海外其他 19 个超大特大城市的两倍以上，也远超全国主要城市的平均值。2020 年，深圳市房价收入比更是达到了惊人的 39.8，也即一个家庭需要约 40 年才有能力在深圳市购置一处房产。夸张的住房负担自然成为"深

---

① 吴晓林：《城中之城：超大社区的空间生产与治理风险》，《中国行政管理》2018 年第9 期。

② 李武、赵胜川、戢晓峰、马静文：《交通暴露与土地利用模式对社区 COVID - 19 传播风险的影响》，《中国公路学报》2020 年第 11 期。

③ 张庭伟：《建成环境对新冠肺炎疫情的影响及循证实践——对美国城市新冠肺炎分布的初步分析》，《城市规划》2020 年第 8 期。

④ 此处的"房价收入比"为"家庭住房总价与居民家庭可支配收入的比值"，即房价收入比 = 商品住宅成交均价 * 城镇居民人均住房建筑面积/城镇居民人均可支配收入。

漂"的梦魇，许多具备优秀创新能力、工作能力的高素质人才面对不断攀升的房价，只能选择离开。地价的上升与员工生活负担的加重使企业运行成本不断高涨，从而逐渐开始向周边其他城市转移。2017年，深圳市政协"深化供给侧结构性改革，壮大深圳实体经济"的主题调研便明确指出：深圳制造业外迁已成潮流。应该说，以房价高企为代表的深圳市"大城市病"是多种因素综合作用的结果，但其中狭小的辖域面积与不合理分配明显是其重要原因之一。

表3-3　　全国21个超大特大城市房价收入比（2018—2020年）

城市	城区人口	2018年房价收入比	2019年房价收入比	2020年房价收入比
50个主要城市平均值	—	13.9	13.2	13.4
超特大城市中位值	—	11.9	11.8	11.7
深圳市	1744	34.2	35.2	39.8
上海市	1987	26.1	25.1	26.2
北京市	1775	25.4	23.9	23.8
杭州市	874	18.1	17.7	18.5
东莞市	956	14.8	15.0	17.3
广州市	1488	17.5	16.5	16.7
南京市	791	15.6	15.4	15.4
天津市	1093	14.5	13.5	12.8
大连市	521	11.6	12.1	12.7
郑州市	534	13.5	12.9	12.4
武汉市	995	12.2	11.3	11.7
佛山市	854	11.9	11.8	11.5
西安市	928	10.6	10.6	10.7
济南市	588	11.1	11.0	10.5
昆明市	534	9.8	10.1	10.2
成都市	1334	10.3	10.0	10.1
哈尔滨市	550	9.7	10.1	10.0
重庆市	1634	10.8	10.1	9.6
青岛市	601	10.6	9.7	9.4

城市	城区人口	2018 年房价收入比	2019 年房价收入比	2020 年房价收入比
沈阳市	707.0	8	8.7	9.2
长沙市	555	6.8	6.4	6.2

数据来源：上海易居房地产研究院发布的《2018 年全国 50 城房价收入比报告》《2019 年全国 50 城房价收入比报告》《2020 年全国 50 城房价收入比报告》。

三　破局之策：行政区划调整与空间规划优化

（一）适时适度推进行政区划调整

空间是承载人口的载体，是经济社会活动开展的基础。早在 2014 年，习近平总书记在北京市考察时指出，"行政区划本身也是一种重要资源"。① 行政区划作为国家治理体系中空间治理的主要载体和手段，其设置与调整深度左右着城市空间布局的总体设计与规划，深刻影响着城市社会经济治理和辖域内各类资源的有效配置，是推进国家治理体系与治理能力现代化、实现新型城镇化高质量发展的重要抓手。

党的十八大以来，我国行政区划工作发展与治理并重的导向表现得愈发明显，优化行政区划设置已成为扩展城市发展空间、完善城市空间治理体系的重要政策工具。党的十九届四中全会通过的《中共中央关于坚持和完善中国特色社会主义制度　推进国家治理体系和治理能力现代化若干重大问题的决定》指出，要优化行政区划设置，提高中心城市和城市群综合承载和资源优化配置能力。党的十九届五中全会通过的《中共中央关于制定国民经济和社会发展第十四个五年规划和二〇三五年远景目标的建议》进一步提出，优化行政区划设置，发挥中心城市和城市群带动作用，建设现代化都市圈。两次全会关于行政区划的论述回应了《国家新型城镇化规划（2014—2020 年）》所指出的部分特大城市主城区人口压力偏大，与综合承载能力之间的矛盾加剧的"大城市病"问题，也为超大特大城市高质量发展与市域治理现代化指明了方向，即要依据人口密度和规模、资源禀赋条件，通过以优化行政区划设置为

---

① 《习近平关于社会主义经济建设论述摘编》，中央文献出版社 2017 年版，第 250 页。

代表的空间治理手段，科学合理地确定和调整超大特大城市的空间布局，提升城市的综合承载力和资源配置能力，推进区域协调发展和新型城镇化。

在我国的城镇化发展进程中，始终伴随着重点发展大城市抑或中小城市的争论，行政区划调整的政策措施也随之进行调适。2001 年，我国放弃了对大城市发展的限制，提出"大、中、小城市和小城镇协调发展"的新方针，大中城市撤县设区、撤市设区随之成为行政区划调整的主流。2020 年 11 月，习近平总书记在《求是》第 21 期《国家中长期经济社会发展战略若干重大问题》一文中强调产业和人口向优势区域集中是客观经济规律，增强中心城市和城市群等经济发展优势区域的经济和人口承载能力，这是符合客观规律的。这与"十四五"规划提出的发挥中心城市和城市群带动作用，建设现代化都市圈是一致的，为我国下一阶段的城市化发展战略确定了基调。

在中心城市及其周边城市群已经成为经济和社会发展主要动力源的情况下，大中城市通过优化行政区划设置与用地配置，适度拓展发展空间，就成为一种必要的适应性调整。自 1997 年撤县设市审批被冻结后，撤县（市）设区成为县级行政区划调整的主要类型，1998—2021 年全国共有 279 个撤县（市）设区案例。[1] 尽管部分地级市撤县（市）设区的政策目标可能在于强化财政税收实力，上收规划、土地、城建等重要权限，加强中心城区与周边县（市）在基础设施、产业发展等方面的协调，通过腾笼换鸟、产业整合升级，提升城市综合竞争力。但相关行政区划的调整最终也都促成了市域规模的扩大，城市发展空间的拓展以及上级政府资源配置能力的强化。

就超大特大城市而言，进入 21 世纪以来，21 个城市几乎均凭借一定程度的行政区划调整拓展了市域规模，实现了城市规模的扩张。具体来看，超大特大城市主要通过三种行政区划调整方式进行物理空间的拓展（见表 3 - 4）。

---

① 曹舒、张肇廷：《迈向"无县时代"？——当代中国撤县设区的实践总结及反思》，《开放时代》2022 年第 4 期。

表 3 – 4　　　21 世纪以来全国 21 个超大特大城市市域扩张情况

城市	面积 （平方千米）	21 世纪以来市域扩张沿革	合并县级 行政区数
上海	6340.5	2001 年，奉贤、南汇撤县设区；2016 年，崇明撤县设区	3
北京	16410	2001—2015 年，大兴、怀柔、平谷、密云、延庆，先后撤县设区	9
深圳	1997.47	2011 年，深圳与汕尾合作成立深汕特别合作区；2018 年，合作区调整为深圳市委、市政府派出机构	0
重庆	82403	2000—2016 年，黔江、长寿、江津、合川、永川、南川、綦江、大足、璧山、铜梁、潼南、荣昌、开县、梁平、武隆，先后撤县（市）设区	15
广州	7434	2000—2015 年，番禺、花都、增城、从化，先后撤市设区	4
成都	14335	2001—2020 年，新都、温江、双流、郫县、新津先后撤县（市）设区；2016 年，将资阳代管的县级简阳市改由成都代管	5
天津	11966.45	2000—2016 年，武清、宝坻、静海、宁河、蓟县，先后撤县设区	5
武汉	8569.15	无	0
东莞	2460.1	无	0
西安	10108	2002 年，长安县撤县设区；2014 年，高陵县撤县设区；2016 年，撤销户县，设鄠邑区	3
杭州	16850	2001—2017 年，余杭、萧山、富阳、临安，先后撤市设区	4
佛山	3797.72	2002 年，南海、顺德、三水、高明，先后撤市设区	4
南京	6588.54	2001—2013 年，江宁、六合、江浦、溧水、高淳，先后撤县设区	5
沈阳	12860	2016 年，撤销沈阳市辽中县，设立辽中区	1
青岛	11293	2012 年，撤销黄岛区、胶南市，设立新的黄岛区；2017 年，即墨撤市设区	2
济南	10244.45	2001 年，长清撤县设区；2016 年，章丘撤市设区；2018 年，济阳撤县设区；2019 年，合并地级莱芜市	5
长沙	11819	2008 年，望城县部分区域划归岳麓区，长沙县部分区域划归芙蓉区；2011 年，望城撤县设区；2015 年，长沙县部分区域划入天心区、雨花区	1

城市	面积（平方千米）	21世纪以来市域扩张沿革	合并县级行政区数
哈尔滨	53069	2004年，呼兰撤县设区；2006年，阿城撤市设区；2014年，双城撤市设区	3
郑州	7567	无	0
昆明	21012.53	2011年，呈贡撤县设区；2016年，晋宁撤县设区	2
大连	12574	2015年，普兰店撤市设区	1

数据来源：中华人民共和国民政部全国行政区划信息查询平台；各城市政府官方网站。最后访问时间：2023年7月2日。

第一种方式是内部行政区划类型变更，将下辖的独立性较强的县（市）从区划层面整建制变更为市域的组成部分，也即撤县（市）设区，这也是最为普遍的城市空间拓展方式。21世纪以来，绝大多数超大特大城市均通过撤县（市）设区扩大了城区面积，扩充了城市的调控范围。譬如，杭州市在21世纪初市区面积仅为683平方千米，狭小的市域范围成为城市进一步发展的瓶颈。为了扩展城市空间、提高城市综合竞争力，2001年经国务院批准，浙江省撤销余杭市、萧山市，成立杭州市余杭区、萧山区，杭州市区面积从683平方千米扩大到3068平方千米。此后的2014年和2017年，又先后撤销富阳市与临安市，设立杭州市富阳区、临安区，杭州市辖区面积也随之增加至8268.48平方千米，一举超过上海市，成为长三角地区市域面积最大的城市。城市空间的拓展有力支撑了杭州市的整体规划与布局优化，促进了城市竞争力的不断提高。除杭州市外，大多数超大特大城市也都以这种内部区划类型变更的方式扩大了城市规模。在21个城市中，只有深圳、东莞、武汉与郑州四座城市未进行撤县（市）设区。其中，武汉市尽管未在21世纪进行撤县（市）设区改革，但在1995年和1998年先后撤销武昌县、黄陂县、新洲县，并设立相应的市辖区。郑州市则在《郑州建设国家中心城市行动纲要（2017—2035年）》中明确提出，优先完成中牟、荥阳、新郑的撤县（市）改区，加快推进新密组团、登封组团、巩义组团建设，尽快实现全域城区化。只有深圳市和东莞市由于是由县级行政区划直接改设，因而客观上在其行政区内不存在额外的县级行政区划供市区扩张，只能在有限的辖域范围内进行城市布局与建设，而这也便成了城市发展的桎梏。

第二种方式是内部行政区划边界调整，即在城市现有行政区划整体框架不变的情况下，将部分村级或乡级行政区划由县（市）划归市辖区，从而扩充市域范围。例如，长沙市于 2008 年将望城县下设的四个镇划归岳麓区管辖，一个镇委托长沙国家高新技术产业开发区管理，另将长沙县一个居委会划归芙蓉区管辖，使长沙市城区面积由 573 平方千米扩展为 975 平方千米，面积增加了近一倍。2015 年，又将长沙县下属的两个街道划入天心区、一个镇划入雨花区，使长沙市城区面积由 1938 平方千米增加至 2185 平方千米。行政区划边界调整尽管在规模上无法与撤县（市）设区相提并论，但这种只对个别乡、村级区划的归属权进行变更的方式由于涉及范围较小，不会像撤县（市）设区一般严重触动改革县（市）的原有利益，因而在实际工作中改革阻力更小，操作性更强。作为一种折中的调整方式，内部区划边界调整也在许多城市得到了应用。

第三种方式是行政区划扩张，与前两种只在本市行政区内进行区划调整的方式不同，行政区划扩张意指某一地区将其他地区所辖的部分区域甚至全部区域纳入自己的管辖范围。前两种调整方式只需在本市范围内进行要素资源的重新分配与谈判协商，且由于这两种区划调整方式一般由市一级政府主导推动，在中国"党管干部""下管一级"的干部管理体制下，下级政府的议价能力并不强，大多数区划调整基本可以顺利完成。而行政区划扩张涉及两个平级的地方政府，一方的扩张势必导致另一方辖区的缩水与利益的受损，除非改革形势已迫在眉睫且得到了更高层级政府的支持，否则一般难以实现。21 世纪以来，随着我国行政区划框架的逐渐稳定化，这种地级层面的区划调整并不多见，在超大特大城市中仅有两例。其中，成都市的区划扩张属于合并其他地区的部分辖区。2016 年，国务院批准将资阳市代管的县级简阳市改由成都市代管。四川省一直推行"强省会"的发展战略，此番区划变更扩大了成都市的辖区面积，进一步巩固了成都市作为国家西部中心城市的地位。而济南市的区划扩张则属于对其他地区的整体性兼并。受限于较小的行政区面积与市域范围，全国省会首位度排名中济南市长期居于末位。在城市化发展战略思路向"做大做强中心城市、省会城市"转变的背景下，济南市在

2016 年、2018 年密集地撤县（市）设区。最终在 2019 年，国务院批准济南市合并地级莱芜市，并在莱芜市原有区域设立济南市莱芜区、钢城区，开创了改革开放以来副省级城市整建制合并地级市的先例，也为济南市进一步拓展了城市建设的物理空间，提高了城市发展的天花板。

与绝大多数超大特大城市所开展的行政区划层面的调整不同，深圳市通过在其他地区合作建设功能区的方式进行城市空间的扩容。2011 年，成立于 2008 年的深圳（汕尾）产业转移园升格为深汕特别合作区，其党工委、管委会为省委、省政府派出机构，并委托深圳、汕尾两市管理；2018 年，深汕特别合作区党工委、管委会调整为深圳市委、市政府派出机构，并更名为深圳市深汕特别合作区。尽管深汕特别合作区辖域面积达 468.3 平方千米，约为深圳市国土总面积的 1/4，但作为与深圳市并不相邻的"飞地"，其距离深圳东部约 60 千米，距离深圳市中心约 120 千米，可以说已经完全是又一座城市，过长的距离跨度导致其对于缓解深圳市"大城市病"，拓展深圳市城市发展空间收效甚微。

行政区划调整是城市发展到一定阶段后，城市各类资源要素在空间维度进行重新优化整合的必然要求。计划经济背景下形成的中国行政区划框定了区域与城市经济发展的边界，属地管理、晋升激励等机制导致地方政府对于区域经济运行的强烈干预，形成了中国特有的"行政区经济"模式。"行政区经济"的形成可以理解为政治权力的空间分布牵引着经济活动的空间分布，并且政治权力分割伴随着经济活动的分割，具体表现为行政区划体制对区域经济的发展乃至规划建设管理有很大影响。

当然，不能否认，现阶段阻碍区域发展与要素自然流动的根本原因不是行政区划，而是政府职能未能适应我国市场经济的发展，及时转变到位。即使调整行政区划，也会带来新的"行政区经济"现象。一定程度上，行政区的相对稳定性和边界的确定性与城市经济区的动态可变性和边界的模糊性的矛盾始终存在。[①] 然而，也正是由于"行政区经济"现象短期内无法彻底解决，在行政边界的壁垒下，许多学者呼吁的区域协调机构实际发挥作用相当有限，难以以柔性手段实现要素资源跨行政区

---

① 魏衡、魏清泉、曹天艳、赵静：《城市化进程中行政区划调整的类型、问题与发展》，《人文地理》2009 年第 6 期。

的自由流动与合理配置。因此，在政府职能转变迟迟无法到位、行政区划又往往滞后于区域经济的变化和发展的背景下，适时进行必要的区划调整，以适应区域经济的发展变化、拓展中心城市的发展空间，也是改革的题中之义。①

综上所述，适当的行政区划调整是提升城市综合承载力和资源配置能力、推进区域协调发展和新型城镇化的顺势而为。目前，全国主要城市几乎均开展了一定程度的行政区划调整和市域扩容，而深圳市始终未曾进行行政区的实质性扩张。在深圳市房价高企、人口密度过高等"大城市病"愈加凸显，解决庞大的人口流量与狭小的行政区划间的矛盾已刻不容缓的背景下，通过行政区划调整这一刚性的物理空间拓展方式进行城市扩容已成为应有之义。就前述的三类城市扩容的方式而言，深圳市并不具备前两种行政区划调整的条件。撤县（市）设区与内部行政边界调整建立在中国特色的市下辖县、市下辖市的"广域市"的基础之上，地级市政府既是管理中心城区的政府，也是管理辖区内其他县（市）的政府。在这样的政区结构下，城市政府可以通过合并中心城区以外的区域从而实现市域范围的扩展。而与国内大部分进行了"地市合并"和"市管县"体制改革的"广域市"不同，深圳市属于国际上相对普遍的"适域市""狭域市"。深圳市于1979年由原宝安县改制而来，40余年来未曾进行过行政区划的兼并与扩张，因此不存在其他的县级行政区划供其合并，只能在有限的辖域范围内进行城市布局与建设，其行政区划范围基本等同于城市范围。在这种情况下，摆在深圳市面前的只剩下行政区划扩张这种区划调整的方式。从地理角度看，东莞市南部的塘厦镇、凤岗镇和清溪镇等区域深深嵌入了深圳市的行政区，与深圳市中心城区紧密相连、往来密切，存在一定的合并条件。从城市联系度来看，根据高德公司发布的《2021年度中国主要城市交通分析报告》，在"工作日跨城驾车出行热门交互路线"的榜单中，"东莞—深圳""惠州—深圳""惠州—东莞"分列全国第1位、第8位和第9位。广东省"十四五"规划中也明确提出，深圳都市圈包括深圳、东莞、惠州全域和河源、汕尾

---

① 赵聚军：《行政区划调整如何助推区域协同发展？——以京津冀地区为例》，《经济社会体制比较》2016年第2期。

两市的都市区部分。对此，可以先行采取深汕合作区的经验做法，将东莞、惠州部分临深地区划定为合作功能区，并逐步实现实体行政区划的管辖权转移。

（二）持续优化内部空间用地结构

在流量城市的命题之下，在物理空间对外拓展即行政区划扩张的基础上，深圳市还应积极优化物理空间的内部配置，尤其是提高城市居住用地的比重。长期以来，为了吸引更多优质企业落户深圳，打造全国高端制造业中心、科技创新中心，深圳市的土地供应大幅度向工业用地倾斜，并曾在深圳市"十三五"规划中要求到 2020 年工业用地占建设用地比重不低于 30%。在剩余的土地中，除去必需的公共用地、基础设施用地外，其他土地还大量向商业企业供应。近年来，深圳市商业用地显著过剩，写字楼供大于求，空置率长期居于高位。根据戴德梁行 2023 年 3 月发布的《大中华区写字楼供应/需求前沿趋势》，2022 年深圳市核心商圈空置率为 22.6%，虽较 2020 年已有所下降，但同期北上广三个一线城市的空置率均保持在 15% 以下，成都、杭州等二线城市的空置率也不及深圳。

工商业用地的过度供给势必挤压居住用地的供应量。深圳市居住用地占建设用地比重过低一直是舆论重点关注的问题。就某一时段而言，"十三五"期间，深圳市居住用地供应占比仅为 16.8%。若从总体来看，截至 2022 年，深圳居住用地占全市总建设用地的 23.6%，低于国家标准 25%—40% 的下限，[1] 更远低于 21 个超大特大城市 31.3% 的中位值（见表 3-5），难以满足人口快速增长条件下的住房需求增长和品质提升要求。居住用地过少的问题从其他指标中也可窥得一二。根据第七次全国人口普查相关数据，北京、上海人均住房建筑面积分别为 34.89 平方米、32.28 平方米，我国家庭户人均居住面积达到 41.76 平方米。而深圳市 2020 年人均住房面积仅为 27 平方米，[2] 远低于全国平均水平。此外，根据 35 个主要城市历年楼市销售数据，从 2002 年到 2021 年，深圳市住宅

---

[1] 参见中华人民共和国住房和城乡建设部《城市用地分类与规划建设用地标准》（GB 50137-2011）。

[2] 窦延文：《深圳不断加大住房建设和供应力度》，《深圳特区报》2020 年 8 月 16 日第 A01 版。

销售面积合计 10652 万平方米，在 35 个重点城市中仅居于第 26 位，仅相当于同期重庆的 15.6%、成都的 26.8% 和上海的 27.4%。①

表 3-5　　　　　　　全国 21 个超大特大城市居住用地情况

城市	城市建设用地面积（平方千米）	城市居住用地面积（平方千米）	居住用地比重（%）
上海市	1093.36	375.59	34.4
北京市	1471.75	427.92	29.1
深圳市	980.09	231.30	23.6
重庆市	1525.59	464.97	30.5
广州市	725.00	223.00	30.8
成都市	992.48	343.82	34.6
天津市	1088.48	312.00	28.7
武汉市	864.53	270.46	31.3
东莞市	1213.93	311.11	25.6
西安市	786.35	245.99	31.3
杭州市	846.46	276.58	32.7
佛山市	189.48	64.05	33.8
南京市	843.08	207.14	24.6
沈阳市	652.36	217.28	33.3
青岛市	681.48	172.09	25.3
济南市	674.09	246.26	36.5
长沙市	332.04	154.11	46.4
哈尔滨市	418.00	145.00	34.7
郑州市	706.89	177.58	25.1
昆明市	385.21	149.21	38.7
大连市	410.48	141.98	34.6
中位值	786.35	231.30	31.3

数据来源：住建部《2022 年城市建设统计年鉴》（北京为 2019 年数据，武汉为 2020 年数据）。

---

① 参见国家统计局编《中国统计年鉴 2021》。

对于建设用地供应结构严重失衡的问题，深圳市已经做出了一定的调整。深圳市 2021 年发布的《关于进一步加大居住用地供应的若干措施（征求意见稿）》中明确提出，逐步提高居住和公共设施用地规模和比例，确保至 2035 年全市常住人口人均住房面积达到 40 平方米以上，年度居住用地供应量原则上不低于建设用地供应总量的 30%。政策发布以来，深圳市 2021—2022 年计划供应居住用地 728.3 公顷，占计划供应总量的 31.3%，与"十三五"期间 16.8% 的居住用地供应占比有了显著提高。① 应该说，深圳市近年来持续加大居住用地供应将有效缓解庞大人口流量与稀缺居住用地之间的矛盾。但也需要看到，当前政策措施属于弥补以往在居住用地方面供应不足的历史欠账，且即便近年来居住用地供应比重大幅提高，也不及 21 个超大特大城市的居住用地比重中位值。未来，深圳市还需要进一步优化建设用地供应结构，盘活存量、多方面寻求增量，大力增加住房及公共配套设施供给，优化居住用地结构布局，从根本上实现人口流量与居住空间的有效适配。

第三节　超大人口流量对居住空间治理的挑战

相比较乡村社会乃至于中小城市，超大城市治理表现出明显的聚集性、拥挤性和流动性。深圳作为一个新兴的世界级大都市，上述特性相对京沪穗等超大城市，表现得更为突出，从而使深圳推动城市治理现代化之路面临更多的挑战。联系前文的分析，超大的人口流量将对城市的空间治理体系形成一定的挑战。本部分将上述挑战划分为物理空间和社会空间两个层面，其中社会空间主要反映为市场经济条件下的居住空间失衡，乃至居住隔离问题。

一　作为城市治理子系统的居住空间治理

"城乡关系的面貌一改变，整个社会的面貌也跟着改变。"② 不断推进的城镇化既是人类文明进步的主要表现，也是解决人类社会发展问题的

---

① 参见深圳市规划和自然资源局《深圳市 2022 年度建设用地供应计划》。
② 《马克思恩格斯选集》（第一卷），人民出版社 1972 年版，第 123 页。

关键战略。但与此同时，相比较地广人稀的农村地区，快速推进的城镇化进程也可能是诱发各类社会问题的重要根源：城市作为人口和各种资源的高度聚集区，伴随着大量的公共事务被挤压到相对狭小的空间内，极易成为各种社会矛盾的交汇地、社会冲突的发生地和社会公共危机的发源地。

改革开放以来，我国的城镇化进程明显加快，从而开启了人类有史以来国家层面规模最为庞大的城镇化进程。从人类社会尤其是典型国家城镇化发展进程的经验来看，与城镇化进程中的劳动、产业分工相伴而行的，通常是社会结构的重组。而社会结构重组反映到居住空间层面，则通常表现为居住空间的分化，即不同收入水平和职业的城市居民逐渐开始向不同类型的居住社区聚集，且这一问题在类似深圳这样的大都市表现得尤为明显。虽然城市居民在居住空间层面的分化，属于市场经济体制下社会阶层结构分化重组的空间映射，属于正常的社会现象，但如若放任其发展，就可能朝着"固化"和"极化"的方向演化，甚至演变为恶性的居住空间分异乃至居住隔离。

关于居住隔离的界定，目前认可度较广的看法是将其界定为不同的社会群体由于收入、职业、受教育程度、生活习惯、种族、宗教等方面存在的差异，从而逐渐地以群体为单位，开始向不同层次的社区聚集，进而产生群体间的隔离，甚至由此产生歧视和敌对的态度。[1] 也就是说，居住隔离现象在空间层面的直观反映，就是不同类型的同质性群体，最终居住在不同类型的社区，完全不同于各个社会群体镶嵌杂居的居住格局。需要注意的是，这里所说的社区是广义层次上的，指的是特定同质化群体的居住空间，而不是我国当下意义上的"社区"。具体而言，其涉及的空间范围可大可小：可能仅仅是某个住宅小区，也可能是诸如族裔聚集区等大范围的居住区域。

二　居住分异与隔离现象对城市治理的消极影响

从主要西方国家城镇化的历程来看，作为一种常见的"城市病"，由

---

[1]　John Iceland, Rima Wilkes, "Does Socioeconomic Status Matter? Race, Class, and Residential Segregation", *Social Problems*, Vol. 53, No. 2, 2006, pp. 248 – 273.

于居住分异与隔离现象已成为社会阶层和群体之间良性交流和互动的障碍，放大了因贫富、种族、民族、地域、职业、宗教等因素诱发的群体性对立情绪，因此一直被视为威胁社会稳定的因素，也是推动社会融合、共同富裕的严重障碍。在美国，居住隔离的产生和发展被认为是种族隔离在空间居住层面的映射，黑人和拉美裔人口聚居形成的"隔都区"（Ghetto）已经成为贫困的代名词。然而，贫困并非一个孤立的要素，随之而来的是暴力犯罪、高比率单亲家庭等社会问题，因此这些社区常常被冠以"危险区"的称谓。例如，无论是 2020 年因弗洛伊德案引发并迅速蔓延至全美的"黑命贵"运动，还是 2014 年由"弗格森案"引发的大规模骚乱，波士顿、纽约、洛杉矶、奥克兰等黑人相对集中的城市理所当然地成为重灾区。在 2011 年伦敦爆发的大规模骚乱中，情绪反应最为强烈的托特纳姆和布里克斯顿恰好也是外来移民集中、失业率高的地区。

改革开放以来，随着市场经济的发展所引发的社会结构分化与重组，我国城市尤其是大城市原有的各阶层高度混杂的居住格局逐渐被"异质化"的居住结构所取代。特别是伴随着住房制度的市场化改革，在"房价"的过滤作用下，各个收入差距明显的社会阶层和群体在居住模式和居住区位上形成了明显的分化，开始有规律地聚集于城市的不同区位，居住空间分异格局基本形成，居住隔离局面也开始初步萌发（见图 3－6）：为了满足部分高收入群体改善居住条件的需求，在城市的中心地段以及其他交通、基础设施较好的地段，开始集中出现大批的高档住宅项目，并逐步演变为所谓的"富人区"；在城市中心区域的周边区域，大批新型商品房不断涌现，开始成为所谓的"中产阶级社区"；很多老旧住宅社区虽然地处城市较为中心的地段，但由于普遍存在生活设施较为落后陈旧、居住环境较差等缺陷，因此逐步成为城市中低收入群体的聚集区；作为城市更新的产物，各类"村改居"社区逐渐成为外来务工人员等中低收入群体重要的聚集区；在房价持续走高的情况下，为了满足城市广大中低收入群体的住房需求，政府加大了保障性住房的建设和供给力度，但保障房的大量出现在较大程度上缓解了中低收入群体购房压力的同时，由于相关住宅项目的选址往往位于城市的边缘区域，交通等基础设施水平一般，从而加剧了居住空间的分异与隔离；而在诸如广州等一些境外人口较为集中的城市，外籍居民，尤其是非洲裔居民与本地居民之间也

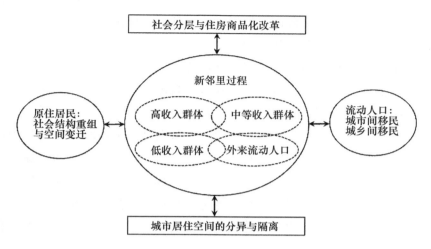

图 3 - 6　城市人口结构分层与居住分异

开始形成明显的居住分异。

　　随着我国城市居住空间分异格局的初步形成和居住隔离现象的萌发，相应的弊病也开始显露：第一，上述居住格局无疑是将已经比较突出的贫富差距问题在空间层面放大乃至固化了，不利于构建良性的社会结构和社会融合。第二，居住分异局面的固化已经成为外来务工人员等城市新移民社会融入的重要阻碍。第三，由于外来务工人员聚集的城乡结合部区域基础公共服务供给水平较低，且基层政府的管理能力普遍有待提升，既不利于外来务工人员与本地居民的互动与融合，也成为各类"村改居"社区居民融入城市生活的阻碍。第四，在广州等部分沿海发达城市，由于大规模非洲裔等境外移民的大量迁入并在城市的特定区域聚集，导致族裔居住分异乃至隔离现象开始出现，并引发了一系列的社会问题。

三　居住空间问题的前瞻性治理导向

　　总体来看，现阶段我国大城市社会空间结构重构与分异的演变趋势大致呈现出以下特征：社会空间分异化与两极化、城乡结合部居住形态多元化、弱势群体居住空间边缘化、城乡二元结构空间显现化、部分老龄化社区显现化。总体而言，相对于深受种族因素影响的美国和西欧式居住隔离，我国不同社会群体之间虽然由于贫富和社会结构分化等原因，已经存在了一定的社会隔阂，但还远达不到类似美国式黑白种族对立那么严重的程度，因此对居住分异现象进行疏导治理的难度相对较低。然而，对此也绝不能掉以轻心，因为从西方国家的教训来看，如果不及时实施有效的政策干预，大城市的居住分异现象将有可能全面固化，进而形成各类穷人区与富人区泾渭分明、相互对峙的局面。

与国内其他一、二线大城市相比较，深圳是一个相对"年轻"的城市，上述问题并不算突出，但这并不意味着可以高枕无忧，而应提前谋划布局，在城市居住空间陷入非良性分异与隔离局面之前，应坚持城市规划的公共利益导向，提早干预，着力从推动居住空间治理价值理念转型、推进多元混居异质化社区建设等方面着手，重塑城市居住空间权利样态。

具体来看，现阶段我国城市特别是超大特大城市居住空间失衡问题所呈现出的各种问题，均与长期以来的城市空间治理理念偏差、对低收入人群的居住空间权利保障不足、以资本运作为核心的住房市场导致城市规划的规制调控作用发挥不充分、多元混居异质化社区建设滞后等现实状况，存在直接或间接的关联。

（一）推动居住空间治理价值理念转型

价值理念是政策行动的先导和前奏，居住空间治理价值理念的转型和重塑是消解城市居住空间层面上贫困聚集与再生产、阶层固化的基础。随着当前社会主要矛盾的转化，人民群众对于公平正义、美好生活的诉求也愈发强烈。因此，城市居住空间治理应摒弃以往单纯强调刺激经济增长的理念，坚持以人民为中心、建设人民城市，让城市居住空间真正成为人民安居乐业的重要载体和全社会追求公平正义、缩小贫富差距的有效载体，最终构建起一种以人的全面发展为目的、以人为主体的城市新发展环境。

对此，可从三个方面加以推进。其一，以人民为中心的居住空间治理价值理念要求治理目标的设定、措施手段的择取等方面均应坚持和尊重人民群众的主体地位，防止城市居住空间生产和实践异化为对低收入群体的"整顿清理"，着力避免低收入群体因无法享有空间资源而加剧贫困。例如，保障房社区建设不应一味贪快贪大，应充分考虑公共服务设施的配套建设。其二，以人民为中心的居住空间治理价值理念意味着要在居住空间治理中给予流动人口等低收入人群相应的话语权，在居住空间生产与实践中主动维护其合理合法权益。例如，城市管理者需要看到"城中村"以低生活成本为流动人口等群体提供了生存发展空间以及对于保持社会稳定所具有的积极作用，[①] 因而在更新改造中应努力契合居民需求，适当为低收入人群保留一定生活空间。其三，以人民为中心的居住空间治理价值理念要求树立以人为本的城市观，即以提高民众的幸福感、获得感、安全感为出发点，从居住空间改善满意度、居住环境满意度、公共服务供给满意度等方面设置宜居城市考核体系，让人民群众满意度评价成为大城市居住空间生产与实践的重要衡量标准。

（二）重塑城市居住空间权利样态

居住空间权利是城市权利的主要内容之一。作为个体利益的体现和追求利益所采取的行动方式，居住空间权利是指人作为具有自由意志的行动主体能有效参与城市居住空间的生产、实践与更新，具体包括进入城市居住空间的权利、管理城市居住空间的权利和平等共享城市发展成果的权利。针对当前城市存在的各种居住空间失衡现象，以及由此激发的贫富差距扩大、阶层固化等问题，一定程度上是低收入人群的居住空间权利遭到忽视和侵蚀而产生的后果。因而，为确保所有居民尤其是低收入人群可以全方位且平等地融入城市生活，在城市居住空间治理中应重塑居民居住空间权利。

首先，应统筹保障城市居民尤其是低收入人群享有城市居住空间的权利。这就要求赋予各类城市居民参与城市居住空间管理的权利，其实质是引导包括流动人口、大学毕业生等在内的社会弱势群体进入城市居住空间的生产与更新，能够有效反映自身利益诉求和主张，防止强势群体对居住空间的控制与剥夺。听证会、协商座谈会、民情民意调查、领导接待等均是促进公众参与的重要渠道，而大数据、人工智能等现代新技术的嵌入与运用也使意见收集整合更为便捷化和智能化。尤其是对于保障房社区、新式"城中村"而言，居民参与可以极大提升其对于城市的认同感

---

① 邵任薇：《城市更新中的社会排斥：基本维度与产生逻辑》，《浙江学刊》2014 年第1 期。

和归属感，同时在参与过程中也可以增进不同群体之间的相互交流，消除误解，逐步实现社区的去"污名化"和"标签化"，吸引新的业主不断进入，在消解居住失衡的同时也能促进不同层次人口的社会空间融合。

其次，需着力保障城市居民平等共享城市发展成果的权利。这就要求持续深化户籍制度改革，改变以现行户籍制度为基础的空间资源分配机制，推动大城市城镇户籍居民、农村户籍居民与流动人口平等共享空间利益和资源，使"户籍只具有人口管理的功能而不再具有身份、待遇象征"①。

（三）加强城市规划的规制调控作用

改革开放以来，以资本运作为核心的住房市场化改革在提升城市住宅供给效率和能力的同时，所带来的居住失衡现象也日趋明显。为应对资本无序扩张逐利和由此诱发的居住空间失衡问题，在城市居住空间治理中应强化城市规划的规制调控作用，充分发挥政府在疏解城市贫困聚集与再生产中的主体作用。

首先，一个基础性的做法是在城市规划中加强对资本的管理和引导，尤其是"加强对资本的积累、信用制度、虚拟资本以及房地产和地租的管理"②，既要发挥资本对于推进城镇化发展、提升城市物质景观质量的积极作用，也要避免资本作恶，损害低收入人群的基本权利。

其次，在城市规划中应兼顾居住空间物质层面改善和低收入人群居住需求保障，防止低档住宅绅士化、贫民窟郊区化等倾向的出现。其中一个可行方法是通过 TOD（Transit-Oriented Development）规划理念引导城市更新改造中土地和交通的再开发，以公共交通站点为中心进行用地功能的合理划分，如在其半径 300—600 米内适当布置保障房、人才公寓等，既可以满足流动人口的出行需求，也可以用公共交通支撑较高密度的人口发展。目前，成都已开始尝试建设基于 TOD 的保障性租赁住房，以保障青年有所居、人才有所栖。③ 同时，在"城中村"改造中，可就地

---

① 王瑞雪、沈亚平：《市民化进程中农业转移人口城市空间正义缺失问题分析——基于空间正义的理论视角》，《当代经济管理》2021 年第 4 期。

② 董慧、陈兵：《"城市权利"何以可能、何以可为？——国外马克思主义空间批判的视野》，《马克思主义与现实》2016 年第 1 期。

③ 程文雯：《成都首个轨道 TOD 保障性租赁住房品牌来啦》，《四川日报》2022 年 8 月 17 日第 8 版。

配建保障房社区用以安置低收入人群，既解决了其居住问题，也在最大限度上保留了原有的社会关系网络、生活文化、行为习惯等，无疑增强了居民对抗贫困风险的能力。而在保障房社区公共服务设施配套建设方面，也应考虑到低收入人群的经济能力，不能完全依照商品房标准和依赖市场供给。

最后，强化大数据技术对于城市规划规制调控的赋能作用。其治理思路在于，通过对全市范围内各类大数据的搜集、整合与精准化分析，推进城市基础设施布局和公共服务资源配置更加高效合理，从而在一定程度上缓解居住失衡现象。比如，利用手机信号数据可以统计城市人口的空间分布，再结合人口普查中常住人口的空间分布，可推断人口在一定空间范围内如何移动，[①] 进而为交通资源、保障房选址等公共服务的合理配置提供参考。

（四）持续推进混居异质化社区建设

顾名思义，多元混居异质化社区是将不同收入阶层的居民在邻里层面结合起来形成相互补益的社区，以使低收入群体不被排除在城市主流社会生活之外。由于有助于推进不同阶层群体平等共享公共服务，且可以加深彼此之间的交流互动、增强弱势群体的社会机会，多元混居异质化社区建设对于居住空间失衡的治理具有直接政策意义。在欧美国家，混居模式已成为其解决居住分异与隔离的基本选择。在我国，混居模式主要体现为在商品房住宅项目中配建一定数量保障房。自国务院于2007年提出在普通商品房小区中配建廉租房后，混居社区建设已经相继铺开。例如，北京市在"十一五"规划中就明确要求新建项目必须按照约15%的比例配建保障房和"两限"房。具体到实践中，混居社区建设包含社会结构混合、公共服务设施混合和建筑样式混合三个层面。其中，社会结构混合是指推动不同阶层人群在一定空间内混合居住，公共服务设施混合是指促进不同阶层之间的人群平等共享公共服务，建筑样式混合则是指商品房与配建保障房应尽量在外观设计方面保持一致。

为进一步推进混居社区建设，可从以下两方面着手。首先，在混居

---

① 宋小冬、丁亮、钮心毅：《"大数据"对城市规划的影响：观察与展望》，《城市规划》2015年第4期。

过程中为避免阶层差异过大而引起新的抵触与隔离，应坚持"大混居小聚居"的插花式布局，即将拆迁安置社区或保障房社区与商品房项目在小范围内配合建设，相似阶层居民的居住空间则以组团方式进行配置。在这一过程中，应注意配建比例的问题。现有研究表明，当配建比例高于24%时，商品房消费者和开发企业的福利将同时受损，因而配建比例不宜过高且应适当提高政府回购价格。① 其次，在混居社区建设中应重视公共交流空间的打造，以增进不同阶层人群之间的了解、交流和沟通，加强混居社区的凝聚力，达到社会融合的政策效果。"硬件"方面，社区广场、街头公园等公共文化体育设施的兴建可为不同阶层人群提供有效的沟通交流平台，能提升低收入人群的社会资本并使其在就业中切实获益，同时也能推进其尽早融入现代都市生活。"软件"方面，应以共建共治共享为基本原则，充分发挥社区党组织的核心作用，通过举办协商议事会、文化艺术节、慈善拍卖、书画比赛等活动来联结起不同阶层群体的社会关系，打造基于邻里地缘关系的社区共同体，从而防止混居社区内部"隔离墙"的产生。

而对于已经产生内部"隔离墙"的混居社区，应根据具体情况采取灵活的治理策略，② 比如在多方协商基础上采取分区管理，或基于低收入人群基本生活需求进行拆除。

第四节　超大人口流量对基层治理的挑战

超大人口流量所带来的聚集性、拥挤性和流动性，固然会反映在物理空间和社会空间层面，但最终都会落脚在基层。这是因为，城市同样是一个生活空间，人最终要回到自己所在的街区开展日常社交与公共生活。在这一过程中，巨大的人口流量必然会带来基层公共事务的大量聚集和复杂化，给深圳持续优化基层治理带来巨大的挑战。本节的主要内容，就是分析深圳市人口集聚对于城市基层治理的影响，以及深圳市对

---

① 樊颖、杨赞、吴璟：《谁在为配建保障性住房项目"买单"？——基于北京市微观数据的实证分析》，《经济评论》2015 年第 2 期。

② 张霞飞、曹现强：《空间边界争议：对城市产权混合社区冲突的理论解释——"隔离墙争议"的扎根理论研究》，《甘肃行政学院学报》2020 年第 6 期。

此做出的针对性改革举措。

一　人口流量对城市基层治理体制的影响

城市的首要特征是人口的空间集聚。一方面，随着人口的集中，以及随之带来的资本、信息、物流等要素在城市的集聚，使其拥有了"最能够培育和维持繁荣的理想规模"，具备了经济发展、安全保护等领域的规模效应。① 在深圳市发展的各个阶段，海量的外来人口成为城市发展的重要推动力，为深圳模式提供了劳动力资源和市场活力。但另一方面，城市规模越大，其复杂性、风险性、脆弱性和不确定性也就越大。具体而言，城市不仅仅是经济空间，同时也是生活空间。巨大的人口流量同时对城市基层治理提出了挑战。概括地说，这些影响主要体现在以下几个方面。

第一，海量的人口流量，意味着海量的公共服务需求。"来了就是深圳人"，不仅仅是一句口号，更是城市管理者开展行动的重要遵循。公共文化事业、社会保障体系、社区综合治理、国民素质教育等公共服务事项，同民众的获得感、幸福感、安全感密切相关。并且，随着服务型政府建设的纵深发展，公共服务体系的内涵不断丰富，开始从养老、医保、就业等核心公共服务拓展到公共卫生、基础教育，甚至是资源与环境保护等内容。最后，深圳城市发展的巨大势能吸引了巨大的外来人口流量，给传统的公共资源配置模式带来了巨大挑战。其中，相当一部分公共服务需要由基层街道和社区提供，工作任务较重。

第二，人口流量同管理难度呈正相关。在深圳，人多地少的矛盾，进一步激化了对土地等资源的激烈竞争，加重了城市管理的难度。人员高度密集所产生的聚集性、拥挤性和流动性，使基层公共事务极其繁重且高度复杂。并且，快速城市化带来的"陌生人社会"，使原本分散的社会矛盾更加集中，且更容易被引发，给社会稳定带来了巨大隐患。根据深圳市提供的资料，2021 年对全市出租房开展针对流动人口的安全大排查，仅一个月期间就出动了近 10 万人次警力、30 余万人次网格员，查处涉及出租违法犯罪案件 2000 余宗，抓获违法犯罪嫌疑人 2000

① 吴晓林：《城市性与市域社会治理现代化》，《天津社会科学》2020 年第 3 期。

余人。① 最后，由于民众的工作地与居住地距离较远，每天通勤过程中大进大出的流量，以及流动摊贩管理、流动人口管理、物业纠纷、安全等海量的工作任务，对辖区治理秩序和市容环境带来了更大的压力。

第三，人口的集聚性，以及与之相关的高度复杂的经济社会系统，容易引发城市的风险性。深圳是全球各类资源要素高度聚集和流动的重要城市，必然要同全球风险社会同步生产和再生产各种现代风险，容易带来风险的"叠加效应""溢出效应""放大效应"和"链式效应"，放大城市风险的规模和破坏力。② 一方面，一旦发生城市灾害、病毒传播、安全事件等，将不可避免地波及较多人群，成本高且难以预防、控制；另一方面，深圳也面临着类似金融风险、大规模失业等社会风险。这些风险会直接或间接性地作用于基层，需要基层在预防、识别、治理以及善后处置等方面积极作为。

第四，深圳确立了"努力打造全国市域社会治理现代化标杆城市"的发展目标，③ 需要以更加严格的标准来推进基层治理工作。当前我国正处在现代化与后现代化叠加的阶段，两个阶段的任务重心分别是强化管理和扩大服务，客观上增大了政府管理的难度。并且，深圳承载着习近平总书记"努力走出一条符合超大型城市特点和规律的治理新路子"④ 的谆谆嘱托，这既是荣誉，也是压力。由于被赋予了更高的期待，容易产生"讲管理底气不足，讲服务力不从心"的状况。此外，随着全球化和信息化的飞速发展，特大城市正成为公众权利诉求的滥觞之地。一方面，深圳市吸引了大量高素质人才，他们对于公共服务、社会管理更加关注，且标准更高；另一方面，深圳市的社会组织数量多、发展快，倾向于在利益表达、社会动员和维权领域发挥作用。在社会自组织能力不断提升和网络社会日趋成型的背景下，需要在探索简约高效的新型社会秩序维系机制方面做出表率。

综上所述，流量城市在基层治理中面临着前所未有的挑战：一方面，

---

① 数据来源：2023 年 2 月 7 日在深圳座谈会所得资料。
② 吴晓林：《特大城市社会风险的形势研判与韧性治理》，《人民论坛》2021 年第 35 期。
③ 余新国：《不辱使命 开拓创新 努力打造全国市域社会治理现代化标杆城市》，《深圳特区报》2020 年 12 月 9 日第 A04 版。
④ 《习近平关于城市工作论述摘编》，中央文献出版社 2023 年版，第 39 页。

面对海量的人口基数，必须保证公共资源的持续扩大供给与公平配置，以适应各个阶层群体的诉求；必须确保社会管理与基层整合的有效性，及时化解海量人口带来的治理风险。另一方面，必须时刻应对环境、卫生、就业、安全、交通等超大城市的困点问题，探索抗击流行疾病等全球性风险和非传统安全问题，[①] 夯实城市治理的根基。总之，流量城市需要更好地统筹发展与安全的关系，在治理理念、体制机制和运行程序等方面进行回应。

二　流量城市基层治理困境的体制根源

流量城市在基层治理中面临的挑战，既源自海量人口集聚带来的基层公共事务的大量聚集和复杂化，以及随之而来的城市社会管理职能不断扩张，也受制于传统的基层管理体制。尤其是，由于社会开放度更高，各类流量大进大出，使传统治理模式更加难以适应。

首先，街道并不是国家法律规定的一级行政区划，资源和权力较为有限。随着近年来国内大中城市纷纷通过合并重组等方式做大做强市辖区，很多市辖区在体量上已经达到一个中等城市的规模。尽管深圳市近年来一直增设区级行政单位和街道办事处，但各市辖区内的人口流量依然巨大（见表3-6）。由于城市管理事务繁多，市辖区政府无法依靠自身力量承担全部区属职责，也缺乏相应的"腿"来协助落实。因此，区属部门不得不将大量的管理和服务类工作转嫁给街道和居委会具体办理。然而，街道只是区（县）人民政府的派出机关，而不是一级建制单位，人、财、物等资源较为短缺，也缺乏相应的执法权力。承担大量的行政事务，不但超出了其自身能力，带来了较重的工作负担，无形之中还增加了行政层级。"两级政府、三级管理"的城市管理体制基本成型，街道办事处成为事实上的一级政府，加大了城市管理的运行成本，违背了由市辖区对城市基层社会事务直接管理的初衷。[②] 概言之，由于流量城市的城市管理任务过于繁重，基层被迫承担了上级下派的海量工作任务，工

---

① 李友梅：《我国特大城市基层社会治理创新分析》，《中共中央党校学报》2016年第2期。

② 朱光磊、王雪丽：《市辖区体制改革初探》，《南开学报》（哲学社会科学版）2013年第4期。

作负担较重。

表3-6 中国超大城市城区人口与街道办事处数量

城市	城区人口（万人）	街道办数量	街道平均管辖人口（万人）
深圳	1744	74	23.97
上海	1987	107	18.57
北京	1775	165	10.76
重庆	1634	239	6.84
广州	1488	142	10.48
成都	1334	161	8.29
天津	1093	124	8.81

数据来源：城区人口来源于国家统计局发布的《经济社会发展统计图表：第七次全国人口普查超大、特大城市人口基本情况》；街道办数量来源于各城市政府官方网站。最后访问时间：2023 年 7 月 4 日。

其次，职责同构与压力型体制所衍生的双重压力，是基层权责失衡的重要体制根源。职责同构即各级政府在纵向职责和机构设置上的高度一致。[1] 在这种制度环境下，各级政府间的职责配置较为模糊，责任也无法明确。一旦出现棘手问题或者难以推进的工作，这种纵向职责配置便利了上级政府将其层层发包转移到基层。在压力型体制下，目标管理制成为推动政策执行的主要手段：通过指标的分解与层层加码，上级政府将职责下压，自身逐步转型为"管政府的政府"。作为职责转移的主要承接者，街道办的工作任务和压力愈发沉重，面临着权责分离的困境。通常的情况是，越是基层，其防控的责任就越大、权力和资源配置越是不足。据统计，在特大城市，社区往往要承担十多个大类、二十多项小类（包括防汛、防火、防灾和安全生产检查等）的风险防控工作。[2] 基层单位和工作人员既缺乏相应的资源、专业能力和执法权，还要背负"谁发现问题谁解决"的压力。并且，职能部门和基层单位间存在着条块壁垒，

---

[1] 朱光磊、张志红：《"职责同构"批判》，《北京大学学报》（哲学社会科学版）2005 年第 1 期。

[2] 吴晓林：《特大城市社会风险的形势研判与韧性治理》，《人民论坛》2021 年第 35 期。

容易产生各自为战的问题。

最后，属地管理的不断强化，全面加剧了基层的履职困境。① 属地管理即以管辖的空间范围作为划分管理责任的基本依据，初衷是为了减少基层不担当、不作为的现象。在实际管理过程中，"小事不出社区、大事不出街道、矛盾不上交"的原则被广泛应用。然而，治理重心下移并不必然带来权力和资源的下沉，相当一部分事务依然需要依靠基层工作人员"跑断腿""磨破嘴"去落实。除去社会综治等本职工作，一些职能部门倾向于将问责力度较强、街道职责范围之外的事项下派到基层。例如，燃气安全复检、电梯安全检查、井盖安全检查、防汛检查等风险防控事项成了街道的责任。并且，这些事项往往是"一票否决"的。后果就是，基层政府往往忙于上级交办的任务，而不是为居民提供公共服务。在这种情况下，还可能会引发"急于表功""形式主义"等问题。面对风险类事务，个别官员甚至会出于"避责"考虑，畏首畏尾，处处等待上级指示，贻误时机。

综上，传统的城市基层治理体制已经无法适应现有的治理环境。尤其是对于深圳这样的流量城市，海量的工作事项、倒挂的权责配置、强问责的制度压力，共同驱使着深圳在基层治理领域开展积极探索。在下一部分，将会对深圳的改革举措展开具体分析和评价。

三　深圳市基层治理改革的相应举措和成功经验

（一）改革探索

自 2004 年完成农村城市化改革后，深圳的城市基层治理改革主要集中于社区层面，经历了从居站分离、区划调整、社区减负再到契约外包、党建引领等多个阶段。近年来，改革开始触及街道层面，注重全市统筹推进与基层自主探索相结合，逐步走向了制度化、规范化。

1. 从机制创新到体制变革：机构优化与扩权增能

党的十八大以来，随着全面加强党的领导，党建引领成为各地推进基层治理的重要保障，即突出党的领导在基层治理中的核心地位和引领作用。在早期，深圳市主要是借助党的政治势能来推动机制层面的变革。

---

① 赵聚军、张昊辰：《被动担责与集体共谋：基层官员问责应对策略的类型学考察》，《江苏社会科学》2022 年第 1 期。

通过强化街道党工委的统筹协调功能，赋予其有关干部任免权及对区域内事关群众利益的重大决策和重大项目建议权。在此基础上，完善基层执法体制机制，全面构建了"权责统一、权威高效"的城管综合执法体制机制，建立跨部门联合执法机制。此外，大力推进网格化管理全覆盖、精细化。建立专业采集队伍，由街道统一管理，负责信息采集和事件处理工作，主动发现问题，及时解决问题，接通基层治理的"最后一公里"。最后，街道配备主责抓党建的副书记，统一规范管理社区专职工作人员，在薪酬管理、职业发展方面适度倾斜，夯实基层治理力量。①

2020 年以来，随着广东省纵深推进乡镇街道体制改革，深圳市的街道办事处进一步实现了扩权增能，开始触及深层的结构性变革：一是明确抓党建、抓治理、抓服务的主责主业。将招商引资等职能剥离，聚焦于社会管理和公共服务，实现了职责"瘦身"。二是错位配置区、街道和社区的职责，编制区街权责清单，以便明晰职权家底，划清职责边界。三是统筹设置机构和使用编制资源。按照"大口径"将同类职责归并，大幅精简科室数量。同时，区级加大编制下沉街道力度，赋予街道统筹使用各类编制资源、各类工作力量的权限，公务员编制较改革前增幅达39.8%。总之，通过职责明确和权能相符，改革实质上做强、做实了街道办事处，基本形成了分工合理、权责明确的管理体制。②

2. 从精细管理到技术便民：信息技术与基层治理高度融合

在早期，为了提升城市管理的精细化程度，深圳市大力推行网格化管理，将全市划分为 1.8 万余个社区基础网格，由网格员负责信息采集。现代信息技术的飞速发展起到了技术赋能的效果：各街道、社区普遍应用了智能基础设施、感知设备进行数据采集，实现了自动化的网络融合与数据处理，建立起不同层级的一体化智慧指挥平台，极大提升了基层治理效能，且持续性更强，减轻了行政和人力资源的投入。然而，不同业务部门、不同层级政府的数据系统间相互割裂，反倒加剧了基层的负担。为此，深圳开始探索从全市层面推进智慧社区建设，统筹建设社区一级的数据应用平台，统一标准，打通不同系统间的壁垒，最终实现

---

① 参见《深圳基层治理体制改革的实践与思考》，《中国机构改革与管理》2020 年第 1 期。
② 参见《深圳基层治理体制改革的实践与思考》，《中国机构改革与管理》2020 年第 1 期。

"一个入口，互联互通"。这项改革将会打破传统的封闭式的数据流通模式，搭建起整个城市的社区数据库，不但可以为基层的管理工作提供信息支撑，还将会有效减少数据重复填报的问题，真正为基层减负。

技术不仅仅是政府部门加强管理的工具，更重要的是可以提升服务群众的便捷性、精准性、及时性，增进民众的获得感、幸福感。在网格化管理的基础上，一些街道建立起民生诉求回应平台，对民众、网格员上传的各类诉求进行智能识别、自动分拨、结案反馈、督办考核，明晰了治理责任，加强了部门协调。在政务服务方面，深圳市深入推进"一门进驻"，街道、社区事项进驻街道行政服务大厅，社区党群服务中心比例超过99%。大力推行"前台综合受理、后台分类审批、窗口统一出证"服务模式，综合受理率达94%。全面推广移动办事、掌上服务，全市95%以上个人事项和70%以上法人事项实现"一个平台（i 深圳）"掌上办理。例如，通过智慧福田 App，市民和企业可以办理 15 类 592 项服务，实现了 98 项政务"零跑腿"。宝安区 1060 项审批服务事项实现 100% 网上申报、100% 网上审批，230 项事项实现跨街道通办通取。①

3. 从政府主导到一核多能：充分调动多方资源

在早期，深圳市曾全面推行居站分设模式以及协商合作的三社联动模式，但从实际效果来看，它们只能提供部分社区增量服务，并不能有效提升居民自治能力、减轻基层工作负担。② 可见，多元治理结构并不必然会带来"国家强、社会强"的预期效果。因此，深圳市逐渐复归"一元化"治理结构，即突出党的领导，全面统筹治理资源，发挥基层党组织化解各类矛盾、促进和谐稳定的关键作用。为此，在全市组建了 1050 个党群服务中心，形成了"1 + 10 + N"的党群服务中心平台，集中提供一站式、综合性、多功能的社区公共服务。③ 也就是说，基层党组织成为服务的直接供给者，及时回应群众的需求。并且，深圳每年为党群服务中心投入大量资金，用于购买专业化的社工和其他公共服务，充分体现了党建工作的民生属性。

---

① 参见《深圳基层治理体制改革的实践与思考》，《中国机构改革与管理》2020 年第 1 期。

② 张雪霖：《"找回"城市与"祛魅"的居民自治——中央、地方与民众三层关系视野下的城市社区治理研究》，博士学位论文，华中科技大学，2019 年，第 86—87 页。

③ 参见《深圳基层治理体制改革的实践与思考》，《中国机构改革与管理》2020 年第 1 期。

与此同时，引导各类社会主体参与基层治理。① 一是，充分发挥社区股份合作公司"本土化"的特点和物业公司覆盖面广、服务人口多、与辖区居民零距离的优势，通过购买服务等方式，委托市场主体承担部分事务性工作，满足居民多元需求。二是，拓宽社会参与渠道，推动社会组织建设，以服务社区居民为重点，大力培育发展社区服务类、慈善公益类、文化体育类等社会组织，支持各类社会主体自管理、自服务。三是，探索民主协商。创新社区自治平台，组建社区居民议事会、开展"民生微实事"，解决群众关切的急事难事；建立职工之家、社区U站等服务载体，开发社区公益服务项目；创新外来人口参与治理途径，吸收非户籍"两委"委员。积极对接社会资源，培育社区自治力量，最终迈向共建共治共享，这其实是通过"党建＋自服务"的模式为政府减负。

（二）典型案例

1. 坪山区推进民生诉求"一网统管"改革

锚定"把群众大大小小的事办好"目标，坪山区在全区23个社区创新打造"社区党群服务中心＋民生诉求系统"改革，依托区政务服务数据管理局进行全口径收集，整合信息渠道，推进民生诉求"一网统管"，精准快速解决居民诉求。通过建成全区统一的"集中受理、统一分拨、全程监督、闭环运转"智慧管理指挥平台，"整渠道、统分拨；并表单、缩时限；抓实效、优体验；融智慧、助治理"，实现了"一个系统分事件、一套标准抓落实、一张表单统情况"的民生诉求"一网统管"，有效解决了基层治理中平台多、渠道杂、流程繁、事权乱等问题，提升了接诉即办、服务民众的效率。

坪山区"一网统管"系统的有效运行得益于区政务服务数据管理局、区编办以及各条块部门在职权划分方面所进行的一系列谈判磋商。据了解，在建设系统前，区政数局、编办花费四个多月时间同各部门对接，讨论事项分类的责任单位、处理要求、办理时限、结案标准、复核过程，将群众的1000余项诉求进行了标准化，将同类事项在不同部门的职责分工串联起来，编制形成5级1659项的"一网统管"职责清单，实行"集

---

① 参见陈家喜、赵怡需《党建引领城市社区治理机制的深圳经验》，《特区实践与理论》2022年第5期。

中受理＋大数据推送＋呼叫部门响应"工作机制，大大提高了民生诉求事件的处置效率。① 这改变了传统的以部门为单位编制职责的理念，而是以事件类型进行编制，将分散在若干部门的事项，按照类别、流程串联起来，形成了对"三定"方案的补充和细化。例如，仅噪声一项就划分为 30 类事项 10 个责任单位，职责高度清晰。

综上，坪山区"一网统管"的改革探索超越了明确分工和提高效率的原始目标，对于转变政府职能有着重要的参考价值，其先进经验也于 2022 年在深圳全市范围进行推广。这场"刀刃向内"的改革，具备了灵活性、互动性等优势，为职责在横向间的协调整合以及纵向上的差异配置提供了方案。例如，可以通过系统数据分析街道和区直部门实际负责的工作事项，促成职责配置的调整以及相关资源的流转，缓解基层无限兜底属地责任的困境。2022 年以来，坪山区开始探索企业诉求的系统搭建和清单梳理，将"一网统管"涉及的城市管理、社会治理拓宽到行政审批等事项，实现版本升级。总之，这套系统真正做到了实战中管用、基层干部爱用、群众感到受用。数据显示，2020 年以来，坪山区民生诉求系统累计受理诉求事件 13 万宗，办结率 99.98%，近一半事件实现"当日清"，平均处置时长 3.3 天，群众幸福感大幅提升。②

2. 光明区着力打造群众诉求服务 2.0 版本

为有效解决信访量较高的问题，光明区通过持续深化党建引领基层治理改革，推动群众诉求服务提档升级。在前期，光明区着力打造"诉求服务在身边、矛盾化解在源头、问题处理在基层"的 1.0 版本，尽可能把信访的调解、处置压到一线，即社区党群服务中心。由社区党委书记来判断民众的诉求需要由哪些部分来解决，并赋予其召集的权力——"社区发令部门报到"。这实际上借鉴了北京市的"吹哨报到"模式，让区直部门、街道尽可能下沉到社区一线。2021 年，光明区 31 个社区共"发令"760 次，各单位第一时间赶赴现场，执行率 100%，有效实现了

---

① 肖雄鹏：《坪山：党建引领推动民生诉求"一网统管"》，《深圳特区报》2022 年 7 月 1 日第 B05 版。

② 参见《深圳市坪山区建立"一网统管"职责清单 助推基层治理能力跃升》，中国机构编制网（http://ids.scopsr.gov.cn/shgg/jcgl/202105/t20210520_380247.html），访问日期：2022 年 8 月 1 日。

将矛盾纠纷"化解在小"。①

随着治理经验的成熟，光明区开始转向以源头治理为导向、矛盾纠纷预防在先的 2.0 版本。以压实责任为抓手，将信访工作纳入各级政府部门年度工作要点、党政一把手年度述职重要内容，形成齐抓共管的工作局面。在土地整备、物业管理、教育学位等八类重点领域，组织住建、教育等相关部门，深入调查研究，深挖问题根源，强化排查预警，细致复盘，厘清责任。对能够马上解决的问题，立即解决；对一时难以解决的，提出解决方案和工作指引，进一步健全源头解决信访诉求类案的长效机制；对群众反映强烈、影响全区改革发展稳定大局的问题，由区信访联席办协调有关职能部门共同解决，切实将矛盾纠纷化解在早、在小，真正走出了一条符合超大型城市特点和规律的治理新路子，信访态势持续平稳向好，连续三年在深圳市信访绩效考核中排名第一，并作为"深圳经济特区矛盾纠纷多元化解条例"立法项目的重要参考，得到中央政法委、国家信访局和省、市各级领导的充分肯定。②

与坪山区相似，光明区尽可能在基层化解矛盾，将各条块主体纳入基层治理场域，让街道、区直部门等行政力量尽可能到"一线"解决问题。在此基础上，从问题导向转向矛盾预防，推进矛盾纠纷发现在早、化解在小、预防在先。具体而言，光明区主要是通过压实各级党委的信访工作责任，通过优化渠道、完善制度，确保党委和政府同人民群众的密切联系。这充分契合了 2023 年《党和国家机构改革方案》的相关要求，即由党的社会工作部门统一领导信访部门。此外，凸显信访工作的人民本位，着力拓宽社会力量参与信访工作的渠道，在增强信访工作公信力的同时，反过来强化了党组织的凝聚力和向心力。

四　深圳市基层治理改革的总体评价

面对超大流量和职责失衡夹击，基层公共事务大量集聚且日益复杂

---

① 参见《光明区着力打造群众诉求服务 2.0 版本》，《南方日报》2022 年 1 月 5 日第 SC02 版。

② 参见《群众诉求服务"光明模式"不断完善》，《宝安日报》2023 年 3 月 29 日第 B04 版。

的局面，深圳市开展了一系列卓有成效的改革，取得了较好的效果：一是有助于强化社会整合，将矛盾和基层化解在基层；二是有助于提供优质服务，吸引更多、更优质的人口资源，进而更好地吸收人口流量红利；三是有助于提升行政效率，减轻职责负担。当然，改革只有进行时，没有完成时。目前的改革依然存在未尽之处。

首先，深圳市在公共服务等方面进行了积极探索，但不均衡的问题依然存在。一直以来，深圳市面临着特区内外发展差距明显的问题，住房、交通、薪酬、教育和基础设施均存在不同程度的"关内""关外"的"一区两制"，公共服务的"二元化现象"明显。① 并且，深圳收入差距大、生活成本高，在社会保障方面面临着较大压力。在广东省省情调查研究中心发布的《2020 年广东省地方服务型政府建设系列调研报告》中，深圳市位列全省第 6 位。相较于 2018 年的第 7 位，深圳市在公共服务方面取得了进步，但依然同自身的发展位置不相匹配。在调研中了解到，尽管深圳市近年来一直致力于推动户籍人口与流动人口社区服务的普惠性、均等化，但受制于基础设施、资源总量、人口规模等因素的限制，目前的改革主要是各市辖区内部的资源整合，部分街道、社区已经开展了先行先试，取得了较好效果，但仍有待全市层面的统筹优化，朝向共同富裕的目标前进，增强民众的获得感与幸福感。②

其次，深圳的改革呈现出自下而上探索与自上而下推行相结合的特征，但还要进一步处理好纵向政府间关系，发挥好不同层级政府的职责和功能，形成合力。总的来说，深圳在改革过程中充分考虑到基层的现实需求。例如，在大数据平台的应用中，市级和区级政府搭建框架，由街道自行设置应用场景。再如，重点将行政编制大量下沉到基层，明确规定编制数量。然而，各级政府都处于整体性的科层结构之中。在全省统筹的大数据平台建设模式下，深圳市的平台建设由于较为超前，反倒在整体架构、标准体系等方面受到了极大限制，直接影响到了基层应用的效果。此外，刚性的编制规定确实充实了基层，但也加剧了条线部门

---

① 俞可平：《中国城市治理创新的若干重要问题——基于特大型城市的思考》，《武汉大学学报》（哲学社会科学版）2021 年第 3 期。

② 注：2022 年 6 月 22 日在线上座谈会中所得资料。

在基层的工作负担，又引发了新的问题。① 综上，解决基层的问题，既有赖于基层的积极探索和向上借力，同时也要从更高层级来进行整体谋划，系统解决。这是一个长期的过程，有赖于纵向政府间的良性互动。

最后，技术治理只是政府治理的重要手段，它不能孤立地发挥作用。要理解技术、"驯服技术"，真正让技术为人民服务。依托发达的信息流和技术流，"一网统管"等改革有效打破了部门间的数据壁垒，为基层治理提供了强大的大数据支撑。但课题组在调研中发现，不同市辖区、街道、社区在技术应用方面存在着明显差异。② 这和基础设施、社区资本等因素密切相关，不宜过度强调"全市一盘棋"，必须充分考虑技术应用的"时空条件"。此外，必须警惕治理被技术主导。以"一网统管"为例，有些事项确实在责任归属上存在困难，有些则属于历史遗留问题。倘若过分倚重大数据进行排名考核，可能会挫伤基层工作者的积极性。最后，深圳市的技术治理主要依赖政务数据，缺乏对社会数据的应用，这也制约了数据要素市场的发展和基层治理的效果。当然，随着政务数据与社会数据的结合，如何保护数据安全、避免数据泄露和不正当应用，是未来应当重点考虑的问题。

---

① 注：2022 年 6 月 22 日在线上座谈会、2023 年 2 月 8 日在深圳市坪山区政数局调研中所得资料。
② 注：2023 年 2 月 7—9 日，在深圳市政数局、相关街道和社区调研中所得资料。

第 四 章

信息流量超大型城市的
数字治理与条件分析

进入数字时代，数字技术成为助力城市发展、提升城市治理水平的重要现代化工具。城市治理是国家社会治理转型的前沿阵地，城市治理现代化对国家治理现代化具有重要引领作用。21 世纪以来，全球各国都在积极推动发展新型信息技术、主动探索技术参与国家治理的路径，数字治理更是得到了前所未有的重视。上海"两网并行"、杭州"智慧城市"、北京"接诉即办"等优秀案例都彰显了中国超大城市数字治理的卓越成就。

深圳作为我国超大一线城市，也是粤港澳大湾区中心城市和中国特色社会主义先行示范区，理应在城市数字治理领域先行先试、做出典范。深圳在如何实现科学化、精细化、智能化的城市治理中做出了积极响应。党的十九大以来，深圳市印发了《深圳市新型智慧城市建设总体方案》"深圳市新一代人工智能发展行动计划""深圳市促进大数据发展行动计划"《深圳市数字孪生先锋城市建设行动计划（2023）》等政策，对城市数字治理进行了安排。在 2021 年中央政府将"数字中国"战略写入"十四五"规划后，深圳市更是将城市数字治理放在了重要战略位置上。深圳市"十四五"规划中明确提出要通过构建数字新优势、建设全球领先数字基建、加快建设数字政府和新型智慧城市、营造开放健康安全的数字生态，来打造全球数字先锋城市。2022 年 6 月，深圳市出台了《深圳市数字政府和智慧城市"十四五"发展规划》，并明确指出到 2025 年，将深圳打造成国际新型智慧城市标杆和"数字中国"城市典范。

第一节　以数为纲：城市数字治理的
基本架构

　　数字技术为破解当代超大城市治理难题提供了新的技术手段和详细方案，但数字技术具体如何赋能城市治理？解答好这个问题对于我们进一步理解数字技术赋能城市治理的逻辑和对深圳市数字治理实践进行研究有很大的帮助。厘清数字技术赋能城市治理的逻辑需要建立在对城市治理本身内容的理解之上。目前学界关于城市治理的内涵众说纷纭，我们选取了比较广泛认同的说法，认为可以从主体、内容、要素上对城市治理内容进行一定的界定。在主体上，城市治理涉及多个主体之间的多种关系，包括政府与市民之间的关系、政府与企业之间的关系、政府内部各层级之间的关系、政府与社会的关系等。在具体的内容上，城市治理的内容包括政治、经济、文化、生态等多方面。在具体生产要素上，涉及城市中的资本土地、劳动力、技术、信息、知识等。[①] 基于对城市治理内容的理解，我们认为城市数字治理并不是技术手段与城市治理的简单相加，数字技术通过保障、技术、服务、产业、安全、文化六个维度打出城市数字治理的组合拳。

一　筑牢基础保障
　　基础保障对城市发展至关重要，也是数字技术赋能城市发展的重要基石。城市数字治理的过程也是不断完善基础保障的过程，包括法治保障、制度保障、人才保障、资金保障等方面。

二　创新治理技术
　　数字技术是城市数字治理的首要前提。进入数字时代，信息技术高速发展，特别是人工智能、区块链、5G 网络、物联网、云计算等新型技术的产生和发展为城市数字治理提供了丰富的技术手段，让城市治理能够在技术的帮助下更加便捷高效。与此同时，科学技术是第一生产力，技术创新有利于增加城市产业竞争力，形成产业集群，带动城市经济发

---

　　① 王佃利：《城市管理转型与城市治理分析框架》，《中国行政管理》2006 年第 12 期。

展，增强城市的核心竞争力。

三　完善民生服务

城市提供的公共民生服务是市民幸福感的重要来源，也是一个城市发展的重要指标。通过数字技术的赋能，政府有能力更加快速、精准地捕捉到市民的需求，从而让市民能够在医疗、教育、就业、住房、交通、物流、通信等方面享受更好的服务。首先，数字技术能够高效精准解决民生诉求。通过大数据的收集和分析能够快速捕捉到市民的诉求，并精准给出解决方案，从而改变公共服务提供"吃力不讨好"的怪圈。其次，数字技术丰富了城市生活服务的形式和内容。社会公共服务提供由传统的单一形式转变为线上线下相结合的形式，数字技术的广泛运用使人们在衣食住行各方面都能享受到更便捷的服务。

四　培育数字经济

产业是城市经济发展的重要活力，进入数字时代，数字经济产业已经成为城市经济发展新引擎。数字技术主要通过数字产业化和产业数字化两方面带动城市产业的升级发展。数字技术与产业融合催生出许多新的经济新业态，以数字技术为基础的数字经济不断引领各大城市经济发展；同时数字技术通过优化传统产业发展方式，可以提升传统产业的生产效率和社会竞争力。

五　加强安全防范

城市因其治理的复杂性和不确定性面临着巨大的安全风险，数字技术为城市社会风险治理提供了丰富的手段，带来了突破式的变化。大数据、云计算、物联网、5G网络等新型信息技术为城市风险防范提供了强有力的技术支撑，对大数据进行收集、溯源、分析，不仅能提前预测社会风险，还能为风险预防提供高效解决方案。

六　滋养数字文化

文化在潜移默化中滋养着城市，是一座城市的灵魂，也是城市能够持续繁荣的底蕴。在超大城市治理数字化转型过程中，可以寻见数字治理与城市文化挖掘、凝练、深化的紧密结合。一方面，数字技术给城市文化的保护、修复、传承提供了技术手段。另一方面，城市数字治理水平的提升需要城市文化的激励和带动，主要是通过数字城市品牌、数字城市精神等方式来实现的。

第二节　对标一流：全球超大信息流量城市的数字治理

一　国外典型信息流量超大城数字治理概况

表 4-1　　　　　　　国外典型信息流量超大城市数字治理概况

城市	模式	特征	主要措施
纽约	智能城市	聚焦城市"公平"	①智能实现纽约公平的规划导向； ②具体举措：注重数据开放、注重培养技术人才、注重基础设施建设、注重非政府主体参与环境营造
伦敦	智慧城市	政府主导、社会共建	①以用户需求为核心的规划； ②具体措施：公共服务智能化、数据库建设、发展数据产业、提升市民数字能力
新加坡	智慧国	以"公民为中心"的整体型政府	①注重顶层规划制定； ②注重大数据的管理和开放； ③以公众为中心完善数字政务服务； ④注重公众隐私和数据保护； ⑤打造公开透明的网络参政问政平台

（一）纽约：智能城市

2016 年，纽约在被誉为智慧城市领域的"奥斯卡金像奖"的"世界智慧城市大奖"（WSCA）中获得了第六届"世界智慧城市大奖"。在《2021全球城市动态指数》城市排名中位列第一，获得世界"最智慧城市"的称号。纽约为城市如何选择智慧化、数字化的发展道路提供了范例。

1. 主要措施及特征

首先，纽约确立了用智能实现纽约城市公平的规划导向。纽约在智

慧城市发展过程中制定了具有许多具有指导性的战略发展规划（见表 4 -
2）。2007 年，在纽约时任市长 Micheal Bloomberg 的主导下，纽约提出了
"Plan NYC 2030" 计划，该计划从水资源、土地、能源、气候等角度出
发，为纽约未来的可持续发展提出了十个关键目标，致力于将纽约打造
成一个更绿色、更伟大的城市。2013 年，提出了 "One NYC：A Stronger,
More Resilient New York" 计划，意为建设更强大、更有弹性的纽约。
2015 年，在纽约时任市长 Billde Blasio 的带领下，纽约推出一个全新的计
划，即 "One NYC：The Plan for a Strong and Just City"，该计划提出了纽
约全城的智慧连接、部署责任性的保证、指导与扩展智慧化的技术、创
新经济的发展四项战略布局，希望将纽约建成一个智慧且公平的城市。①
2019 年，推出了 "One NYC 2050" 总体城市规划，该规划展现了到 2050
年要将纽约建设成一个强大而公平的城市的愿景。根据以上战略规划内
容，可以发现纽约近年来关于智慧城市的规划具有鲜明特色：以智慧实
现纽约城市公平。城市发展面临着许多复杂且相互交织的问题，而纽约
在对城市发展的规划中，对城市建设目标进行了一定范围内的收缩，将
发展目标从智慧聚焦到了公平。正如纽约技术与创新市长办公室在其官
方网站中明确的那样："最大程度地实现'公平'就是城市'智慧'的
标志"。因此，在纽约智慧城市建设的全过程中都贯穿着对公平的追求，
明确指出需要建立一个更加强大且公平的纽约，从民主、经济、社区、
生活、教育、气候、交通、基础设施几个方面着手，力图用智慧技术给
这个复杂而庞大的城市提出综合治理方案。

表 4 - 2　　　　　　　纽约智慧城市建设相关战略规划

时间	战略规划	建设目标
2007	Plan NYC 2030	建设更绿色、更伟大的纽约
2013	One NYC：A Stronger, More Resilient New York	建设更强大、更有弹性的纽约
2015	One NYC：The Plan for a Strong and Just City	建设一个智慧公平的纽约
2019	One NYC 2050	建设一个强大而公平的纽约

① 武英涛、付洪涛：《全球城市数字化转型的典型案例分析及对上海的启示》，《全球城市研究》2021 年第 3 期。

其次，在顶层设计之下，纽约按照拟定的行动清单，从以下几个方面推动纽约智慧城市建设。一是注重数据开放。纽约智慧城市建设过程中最重要的特征之一就是数据开放。2012 年纽约《开放数据法案》正式通过，该法案要求：到 2018 年，政府和各部门所掌握的相关数据，除去涉及安全和隐私的部分，必须全部向市民开放，市民也拥有向政府获取并使用教育、水电等各个领域数据的权利。同时，纽约市政府在其官网专门设置了数据开放相应入口，市民可以通过该入口向纽约市政府和公共服务部门申请查看相应的数据。二是注重培养技术人才，纽约先后开展了计算机课程普及项目、技术人才输送项目、技术教育 K–12 项目、纽约市立大学技术教育项目等，为纽约智慧城市建设提供人才保障。三是注重基础设施建设。设立纽约市"宽带建设特别工作组"，为纽约宽带建设提供专门指导。四是注重非政府主体参与环境营造。积极与各大学术机构、企业建立合作关系，共同开展创新试点工作；开展"与纽约市政府做生意"项目，为中小企业提供相关指导。

2. 条件基础

首先，纽约在城市智能化建设中有着悠久的历史和丰富的经验。自 20 世纪 90 年代纽约启动数个城市信息化、智能化项目以来，纽约从未停下用技术推动城市发展的脚步。特别是在 2008 年国际金融危机之后，纽约更加重视推动经济基础的多样性，最后决定将信息技术这样的新科技作为城市发展的新机遇，由金融资本驱动转向科技创新驱动城市智能化发展。其次，纽约作为一个超大型城市拥有经济、文化、社会力量共同交织在一起的强大力量，丰厚的资本、多元活跃的文化、强大的社会人才力量都为纽约智能城市建设提供了支持。最后，纽约智能城市的发展离不开纽约市政府合理科学的顶层设计和政府正确的角色定位。

（二）伦敦：智慧城市

伦敦智慧城市的建设总体上坚持了以人为本的规划、公私合作的多元化参与，具有鲜明的需求导向。西班牙纳瓦拉大学全球化中心设计了"IESE 城市动态指数"，每年对全球 165 个城市的"智慧"程度进行排名。在该中心发布的《2021 年城市动态指数》中，伦敦排名第二。

1. 主要措施及特征

伦敦出台了《智慧伦敦规划》和《共创智慧伦敦路径图》两个城市数

字治理规划。2013 年，伦敦市政府成立伦敦委员会并颁布了《智慧伦敦规划》，并于 2016 年对该规划做了进一步完善。该计划明确了伦敦建设智慧城市的初衷，将数字技术运用到伦敦城市发展战略中，以解决伦敦因人口增长带来的基础设施和就业问题，以及老龄化带来的医疗、社会照料需求增加的问题，从而使伦敦能够保持全球城市地位。2018 年，发布《共创智慧伦敦路径图》，明确了伦敦智慧城市建设的五项任务：提供更多用户设计的服务；促进城市数据共享与合作；建设世界级的信息基础设施；提升数字领导力和技能；改善跨区域跨部门跨领域的合作。无论是《智慧伦敦规划》还是《共创智慧伦敦路径图》，都深刻体现了以人为核心的宗旨。

智慧伦敦的建设涉及诸多方面，我们拟根据《智慧伦敦路线图》来看伦敦的具体举措。《智慧伦敦路线图》整合了伦敦住房战略、智慧伦敦规划、运输战略、经济发展战略、文化战略、环境保护战略、健康不平等问题战略七项战略，[①] 于 2018 年 6 月正式公布，该规划图基本规定了伦敦在 2018 年 6 月到 2021 年 6 月的实施方案，因此总结该规划图可以窥见智慧伦敦建设过程中的具体做法。《智慧伦敦路线图》从各方面为智慧敦伦建设提供了具体路径，如表 4-3 所示。

《智慧伦敦路线图》明确了五项任务：一是设计面向更多用户的服务；二是制定城市数据的新协议；三是实现世界级的连通性和更智能的街道；四是增强数字领导力和技能、五是加强全市范围内的合作。五项任务下面包含了许多子任务，其中公共服务智能化、数据库建设、发展数据产业、提升市民数字技能具有典型代表（见表 4-3）。

表 4-3　　　　　　　　《智慧伦敦路线图》任务框架

任务	子任务
1. 设计面向更多用户的服务	①向伦敦当局介绍政府的服务标准审查工作； ②开发数字包容的新方法； ③启动市民创新挑战赛； ④更新公众平台，开展数字化宣传活动； ⑤促进科技行业多元化

---

① 戴海雁、张宏：《智慧伦敦路线图》，《国际城市规划》2021 年第 3 期。

任务	子任务
2. 制定城市数据的新协议	①建立数据分析程序； ②制定新的网络安全战略； ③加强数据权利、问责制和信任度的建设； ④通过开放数据资本支持开放生态系统； ⑤增加收集和使用伦敦空气质量数据的方式； ⑥用数据支持文化和夜间经济
3. 实现世界级的连通性和更智能的街道	①建立互联伦敦计划； ②用各种规划力量促进光纤入户和移动链接； ③在街道和公共建筑中支持公共 Wi－Fi； ④加速智能基础设施建设； ⑤对智能基础设施建设的通用标准进行指导
4. 增强数字领导力和技能	①提升公共服务的数字和数据领导力； ②增强数字技能和计算机化； ③探索文化机构吸引市民的功能； ④探索用知识中心填补数字技术空白
5. 加强全市范围内的合作	①建立伦敦技术和创新办公室； ②促进医疗创新； ③探索新的技术合作伙伴关系和商业模式； ④改善政府数字化交付和技术创新； ⑤与其他城市合作； ⑥与自治市和公用事业公司合作以共享规划和基础设施数据； ⑦与自治市和工业部门合作分享能源数据和最佳实践

为此，需要推进以下工作。

（1）公共服务智能化。推动智慧交通建设，例如在自行车道和人行道安装传感器来检测自行车和行人的数量，建立智能停车系统方便市民停车，推行手机、银行卡进站服务等。[①] 完善智能基础设施建设，《伦敦市长规划》明确要求驱动光纤网络建设提高城市网络覆盖率；与米兰、

---

① 类延辉、孙照青：《智慧城市研究——以英国伦敦为例》，《城市住宅》2021 年第 5 期。

华沙等城市合作推广电动汽车、智能照明等绿色基础设施建设。推动文化领域的智能化建设，绘制市内城市文化基础设施图，用数据对音乐设施、体育馆、博物馆等场地进行划分。

（2）数据库建设。设立专门的首席数字官，负责伦敦智慧数据库的搭建；2019 年设立伦敦技术创新办公室，用数据为伦敦住房和城市建设提供决策支持。同时，通过数据开放提高公共服务效率。伦敦市政厅 2010 年 1 月推出伦敦数据商店（London Data Store）平台，该平台主要是向市民免费提供数据，提高政府政务的透明度。2014 年伦敦大幅度扩展数据商店的功能，到 2016 年数据商店已经涵盖了文化、商业、经济、犯罪、人口、教育、就业等 17 大类的 700 多个数据库。通过该数据开放平台，市民可以查询学校、房屋价格等信息，更加方便地享用政府提供的公共服务。

（3）发展数据产业。《智慧伦敦规划》指出智慧城市建设应该为伦敦企业的发展提供新的商机。伦敦政府希望当地企业参与智慧城市建设，将在伦敦产生的基础研究和应用研究成果转化为产品和解决方案，在伦敦当地进行实验后，走向更为广阔的国际市场。为此，伦敦市政府采取了诸多措施，例如伦敦市政府为中小型创新企业提供营销和法律方面的专业服务，批量组织企业参与国际贸易和投资。2013 年起，伦敦 ICT 产业取代金融保险业，成为就业岗位增长最快的行业之一。2017 年。伦敦共计有 4.6 万家科技公司，这些技术公司形成的产业生态系统估值高达 440 亿美元。2020 年伦敦科技公司继续保持高速发展态势，科技融资额占整个欧洲的 1/4。此外，伦敦有着欧洲"独角兽之都"之称，共有 47 家独角兽公司，其中金融科技公司有 18 家，占整个欧洲金融科技公司的一半。[①]

（4）提升市民数字技能。数字技术在给人类生活带来便利的同时，也给数字弱势群体带来了一定的技术难题。为了改变这一难题，伦敦市政府采取措施为不同社区和更多市民带来新技术的益处。伦敦设置了市长基金，青年人可以通过申请该资金用来学习数字技术进入数字产业工作。同时，还开展了"数字人才"计划，该计划主要是资助年轻女性进入数字产业工作。伦敦还出台了为未成年人提供免费数字技术培训的计

---

① 楚天骄：《上海与伦敦智慧城市建设路径比较研究》，《世界地理研究》2021 年第 6 期。

划，提高年轻一代的数字技能。

2. 条件基础

伦敦智慧城市建设能取得以上成就首先在于其凸显人的需求，大力促进企业参与，多元参与热情高。智慧伦敦建设规划中就已经明确了人和企业的核心地位，真实把握了市民和企业的需求，能够最大限度地激发市民和企业的参与活力，自下而上地联合社会力量共建智慧伦敦。其次，伦敦一直坚持主动走出去的传统。新航路开辟以来，英国就十分注重海外市场，伦敦市鼓励企业在伦敦测试之后走向更加广阔的海外市场，同时也注重与其他城市的互相合作与学习。

（三）新加坡：智慧国

1. 主要措施和特征

新加坡在智慧国建设计划中提出要建设以信息驱动的智能化国家，打造"以公民为中心"的整体型政府。围绕这一目标，新加坡政府在顶层设计、数据管理、公民参与等领域开展了数字政府建设的创新实践，使其数字政府建设走在了世界前列。

一是注重顶层规划制定。新加坡对数字政府的建设可以追溯到 20 世纪 80 年代，新加坡政府成立了国家信息化委员会并发布了"国家计算机计划"，希望通过借助现代信息技术提高政府的管理效率，走上政府和企业的数字化之路。

阶段一：信息技术普及阶段（1980—1990 年）。制定了《国家计算机计划（1980—1985）》和《国家 IT 计划（1986—1991）》，这一阶段主要集中于对电子政务的初步探索，提倡无纸化、自动化和电脑化办公，通过借助信息技术提高政府服务管理的效率。

阶段二：国家科技计划阶段（1990—2000 年）。制定了《国家科技计划（1991—2000）》《IT2000 智慧岛计划（1992—1999）》，致力于打通信息孤岛，促进数据交换共享和互联互通，并建成了国内第一个宽带网络，政府开始基于互联网为公众提供服务。

阶段三：电子政务行动计划阶段（2000—2006 年）。2000 年，新加坡出台"e-Government Action Plan I"，明确了新加坡的电子政务计划，要将新加坡发展成全球领先的电子政务国家。2003 年又推出"e-Government Action Plan II"，计划将新加坡打造成一个网络化的政府。

　　阶段四：智慧国建设阶段（2006 年至今）。2006 年新加坡启动了"智慧国 2015 计划"，旨在未来十年内将新加坡打造成一个信息技术应用全面覆盖的智慧型国家，并于 2014 年提前完成计划。紧接着 2014 年 6 月新加坡再次启动了"智慧国 2025 计划"，该计划秉持"大数据治国概念"，希望通过大数据的收集、处理、分析，预测公众需求变化，从而提供更优质的公共服务。[①]

　　二是注重大数据的管理和开放。"大数据治国"理念几乎贯穿于新加坡数字政府建设的全过程：其一是重视数据平台的开发和管理。目前新加坡数据平台包括经济、社会、金融、环境、交通等诸多方面内容，已经开通了 60 余个机构和部门的 8600 多个数据库。其二是成立了专门的政府技术局负责统筹数字政府建设战略。其三是重视大数据的收集和应用，吸引阿里、百度等互联网企业进入数据中心圆，采用基于云计算的"大数据沙盒"模式对信息技术进行检测。建立"政府信息化特派专员制度"推动数字政府建设。最初新加坡成立了资讯通信管理局（IDO）、首席信息官（CIO）、政府首席咨询办公室（GCIO）三个数字政府建设机构，近年来为了解决智慧国建设过程中的信息壁垒问题，又建立了"政府信息化特派专员制度"，为数字政府的建设提供了完备的治理体系和高效的运行机制保障。

　　三是以公众为中心完善数字政务服务。新加坡始终坚持以人为中心，让技术创新出利于民生的服务项目。[②] 例如，2015 年新加坡推出的 So Easy 项目可以通过线上会议、实时通信工具等创造跨部门的城市办公环境；Oneservice 项目可以让公众完成一站式社区事务咨询；通过 Data. gov. sg 可以访问政府数据库，查询所需数据等。

　　四是注重公众隐私和数据保护。新加坡在数字政府建设过程中，十分重视公众的数据安全问题。新加坡政府早在 2013 年就颁布实施了《个人资料保护法令》，旨在保护个人资料不被滥用和拒绝行销来电信息。《个人资料保护法令》规定企业在收集用户个人信息之前，必须先征求用

---

　　① 夏银平、刘伟：《城市数字治理与治理能力现代化的行为互嵌——以新加坡为例》，《扬州大学学报》（人文社会科学版）2020 年第 6 期。

　　② 张长亮、韩雪雯、李竟彤：《大数据背景下中国与新加坡智慧城市建设比较研究》，《现代情报》2018 年第 10 期。

户的意见，并解释收集用户信息的原因。同时设立全国性的"谢绝来电"登记处（DNC），防止公众收到来自私人机构的骚扰短信或邮件。另外，公众在登录政府网站时必须使用双重身份认证（电子口令和电子密码）。

五是打造公开透明的网络参政问政平台。新加坡是全球公认的政府透明度极高的国家之一，政府透明度高可以提高公众信任度也可以有效预防官员的腐败行为。新加坡在数字国建设中非常注重将数字技术运用到政务透明的建设中：其一是打造透明的信息对话平台。该平台设有政务、市民、企业、外国人四大版块，可以根据自身需求选择版块进行访问；还设立了民意收集组织，可以向其公开的邮箱反馈问题。其二是打造了公众参政议政的政策论坛。公众可以在这个论坛上了解到经济、文化、民生等多方面的政策信息，同时还可以就感兴趣的热点话题进行讨论，发表自己的看法。政府在制定相关政策时，也会对该论坛上的意见进行一定的采纳。

二 国内典型信息流量超大城市数字治理概况

（一）上海："两网"建设

据中国经济信息社、中国信息协会和中国城市规划设计研究院等联合发布的《中国城市数字治理报告（2020）》，在数字行政服务、数字公共服务和数字生活服务等指标方面，上海皆进入全国十强，其中上海数字生活服务指数位列全国第一。政务服务"一网通办"、城市运行"一网统管"的两网建设是超大城市治理的"上海方案"。

1. 政务服务"一网通办"

上海政务服务"一网通办"从2018年创建以来，短短几年取得了卓越成效。在2021年公布的《省级政府和重点城市一体化政务服务能力调查评估报告（2021）》中，上海以95.38分位列第一。2018年，上海在该报告中的排名还是第15位。作为上海首创的政务服务品牌，政务服务"一网通办"已经两次被写入国务院政府工作报告中，还被作为经典案例写入了联合国发布的《2020联合国电子政务调查报告》。

2018年，上海市制定了《全面推进"一网通办"加快建设智慧政府工作方案》，提出2018年要建成上海政务服务"一网通办"的要求，同年还出台了《上海市公共数据和一网通办管理办法》《政务服务"一网通办"全流程一体化在线服务平台技术规范》《上海市"一网通办"电子档案管理暂行办法》等相关政策文件，2018 年也是上海政务服务"一网通办"的创建年。2019—2020 年上海对政务服务"一网通办"进一步攻坚。《2019 年上海推进"一网通办"工作要点》明确了政务服务"一网通办"建设建设要点，并成立上海市推进政务服务"一网通办"改革和服务公开领导小组，印发《建立"一网通办"政务服务"好差评"制度工作方案》的通知，让政务建设绩效由群众来评判，倒逼政务服务部门不断完善工作。《2020 年上海深化"一网通办"改革工作要点》为政务服务"一网通办"建设指明重点方向，《关于深入推进"一网通办"进一步加强本市政务服务中心标准化建设和管理的意见》中进一步明确由政务服务中心管理优化营商环境，上线《上海市"一网通办"平台运行管理暂行办法》，明确各部门的职责分工和各项事项管理方法。2021 年是上海政务服务"一网通办"的改革拓展年，更大范围、更宽领域、更深层次推动改革，制定了《2021 年上海市全面深化"一网通办"改革工作要点》《深化"一网通办"改革构建全方位服务体系的工作方案》《2021 年上海市"一网通办"第三方调查评估工作方案》《建立完善帮办制度提高"一网通办"便捷度的工作方案》等。截至目前，上海政务服务"一网通办"已经构建了较为完善的工作体系，其中以下两点对本书有重要启示。

上海政务服务"一网通办"牢牢把握"以人为中心"的导向。首先，借鉴了互联网为顾客提供便捷的需求导向，以"顾客导向"为出发点，"互联网＋政务"作为一种新的公共管理和服务方式，究其根本是需要被公众接受，为公众带来更加便捷的服务。政务服务"一网通办"改革历程始终重视公众和企业办事可以像"网购"一样便捷。其次，政务服务"一网通办"改革走出了传统的以政府为中心的思想，转向以公众为中心。[①] 政务服务"一网通办"的核心价值目标在于是否能够满足人民的需求，在改革过程中也积极主动地去收集公众的意见，并主动接受来自公众的监督。

上海成立大数据中心，构建"一梁四柱"的运行体系。为了更好地推进政务服务"一网通办"改革，上海成立了专门的大数据中心。大数

---

① 谭必勇、刘芮：《数字政府建设的理论逻辑与结构要素——基于上海市"一网通办"的实践与探索》，《电子政务》2020 年第 8 期。

据中心承担了摸清政务数据、政务信息系统、电子政务应用相关数据的基础职能，整合和应用数据推进在线政务平台建设的核心功能，协调各地区、各部门、各业务的协调职能。① 所谓"一梁四柱"，即上海政务服务"一网通办"的运行体系。"一梁"就是指一体化在线政务服务平台的总门户，"四柱"就是指四个统一：统一总客服、统一身份认证、统一物流快递、统一支付。"一梁四柱"的建设将上海各个政府部门的管理和服务集中在一个平台上，使政务服务只需要在一个平台上就可以办理完成。

2. 城市运行"一网统管"

在新发展格局中，上海找准突破点率先走出了一条具有中国特色、彰显社会主义优越性的超大城市治理之路——"一网统管"。

2017 年浦东建成了城市运行综合管理中心，2018 年建成了浦东"城市大脑"，2019 年建成了城运系统 1.0 版本，这都为上海城市运行"一网统管"积累了实践经验。2019 年初，上海市委正式提出了"一屏观全域、一网管全城"的建设愿景，构建了上海城市运行"一网统管"的雏形。2020 年 2 月，《关于进一步加快智慧城市建设的若干意见》中明确指出，将城市运行"一网统管"作为三大建设重点之一来推进。2020 年 4 月，上海发布《关于加强数据治理促进城市运行"一网统管"的指导意见》，提出形成城市运行"一网统管"在数据层面的集中统一管理要求和数据管理模式。当月，上海召开"一网通办""一网统管"工作推进大会，对上海"两网建设"提出了明确要求，并批准上海城市运行管理中心正式挂牌成立。之后，上海市委常委会议审议通过了《上海市城市运行"一网统管"建设三年计划（2020—2022）》，该计划明确未来三年"一网统管"建设将依托市、区两级大数据资源平台，推动"一网统管"业务数据、视频数据、物联数据及地图数据的集中统一管理，实现"治理要素一张图、互联互通一张网、数据汇聚一个湖、城市大脑一朵云、城运系统一平台、移动应用一门户"，至此"一网统管"工作正式进入全面探索时期，城运系统从 1.0 向 2.0 迈进。②

---

① 赵勇、曹宇薇：《"智慧政府"建设的路径选择——以上海"一网通办"改革为例》，《上海行政学院学报》2020 年第 5 期。

② 陈水生：《数字时代平台治理的运作逻辑：以上海"一网统管"为例》，《电子政务》2021 年第 8 期。

　　在体制机制上，成立城市运行系统建设工作专班，由市政府办公厅副主任牵头，统筹协调、组织推进，各部门负责相关应用系统建设。其中，公安局、住房和城乡建设委是"网统管"的主要力量，承担组建专家咨询委员会、开发团队和阶段性攻坚等任务，上海市大数据公司负责技术支撑。在系统建设上，"一网统管"由1个城运中台指挥系统和27个涵盖应急管理、社会管控、经济运行和市场监管、生态环境、城市日常管理五个方面的应用系统组成，打造市、区、街镇三级平台，市、区、街镇、责任网格、管理单元五级应用。市级平台负责抓总体、抓大事。区级平台衔接上下左右，发挥枢纽联通作用。街镇平台做实责任网格，用好网格系统，打造反应快速、处置高效的作战平台。在应用场景建设上，注重城市感知体系和城市生命体征监测系统建设，通过采集、汇聚、共享海量数据，准确掌握城市基本体征信息，生动立体地呈现城市运行宏观态势和微观脉动。总的来说，"一网统管"将城市治理多功能汇集起来，一体服务、监测预警、决策支持、全程监督、协同办公，初步实现"一屏观全城、一网管全城"。

　　（二）北京：接诉即办

　　北京结合自身独特的资源优势落实"让城市更聪明一些、更智慧一些"，走出了一条提升超大城市创新治理水平的特色之路——接诉即办。据《中国城市数字治理报告（2020）》显示，北京城市数字治理位居全国第三，这其中离不开北京特色的"接诉即办"城市治理方案的功劳。

　　北京正式推出"接诉即办"以来，取得显著成效。在2021年12月举办的北京党建引领接诉即办改革论坛上，据组织方发布的报告：从2019年1月至2021年11月底，"12345"热线共受理群众反映超3134万件，其中诉求1301万件，诉求解决率从53%提升到89%，满意率从65%提升到92%。[①]《中共中央国务院关于加强基层治理体系和治理能力现代化的意见》《关于进一步优化地方政务服务便民热线的指导意见》都充分借鉴了北京"接诉即办"的经验；同时以呼和浩特为代表的城市也学习了北京"接诉即办"的经验，对自身城市的"12345"市民热线进行

---

　　① 沙雪良：《北京党建引领接诉即办改革论坛举办，发布接诉即办改革报告》，《新京报》2021年12月19日第B6版。

改造升级。

1. 建设过程

北京市政府于 2019 年正式推出"接诉即办"这一政府治理改革举措，主要是通过整合北京市已有的政务热线资源，以民生需求为着力点，借助技术手段提升城市基层治理水平。习近平总书记对北京"吹哨报到"改革予以充分肯定。北京市审核通过《关于党建引领街乡管理体制机制创新实现"街乡吹哨、部门报到"的实施方案》，并印发了《关于加强新时代街道工作的意见》。"12345"热线被纳入"吹哨报到"改革中，成为"哨声源"。2020 年底，市人大常委会主任会议同意将"接诉即办"列为2021 年立法计划审议项目。2021 年 9 月，北京市第十五届人民代表大会常务委员会第三十三次会议正式通过《北京市接诉即办工作条例》，至此北京"接诉即办"正式确定并推行。

2. "接诉即办"的特色

"接诉即办"改革始终遵循"人民城市为人民"的理念，始终把人民作为工作的中心。"接诉即办"中"接"的是民情民意，"诉"的是人民群众的切身需求，"办"是扎扎实实为群众办事。

与前面提及的上海不同，北京"吹哨报到、接诉即办"是典型的制度驱动的超大城市治理转型模式，[①] 以城市基层治理体系短板为抓手，通过下沉执法和编制改革赋予基层指挥调度权和相应资源，然后借助先进技术赋能的"12345"市民服务热线回应群众需求，自上而下倒逼改革。北京"接诉即办"体现了制度改革与技术应用并举，组织再造驱动式管理转型，更多地是强调政府内部流程的再造。北京"接诉即办"模式体现了数据如何提高超大城市治理能力、驱动城市治理创新，对信息流量超大城市治理具有理论价值和实践意义。

（三）杭州：城市大脑

在中国经济信息社、中国信息协会和中国城市规划设计研究院联合发布的《中国城市数字治理报告（2020）》中，杭州的数字行政服务、数字公共服务和数字生活服务等单项指标均位列前茅，在城市数字治理指

---

① 赵静、薛澜、吴冠生：《敏捷思维引领城市治理转型：对多城市治理实践的分析》，《中国行政管理》2021 年第 8 期。

数中位居首位。

2016 年，杭州在全国率先提出建设"城市大脑"的构想。杭州首创的"城市大脑"是智慧城市建设的实践性工程，也是"数字杭州"的重要举措。《杭州城市大脑赋能城市治理促进条例》对"城市大脑"做出了明确定义："本条例所称城市大脑，是指由中枢、系统与平台、数字驾驶舱和应用场景等要素组成，以数据、算力、算法等为基础和支撑，运用大数据、云计算、区块链等新技术，推动全面、全程、全域实现城市治理体系和治理能力现代化的数字系统和现代城市基础设施。""城市大脑"本质上是"一个聚合机器云智能与人类群体智慧的类脑智能复杂巨系统"。

1. 建设过程

2016 年，1.0 版本的杭州"城市大脑"上线，当时主要是为了解决杭州城市交通问题，初始版本的"城市大脑"有效缓解了杭州城市交通拥堵问题。在城市大脑治堵取得阶段性胜利之后，2018 年杭州市推出"城市大脑"升级版，提出要构建"纵向向区县（市）、横向到各个部门"的"城市大脑"。截至 2021 年底，杭州市"城市大脑"已经形成了警务、交通、文旅等 11 个重点领域，48 个应用场景，390 个数字驾驶舱的规模，日均协调处理数据 1.2 亿条。杭州城市大脑的建设总的来说解决了交通、就医等痛点、难点问题，同时也有助于打通政府间的信息壁垒，建设统一的大数据平台。

2. 主要内容

（1）搭建"531"的逻辑架构体系。"5"即打通一张能够确保数据无障碍流通的网，建设一朵能够将各类资源链接在一起的"逻辑云"，建立一个数据汇集、数据处理的数据库，建设一个数据、系统互联互通的中枢，建设一个全市统一的大脑。"3"即实现市、区、部门之间的互联互通，实现中枢、系统、平台、场景之间的互联互通，实现政府与市场之间的互联互通。"1"即建设一个新的城市基础设施。

（2）制定"城市大脑"法规和规范。2020 年 10 月杭州市十三届人大常委会第三十次会议审议通过了《杭州城市大脑赋能城市治理促进条例》，这也是首部"城市大脑"地方性法规。

（3）"政府主导+市场化运营"模式。杭州市"城市大脑"的建设采用了"政企合作"模式，成立专门的国有控股、社会企业参与的杭州城市大脑有限公司，全面负责"城市大脑"项目运营，并创建了专门的"城市大脑"产业协同创新基地（云栖小镇），以合作规模带动"城市大脑"建设。

（4）建立领导小组，加强绩效考核。成立杭州市"城市大脑"建设工作领导小组（后更名为数智杭州建设工作领导小组），由市委书记担任小组组长，为杭州"城市大脑"建设提供组织保障。同时建立了相应考核机制，市考评办、市数据资源局、市委政法委联合对全市各个区县下发任务书，并将其列入年底考核内容。

三 超大型信息流量城市数字治理经验启发

（一）构建完善的数字治理政策法规

政策法规是政府推行改革、执行政策时的重要合法依托。前面提及的纽约、伦敦、新加坡在城市数字治理建设过程中，都以逐步完善的战略规划为指导方针。相对于西方国家的城市数字治理过程，我国城市数字治理的历史还较短，相关的政策法规制定还稍显缓慢。

（二）坚持"以人为本"的核心理念

数字治理的最终目的就是为市民打造一个更高效、透明、平等、幸福的城市环境，这也与社会主义的本质共同富裕相契合。无论是纽约、伦敦还是新加坡，在智慧城市建设过程中都逐渐由原来的技术导向向以人为本转变，技术只是造福人类的工具，城市的数字治理最终是想满足人们对美好城市生活的向往。因此未来城市数字治理必须以人为本，坚持从人的需求出发，让技术成为创造温暖的工具。

（三）注重政府主体意识的变革

我国政府在城市数字治理过程中掌握着最大决策权和领导权，政府的职责还需进一步厘清。纽约在城市智能化建设中，政府充当的是引导、协调的角色，主要承担的是资金支持、平台搭建、人才培养等保障性工作；伦敦以企业需求为导向，大力纳入社会力量，构建"多元参与"智慧伦敦建设的局面。未来关于我国超大城市数字治理问题，政府还需要进一步厘清自身职责，明晰政府与社会的关系。

（四）明晰治理的边界与焦点

目前学术界关于"智慧城市"的探讨从不同学科出发有着各种各样的观点，这些观点相互交错共生，还很难用统一标准对其进行衡量；我国各大城市在对城市数字治理进行统一顶层设计时，很容易迷失在观点的多样性中，会想采取百家之长，将规划制定得尽可能完美。这样的规划从理论上来说很美好，但在执行中可能会出现过于空泛的问题，并不能有效指导对关键问题的解决。纽约智慧城市建设战略规划从"智能"到"公平"，就是在错综复杂的城市问题中聚焦，有选择地将目标定为"公平"，更加有针对性地用智能技术解决纽约面临的问题；伦敦智慧城市建设定位到"以人和企业需求为导向"，更加明确智慧城市建设的目标。这对我国城市数字治理的顶层设计有很大的启发作用，应该聚焦城市的主要矛盾制定更加科学且易于执行的顶层制度。

（五）注重数据的管理和开发

纽约、伦敦、新加坡都十分重视对数据的管理和开放：纽约制定了专门的数据开放法律，推动数据资源的流通；伦敦建立了专门的数据库，推动数据开放；纽约、新加坡秉持"大数据治国"的理念，建立完善的资源开放共享平台，同时注重对公众数据隐私的保护。未来我国城市数字治理的数据管理和开放需要注意以下三点：一是建立完善的数据库，以数据为导向；二是建立数据开放平台，打破"数据孤岛"的困境；三是注重对数据隐私的管理，预防公众信息的泄漏和非法运用。

第三节　带头先行：深圳信息流量治理的示范标杆

深圳是改革开放以来由党和人民共同缔造的崭新城市，在经济发展和城市治理中一直走在前列。近年来，深圳市积极响应建立"数字中国"的号召，主动推进数字政府和智慧城市建设，并交出了满意答卷。信息流量作为流量城市的核心要素，对城市的发展有着深刻的影响。信息流量和城市数字治理具有密不可分的关系。城市数字治理需要通过信息流量的采集、存储、加工、分析和应用来实现，而数据技术的发展和应用也为城市数字治理提供了更多的手段和支持，信息流量对深圳城市数字治理起到了巨大的推动作用。

梳理我国有关城市数字治理研究的文献可以发现，我国目前还没有形成一套公认的城市数字治理一般性分析框架，这无疑会给城市数字治理研究和实践带来一定的困难。在关于城市治理转型的众多理论框架中，我们认为中国人民大学李文钊教授提出的界面治理理论是分析数字时代城市治理转型的一种科学范式和一般性框架，因此本节选取该理论对深圳市数字治理的具体举措展开详细讨论。

一　外部环境适应：数字治理主动回应机制基本形成

在界面治理理论中，城市治理转型意味着要打破原有的界面平衡，形成新的治理界面，外部环境则是导致这种界面重构的重要动因。深圳城市治理数字化转型是对国际、国内环境的一种有效回应。进入数字时代，数字技术赋能城市发展已经成为一种国际新趋势，伦敦、纽约、东京等国际超大城市都在积极推动智慧城市建设。

深圳作为我国具有示范意义的超大城市理应对数字潮流下的数字技术赋能城市治理做出回应。同时，深圳城市治理数字化转型还受到了国家整体治理逻辑的影响，深圳作为粤港澳大湾区中心城市和中国特色社会主义先行示范区，在"数字中国"建设中起着重要的示范带头作用。近年来，党中央多次明确强调了深圳经济特区发展的战略定位和发展路径（如表4-4所示）。据此，我们厘清了深圳城市治理数字化转型外部动因的基本逻辑。国内外环境对深圳的治理路径都提出了新的要求，深圳在外部环境压力之下通过内部结构适调和界面重构主动对城市数字治理进行回应。

表4-4　　　　　关于深圳市发展战略定位的部分重要文件

时间	文件名称	内容
2019年2月	《粤港澳大湾区发展规划纲要》	发挥作为经济特区、全国性经济中心城市和国家创新型城市的引领作用，加快建成现代化国际化城市，努力成为具有世界影响力的创新创意之都

续表

时间	文件名称	内容
2019 年 8 月	《中共中央国务院关于支持深圳建设中国特色社会主义先行示范区的意见》	到 2025 年，深圳经济实力、发展质量跻身全球城市前列，研发投入强度、产业创新能力世界一流，文化软实力大幅提升，公共服务水平和生态环境质量达到国际先进水平，建成现代化国际化创新型城市
2020 年 10 月	《在深圳经济特区建立 40 周年庆祝大会上的讲话》	创新思路推动城市治理体系和治理能力现代化。……要树立全周期管理意识，加快推动城市治理体系和治理能力现代化，努力走出一条符合超大型城市特点和规律的治理新路子

数据来源：作者根据深圳市政府在线公开资料整理。

二　治理功能实现："以人民为中心"的数字治理典范凸显

治理功能是界面治理追求的终极目标。深圳市治理数字化转型过程中始终紧紧围绕"以人民为中心"的核心价值，努力将深圳建设成为大湾区、全中国乃至全球范围内的"智慧城市"和"数字政府"典范。

深圳经济特区在城市治理数字化转型过程中，始终紧紧围绕"以人民为中心"的出发点和落脚点，以提升民生服务为重点，大力推动政务"一体化"、民生服务"智慧化"发展。同时，作为我国超大一线城市、粤港澳大湾区发展中心城市和中国特色社会主义先行示范区，深圳在城市数字治理转型过程中时刻牢记自己的城市定位，努力向全球新型智慧城市和"数字中国"城市典范迈进。

三　内部结构适调：数字治理内部支撑力量不断加强

（一）制度适调

1. 规则统一：顶层设计统筹规划

城市治理数字化转型离不开统一的规则，特别是深圳这样的超大城市，在城市治理数字化转型过程中会涉及广泛而复杂的内容，如何通过构建统一规则有序协调整个城市的发展是一个值得思考的问题。深圳在城市治理数字化转型过程中主要通过顶层设计来统筹规划整个城市的治理转型。深圳是我国率先开展智慧城市顶层设计的城市，于2013年、2018年、2021年、2022年先后对深圳智慧城市和数字政府的建设进行了总体顶层设计（如表4-5所示）。这五次顶层设计对深圳城市治理数字化转型具有重要意义，为全市各地区、各部门、各层级、各行业开展数字建设提供了统一标准，为数据互联互通、数据共享和业务合作提供了基本政策保障，推动了深圳市数字治理高效部署的工作体系建设。

表4-5 深圳市数字治理顶层设计政策文本

时间	顶层设计政策	建设目标
2013年	《智慧深圳建设实施方案（2013—2015年）》	到2015年，建成国际领先的城市信息通信基础设施，实现城市感知能力、网络传输环境及信息处理能力全面提升；形成集约高效的电子公共支撑体系，信息资源社会化开发利用取得有效突破；打造便捷高效的城市管理和民生服务应用体系，促进社会建设和城市运行管理智慧化；坚持技术应用与产业发展相结合，掌握一批具有自主知识产权的关键核心技术和标准，培育具有国际竞争力的智慧城市支撑产业集群。全市信息化水平显著提升，初步建成公共服务更加普惠、社会管理更加高效、产业体系更加优化、发展机制更加完善的智慧城市示范市基本框架
2018年	《深圳市新型智慧城市建设总体方案》	到2020年实现"六个一"发展目标，即一图全面感知、一号走遍深圳、一键可知全局、一体运行联动、一站创新创业、一屏智享生活，建成国家新型智慧城市标杆市，达到世界一流水平
2021年	《深圳市人民政府关于加快智慧城市和数字政府建设的若干意见》	到2025年，打造具有深度学习能力的鹏城智能体，成为全球新型智慧城市标杆和"数字中国"城市典范

时间	顶层设计政策	建设目标
2022 年	《深圳市数字政府和智慧城市"十四五"发展规划》	到 2025 年，打造国际新型智慧城市标杆和"数字中国"城市典范，成为全球数字先锋城市；到 2035 年，数字化转型驱动生产方式、生活方式和治理方式变革成效更加显著，实现数字化到智能化的飞跃，全面支撑城市治理体系和治理能力现代化，成为更具竞争力、创新力、影响力的全球数字先锋城市

数据来源：作者根据深圳市政府在线公开信息整理。

2. 组织转型：统一指挥下的多元参与

城市治理数字化转型涉及多个主体之间的协调合作关系。深圳市在数字治理过程中，在组织维度上通过建立领导小组、构建多方合作机制有效协调了多方主体关系，共同促进城市治理数字化转型。

领导小组是中国共产党领导下极富中国特色的一种议事协调体制机制，它在防范化解重大风险、进行科学决策施政、提升国家治理能力、完善中国特色社会主义制度中发挥着重要作用。基于此，深圳市先后于 2018 年、2019 年、2021 年、2022 年进行了四次城市数字治理的领导小组部署安排工作，特别是 2021 年宣布成立的深圳市智慧城市和数字政府建设领导小组，有效破解了深圳市数字治理转型过程中"部门间、层级间"的壁垒，实现跨部门、跨区域、跨层级的合作，对全市的"数字政府"和"智慧城市"建设工作的开展起到了很好的统筹规划作用。

同时，深圳作为一个开放包容、善于学习的城市，在城市数字治理中不断探索多元主体参与机制，通过构建良好的多方合作模式促进城市治理数字化转型工作的开展。比如，深圳市积极构建城市间的合作机制。与新加坡签署《关于深圳—新加坡智慧城市合作倡议的谅解备忘录》，双方取长补短、强强联合、共谋发展；积极参与大湾区城市间合作，共同打造具有国际竞争优势的现代化产业体系；开展各类智慧城市论坛，提升深圳的影响力，如深圳国际友城智慧城市论坛、"2021 年世界数字经济论坛深圳峰会暨深圳数字之夜"等。同时，深圳积极探索与市场、社会的合作机制。深圳在城市治理过程中广泛吸纳各方力量，主动与各大高新科技企业、民间智库合作，推动城市治理数字化转型，例如与华为合作共建鹏城智能体，与腾讯合作开发健康码等。

3. 综合保障：人才、资金保障措施到位

除规则、组织之外，深圳市数字治理也离不开人才、资金等保障措施的支撑。科技人才在城市数字治理转型中起着关键性作用，但深圳因为高校和研究机构较少一直面临着科技人才短缺问题。正因如此，深圳十分重视高科技人才队伍的建设工作，始终坚持把创新和人才作为主要发展战略，通过颁布人才政策向全世界广泛吸纳优秀高端人才。在具体措施上，深圳通过人才吸引、人才培养、人才激励、人才保障四方面推动高科技人才队伍建设。技术的发展离不开资金的支持，深圳一直努力在为城市科技发展建立完善的资金支持体系。在资金政策支持上，深圳先后颁布了《关于促进科技创新的若干措施》《关于以更大力度支持民营经济发展的若干措施》《深圳市战略性新兴产业发展专项资金扶持政策》《深圳市高新技术企业培育资助管理办法》等多项政策，明确提出要通过直接资助、股权投资、贷款补贴、风险补偿等方式对符合要求的新一代信息技术、高端装备制造业等新兴产业的发展进行资金支持。在财政资金投入力度上，近年来深圳市大大增加了在科学技术发展中的财政支出。根据 2012—2020 年《深圳市统计年鉴》（如图 4-1 所示），深圳市科学技术公共预算支出整体呈现上升趋势，从 2012 年的 792651 万元仅占总支出的 5.1% 上升到 2018

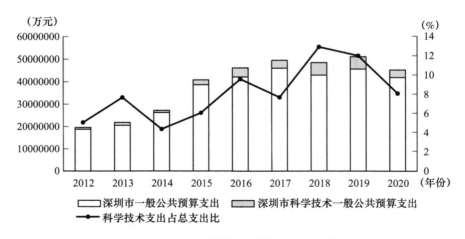

图 4-1　2012—2020 年深圳市科学技术公共预算支出情况

年、2019 年超过 500 亿元并占到总支出的 12% 以上（注：2020 年因为新冠疫情，该部分支出可能受影响，但不影响总体趋势判断）。

（二）技术创新：新型基础设施建设逐步完善

技术是城市治理数字化转型的基础性工具，也是城市内部结构的重要因素之一。技术对推动城市治理数字化转型有着重要作用，特别是以 5G 网络、大数据中心、物联网、区块链、人工智能为主要内容的新型技术已经成为城市发展的新动能。因此，深圳市十分注重新型技术的创新和发展，不断推进新型技术发展和基础设施建设的完善。2020 年 7 月，深圳市人民政府发布了《关于加快推进新型基础设施建设的实施意见（2020—2025 年）》，明确要大力加快深圳市新型基础设施建设，并取得了不错的成就。

1. 深圳市 5G 网络建设实现了全国领跑

为了有效激发 5G 网络在科技革命中的驱动力，深圳市近年来先后发布《深圳促进第五代移动通信（5G）创新发展行动计划（2018—2020 年）》《深圳市关于率先实现 5G 基础设施全覆盖及促进 5G 产业高质量发展的若干措施》等政策，不断推动深圳 5G 产业高速高质发展。据统计，截至 2020 年中，深圳市已建成 46480 个 5G 基站，已完成 5G 独立组网全覆盖，5G 基站密度位居全国第一。[1]

2. 深圳市级大数据中心基本建成

面对"各自为政、条块分割、信息孤岛"的治理困境，深圳市主动出击，建立全市政务大数据中心，实现了政务数据的跨地区、跨层级、跨部门的共享。2016 年深圳宣布着手建立全市统一的大数据中心，2019 年在对其进行升级改造的基础上宣布成立深圳市大数据资源管理中心，统领全市政务大数据平台建设工作。据深圳市大数据资源管理中心 2020 年决算统计，至 2020 年 12 月，市政务信息资源共享平台已接入 81 家市直属机关和全市 11 个区，资源目录数达 7887 类；至 2020 年 11 月，平台累计数据归集量达 69 亿，平台日均交换量达 2000 万条；[2] 2022 年，深圳

---

[1]　陈听雨：《点亮智慧之城，深圳打造全球 5G 标杆城市》（https://baijiahao.baidu.com/s？id＝1675324424963144792&wfr＝spider&for＝pc）。

[2]　深圳市政务服务数据管理局：《深圳市大数据资源管理中心 2020 年度部门决算》，深圳政府在线（http://www.sz.gov.cn/szzsj/gkmlpt/content/9/9231/post_9231151.html#19234），访问日期：2023 年 7 月 3 日。

市参与粤港澳大湾区大数据中心建设，并不断加快进度，已完成运营大厅建设并试运行。同时，深圳市还在不断探索数据流动、发挥数据价值的机制。搭建了信息共享机制和新模式——首席数据官，在市政府和部分区、部门推行该制度为深圳数据共享和开放进行创新模式试点。2022年，深圳支持前海深港现代服务业合作区开展数据经纪人、"数据海关"试点，与市前海管理局联合印发试点工作方案，探索设立社会性数据经纪机构，建立数据经纪人管理制度。2022年深圳数据交易所正式揭牌成立，同时启动首批线上数据交易，截至2022年底，深圳数据交易所已构建涵盖金融科技、数字营销、公共服务等在内的61个交易场景，交易规模突破12亿元，市场参与主体551家，覆盖省市超20个，并成功实现国内首批场内跨境数据交易。

3. 深圳市物联感知基础设施建设迈出坚实第一步

物联感知就像城市的"五官"，通过物联感知可以对城市运行的物理界面进行全方位检测和预判。目前深圳市龙华区已完成深圳市第一个区级物联感知平台建设，全市物联感知平台也正在着手搭建。深圳市区块链基础设施建设不断加速前进。区块链具有解决信任、治理机制等问题的能力，可以为城市数字治理提供全新的思路和方法。深圳市坪山区2020年6月上线了全国第一个区级自主政务区块链，为深圳市区块链基础设施建设提供了优秀示范作用。

4. 深圳市人工智能发展持续推进

深圳市发布了《深圳市新一代人工智能发展行动计划（2019—2023年)》《深圳经济特区人工智能产业促进条例》等多项政策法规，为人工智能发展奠定了基础保障。同时，深圳市已经形成了较为完整的人工智能企业生态体系：以腾讯、华为为代表的互联网巨头占据了深圳人工智能产业顶峰；以比亚迪、三星为代表的传统制造业与人工智能不断融合发展；以商汤、大疆为代表的独角兽公司成为人工智能产业发展标杆。

四　治理界面重构：内涵丰富的综合数字治理界面逐步构建

治理界面是界面治理理论分析框架的最核心要素、最重点内容。深圳城市数字治理界面的构建也是整个城市治理数字化转型工作的重中之重。城市治理内容涉及范围极广，城市治理界面构建工作也非常复杂。

我们在梳理深圳市数字治理界面构建过程中发现，在具体实践中不能只用单一维度对城市数字治理界面进行简单划分，特别是像深圳这样一座庞大的城市，需要用综合维度对城市数字治理界面展开分类和讨论。因此本部分结合前述两种界面构建维度，对深圳市数字治理界面的构建展开详细论述。总体来说，深圳市数字治理界面重构横向上涉及服务、物理、经济、安全四大方面，其中服务界面主要是面向公众的、物理界面主要是面向决策者的。

（一）服务界面：面向公众的一体化服务界面建构基本完成

面向公众的治理界面构建是城市数字治理数字化转型的前提，在"需求导向"下通过一体界面构建满足公众多种服务需求。深圳市面向公众的服务界面主要通过"一体化"政务和"接诉即办"来实现。"一体化"政务是以深圳市民的服务需求为导向来开展公共服务业务办理，本质上是构建面向公众的治理界面。深圳市紧抓"放管服"契机，全面推动智慧政务服务水平不断深化，实现了公共服务"一体享、一屏办"。市民可以通过"i深圳"平台直接实现各项政务服务咨询、办理。在交通出行上，深圳推出了"智慧化""人性化"交通服务，"i深圳"覆盖了市民的海陆空出行，通过"i深圳"可以实现扫码乘坐公交车，查询地铁线路、购买船票、查询停车位；在医疗服务上，不断推动智慧医疗建设，推出市民健康服务平台，让市民就医更加便捷；在教育上，深圳市不断推动智慧教育，用数字力量助力教育发展；在住房上，深圳市政府推出智慧租房平台，为市民提供"一站式"租房服务；等等。截至2022年，"i深圳"已上线8500余项服务，下载量超2605万，注册用户超过1730万人，累计为市民提供指尖服务超45亿次（均不含健康码数据），各项指标在国内同类移动政务办公App中均位居前列，真正地实现了政务在掌上可一体通办。

同时，深圳市基于"12345"政务服务热线，上线了民生诉求服务平台，积极回应公众需求，建立起政府与公众互动的一体化界面。在过去，因为公众反映诉求会涉及多个部门，容易出现公众诉求反馈、处理不及时等问题，甚至有时候会出现部门间权责推诿的情况，总的来说并不利于政府与公众之间有效互动。在"接诉即办"的工作机制下，公众只需要通过特定热线反馈问题，政务服务局就会将公众诉求直接分派给各个街道和直属部门进行处理，其诉求就可以得到及时、专业的回复。2022年共受理工单1101.46万件，市民满意率达98.48%。

基于以上经验，深圳市获重点城市一体化政务服务能力"四连冠"。在国务院办公厅电子政务办委托中共中央党校（国家行政学院）开展的2021年度省级政府和重点城市一体化政务服务能力第三方调查评估中，深圳连续第四次获得冠军，评估报告特别指出："深圳等重点城市近年来持续保持全国领先水平，发挥了很好的引领和示范作用。"

（二）物理界面：面向决策者的城市物理界面构建初见成效

面向决策者的治理界面是城市治理数字转型的关键，是在供给导向下构建一体界面，满足政府处理城市问题的需求。深圳市面向决策者的治理界面构建主要是通过"城市大脑"和基层治理"一体化"实现的。

深圳市通过"城市大脑"建设构建了面向政府的数字治理界面。城市大脑目前已成为智慧城市建设的"标配"，"十四五"规划纲要中也明确提出要构建城市数据资源体系，推进城市数据大脑建设。"城市大脑"在破除信息孤岛、盘活数据要素、提升城市治理能力等方面发挥着重要作用，也给政府解决城市治理问题提供了一体化的解决思路和方法。推动"城市大脑"建设已经成为各大城市的广泛共识。早在2016年深圳市就推出了全国首个新型智慧城市运营管理中心，担任深圳运行管理的"大脑"和"神经中枢"，承担数据运营、城市规划、城市管理等多项职能，在城市运行的全面感知、城市发展的态势预测、城市应急的统一管理中发挥着重要作用。2018年，深圳市龙岗区宣布建立"龙岗智慧中心"，为深圳市"城市大脑"建设提供优秀示范。目前深圳市还在继续升级改造"城市大脑"，携手华为共同打造"具有深度学习能力的鹏城智能体"，设想以数据为基础，将5G、云计算、物联网、人工智能、区块链等技术相融合，打造一个既具有"城市大脑"又有城市发展"躯干"的智能协同体系，实现城市交通、物流、生态等发展的一体联动。

此外，深圳市通过大数据、云计算、人工智能等技术推动城市基层治理发展，通过搭建"一体化"平台推动城市基层治理数字化转型，为基层治理提供更加科学高效的方法。以深圳市光明区正在建设的基层治理的一体化平台为例，通过这个平台就可以轻松看到社区每天发生的大大小小事件，提高了社区在解决交通、治安、消防等各方面问题上的效率和质量。

（三）经济界面：数字经济发展全国领跑

数字技术是促进经济发展的重要"抓手"。深圳市先后发布《深圳市数字经济产业创新发展实施方案（2021—2023 年）》《深圳经济特区数字经济产业促进条例》等政策，不断推动深圳数字经济发展。在数字产业化方面，深圳市充分利用信息技术产业的集聚优势推动数字经济产业发展，创下数字经济规模全国第一的佳绩。在产业数字化方面，深圳不断推动数字技术赋能传统制造业，助力传统产业提质降本增效。2021 年 8 月，深圳市发布的《深圳市推进工业互联网创新发展行动计划（2021—2023 年）》明确提出要依托工业互联网平台，推动服装、皮革、机械、家具等深圳传统优势产业进行数字化升级转型，用数字技术打通企业从研发、生产到销售的全环节，提高传统制造业的生产效率。以深圳市传统服装制造企业赢家集团为例，该集团利用数字技术对自身产业进行升级，大幅度降低了企业生产成本、管理人员数量、产品设计周期，最终实现了产品交付期从 30 天缩短到 7 天的质的飞跃。

（四）安全界面：网络安全防控初步筑牢

随着数字化信息技术与各行各业融合发展程度越来越深，网络安全防控成为城市治理的必要环节。深圳在城市治理数字化转型过程牢牢把握网络安全防控的重要性，截至 2022 年，深圳市已连续三年在广东省数字政府网络安全指数评估考核中获得评价第一，已初步建成属于深圳的网络安全防控体系。

深圳迈出了我国数据领域地方立法第一步。虽然国际上早有通过立法来保护数据的惯例，例如英国 1998 年颁布《数据保护法案》、德国 1997 年颁布《联邦数据保护法》等，但我国数据立法进程整体较慢。深圳市意识到数据立法的重要性，于 2021 年正式审议通过了我国地方第一部数据综合立法——《深圳经济特区数据条例》（以下简称《条例》）。该《条例》涵盖了个人信息数据、公共数据、数据市场、数据安全等多方面内容，重点强调了对"数据权益"的保护。《条例》是地方数据立法的先锋模范，也为我国数据立法积累了宝贵经验。深圳已初步建立了网络安全事件应急机制。网络安全突发事件对城市发展有着重要影响，如果不能及时有效地处理好它们，将会给城市治理带来巨大危害。为了有效应对突发的网络安全事件，深圳在 2017 年就出台了《深圳市网络与信息安全突发事件应急预案》，后于 2021 年 6 月发布《深圳市网络安全事件应急预案（修订稿）》，逐步建立健全属于深圳的网络安全事件应急管理机制。该机制的建立有效提升了深圳市网络安全事件应急处置能力，对维护城市发展稳定有重要意义。2022 年，深圳市印发市级安全顶层规划——《深圳市数字政府网络安全规划（2023—2025）》，这也是全广东省首个市级安全顶层规划，规划描绘了近三年全市数字政府关键信息基础设施、网络和数据安全保障体系的发展蓝图，逐步打造具备深圳特色的"0755"网络安全模式。针对备受关注的个人信息保护、数据开发利用等重点领域突出问题，2022 年深圳推动首个公共数据安全领域地方标准《公共数据安全要求》落地实施，对公共数据实行了分级保护，让人民群众在智慧城市和数字政府过程中感到更安全、更幸福。

深圳网络安全行业整体发展态势良好。企业和安全从业者在网络安全防控中扮演着重要角色。深圳市互联网信息办公室对全市 160 余家网络安全相关企业、单位进行调查分析后发布《深圳市网络安全行业形势分析及行业调查报告（2020—2021 年)》（后称《报告》）。据《报告》显示，深圳市网络安全行业目前发展态势良好，网络安全产品应用场景包含了云安全、大数据安全、移动安全等，市场规模约为 212.09 亿元，在全国范围内属于领先地位；同时，深圳拥有华为、深信服、腾讯等网络安全领军企业。

综上所述，深圳城市数字治理转型的逻辑在于界面的重构，如图 4 - 2 所示。基于界面治理理论的四大核心要素对深圳市数字治理的具体措施和成就进行了详细梳理，我们认为在数字时代，深圳主动响应"数字中国"和"治理体系和能力现代化"的号召，以制度适调和技术创新的内部结构调整为支撑，构建了横向上"服务 + 物理 + 经济 + 安全"的综合治理界面，不断向满足人民美好生活向往、成为数字治理典范的目标迈进。

五 深圳市数字治理的先行示范意义

深圳市作为中国特色社会主义先行示范区，在数字时代理应在城市治理现代化转型中起到良好的示范带头作用，在具体实践中，深圳也交

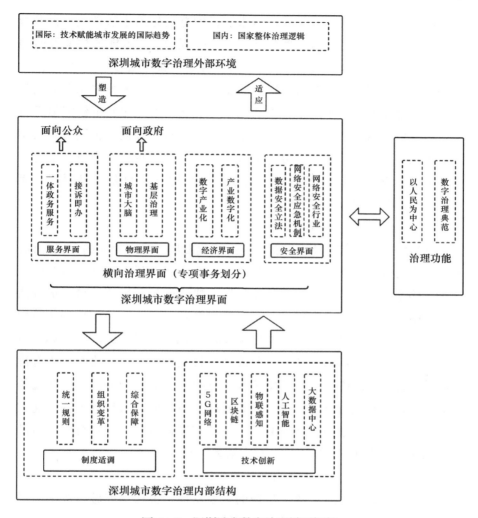

图4-2　深圳城市数字治理界面框架

出了令人满意的答卷。基于界面治理理论和深圳城市数字治理的详细分析及经验借鉴，我们有以下思考和建议。

（一）坚持以"人民为中心"的核心价值目标

坚持以"人民为中心"的核心价值目标，即需要明确城市数字治理的终极目标和功能在于为城市民众创造更加幸福的生活环境。党的十八届五中全会提出了以人民为中心的发展思想，增进人民福祉、促进人的全面发展应该是国家治理的出发点和落脚点。城市是人民的城市，城市治理的初衷和终极目标就是要给城市居民创造良好的生活环境，提升城市居民的幸福感。在城市治理数字化转型过程中，技术能够快速及时地对人民的需求做出真切回应，但同时又存在着"缺乏温度""数字鸿沟"等为人诟病的问题。类似深圳这样的超大城市在治理过程中几乎都面临着人口数量庞大、分布集中、流动性强等挑战，因此在城市数字治理转型过程中更加离不开"以人民为中心"的目标价值导向，否则很难切实满足市民的服务需求。这也给我国城市治理数字化转型以启发，总之在推动城市治理数字化转型过程中需要时刻牢记技术只是一种手段，而"人"才是城市数字治理的核心。

（二）主动探索数字治理转型路径

在数字时代，信息技术以超快速度演化发展，具有很大的不确定性，这就要求超大城市管理者们要以开放的心态搭建一套不断进步的城市数字治理体系。深圳作为一个在历史机遇下快速成长起来的新城，富有活力且不断用开放包容态度勇做时代发展先锋者，在城市治理数字化转型过程中通过主动学习对治理界面进行调整和完善。深圳的经验启示如下：一是主动回应时代需求和使命，明确城市自我定位，用开放的心态看待环境的变化并通过内部结构调整和界面重构对其进行回应；二是通过各种具体实践主动进行自我完善，例如通过开展各种论坛与世界各大优秀智慧城市进行交流学习，合作共赢；主动和高科技企业开展合作，借助企业的科技和人才优势助力城市数字治理转型。

（三）重视制度、技术等内部结构建设

内部结构是超大城市数字治理的重要支撑。根据深圳城市数字治理的经验，要主动对制度、技术等内部结构进行适调，为超大城市治理数字化转型提供坚实的支撑。

在制度上，具体可以从以下几方面着手：一是要建立具有城市特色的数字治理顶层设计。顶层设计是城市数字治理的指挥棒，好的顶层设计对推动城市治理数字化转型有着很好的引领作用，要注重顶层设计的持续性、进步性和特色。二是要从组织构建上破解超大城市数字治理面临的协作、共享等难题，例如可以通过建立专门的领导小组统一指挥城市数字治理，推动部门间的沟通协调，走出信息孤岛、重复建设、权责不清等困境；构建多元合作机制，纳入社会和市场的力量，通过和企业开展合作发挥企业的科技、人才优势，主动向智库寻求帮助，激发社会参与活力。三是要搭建完善的人才、资金等综合保障体系。持续搭建城市高科技人才的培养体系，发挥人才在科学技术发展中的重要作用，积极制定人才政策，从人才吸引、人才培养、人才激励、人才保障四方面着手搭建高科技人才队伍；加大资金对科学技术发展的支持力度，合理优化对高等教育、科技研发、科技产业的资金投入结构。

同时，还要持续推动数字技术的发展。数字技术是城市治理数字化转型的重要工具和驱动力，特别是云计算、物联网、大数据、5G 网络等新型数字技术的发展为城市数字治理的实现提供了最新的科技力量。城市管理者们需要意识到，技术在城市数字治理中的基础作用，要坚持不断推进人工智能、5G 网络、物联网、区块链等新型基础设施的建设，通过资金、政策等手段构建有利于技术创新的良好环境。

（四）构建内涵丰富的城市数字治理综合界面

城市是一个非常庞大且复杂的综合系统，城市治理的内容涉及城市生活的方方面面，因此城市数字治理也不应该仅限于某些领域，而要广泛涉及城市生活的各方面内容，高效推动城市治理的整体现代化。结合深圳的具体做法大概可以从以下几方面着手搭建城市数字治理的综合界面体系。一是在公共服务界面上，要以人民需求为中心，不断推动数字政府、智慧民生的建设，促进政府职能升级转型，推动公共服务提供更加精准高效。二是着手搭建更加智慧的城市物理界面，为决策者提供更加便捷的城市管理工具和方法。例如，通过"城市大脑"建设加强对城市治理的综合性管理，通过技术赋能基层治理打通城市治理的"最后一公里"。三是在经济界面上要不断推动数字经济发展，城市的发展以经济发展为基础，大力支持数字产业化发展，同时还要积极推动传统产业的数字化改造升级，形成具有竞争优势的城市产业链。四是城市治理的安全界面，要不断加强城市数字安全保障建设，"数字安全"是新时代城市安全的重要组成部分，通过立法加强对数据的保护，通过构建政府监管体系加强对城市安全的防控，通过推动数字安全产业的发展提高安全防控的核心技术能力。

第 五 章

深圳流量城市治理现代化
体系构建

    城市已成为中国式现代化的关键载体，城市治理现代化则是国家治理体系和治理能力现代化的重要内容。根据《广东统计年鉴2022》，2021年，深圳的常住人口城镇化率达到99.81%，接近100%，远高于全国平均水平。因此，对于深圳这一高度城镇化、高度现代化的"流量城市"，必须打造与之相适应的城市治理现代化体系。

第一节　流量城市治理现代化体系
构建的关键问题

    深圳流量城市治理现代化体系建设需要处理好三个关键问题："流量"与"留量"之间的关系；"存量"与"增量"之间的关系以及"数量"与"质量"之间的关系。

一　形成"流量"与"留量"的良性循环

    "流量"是流动的量，而"留量"是留下的量。"没有流量，就不会有留量"，但反过来讲，"没有留量，流量也只是徒劳"。因为，吸引"流量"的过程，是一个成本相对较高的过程，但"流量"本身却具有不可控性与难复用性，如果没有将吸引过来的"流量"转变为"留量"，那么所投入的成本便不能产生价值。因此，在流量城市治理现代化过程中，只有既吸引"流量"，也转为"留量"，"流量红利"才能真正实现。而且，随着全球范围内流量城市竞争的日益激烈，"流量"变得越来越宝贵，甚至开始成为稀缺资源（这符合发展的基本规律），将"流量"转变成"留量"，显得愈发重要。一方面，要吸引"流量"，以现有的"流量"为线索，寻找更多"流量"。另一方面，还要盘活"流量"，循环利用现有的"流量"，重复创造价值。这样一来，不可控与难复用的"流量"便被转化为了可控制和可复用的"留量"，一次性的行为也就变成了重复性的行为。而且，在此过程中，"留量"的增加也会反哺"流量"，从而形成"流量"与"留量"的良性循环，生生不息。因此，要以发展的眼光处理好"流量"与"留量"之间的关系。

其一，五类流量与数据积累。五类流量包括人口流量、信息流量、交通流量、金融流量和服务流量。其中，最具基础性和结构性的是人口流量和信息流量。人口流量是流量城市大规模、强流动特征的根源。一方面，城镇化和工业化的持续推进，使农村人口不断涌向就业机遇充沛、基础设施完备、公共服务优质的城市，尤其是中心城市。另一方面，借助发达的现代交通技术和通信技术，在产业高速发展提供更多就业岗位的同时，人口的流动性极大增强。由人口规模提升和流动性增强引发而来的，是流量城市的资本流量、物资流量、服务流量、数据流量等的相应增加。

信息流量是流量城市形态特征的典型表现。"信息爆炸"是进入数字时代社会的显性特征。数字技术实现了高速发展，其在社会各方面的应用得到不断扩展和普及，因而形成了大量繁杂且迅速更新的信息数据。概言之，按主体划分，信息流量大致可以划分为以下四方面。一是网络信息技术与应用的迅猛发展带来的虚拟平台交易，由此产生的社会经济活动信息流量；二是网络科技公司在提供商品、服务过程中积累的与交易活动无关的社会性信息流量；三是政府在提供各种公共服务的电子政务平台或政策施行实践中形成的政务信息流量；四是各社会主体进行各种实体性的工商贸活动形成的社会经济活动信息流量。

五类流量可以通过数据库、信息平台等数字化方式进行数据积累。结合深圳市高新产业和特色智慧城市建设经验，可以通过网络通信、物联感知、人工智能和数据算法等技术，搭建官方一体化政务平台、市场领域的多行业数据信息库等。政务平台的数据积累方式重点在于强调上下口径的一致性，做好提前规划，灵活设置内部协调机制来调动各部门参与一网数据平台的建设。市场领域则需要鼓励各行业积极主动参与，在确保信息安全的前提下将流量信息科学利用。当然，数据积累并不是最终目的，也不是静止的存放，积累的目的是服务于流动、使用和发展。

其二，流量提速与基础夯实。没有各种要素在不同经济部门之间的充分流动，获得人均产出的高增长率是不可能的。产业结构升级与地区要素禀赋不匹配会造成资源的低效配置，正如《中华人民共和国国民经济和社会发展第十四个五年规划和 2035 年远景目标纲要》中指出的，要促进要素顺畅流动，加快发展现代产业体系，破除要素流动阻碍、持续促进资源的高效流动对于城市和区域发展起着重要作用。加快人才引进、不断扩充人才储备，能够持续为城市发展注入新生力量，充实劳动力要素，人口的流动也是反哺城市、促进宜居城市建设的过程。以通信和互联网等基础设施建设为依托，保障信息流量的平稳流动，能够快速获取社会信息和民生动向，扎实现代化治理的信息基础，信息数据并非天然存在，而是直接或间接劳动生产所得，能够催生数据赋权与数据红利。此外，金融聚集水平也影响着要素流动对于产业结构升级的作用，当金融聚集程度处于合理水平时，要素流动才能有效推动产业结构升级。① 交通流量与服务流量则更贴近于民众生活，交通的流动关系到人和物的位移、交流，也反映着区域经济发展倾向，公共服务在流动中锻炼了城市基本社会民生保障能力。

在不断促进各要素各流量高速流动的同时，需要及时关注基础的牢固性，只有扎实基础才能实现高速流动下的可持续发展。做好基础公共服务和人才引进政策环境建设是扎实人口流量基础的关键，完善的医疗、教育、住房等公共服务能够显著提升人才吸引力，与此同时，人才竞争背后是人才制度的竞争，需要保持对人才和人才制度的实时评估、动态调整工作，建设稳定收益预期。在金融流量方面，需要重点观照金融监管机构的制度建设和技术建设。在交通流量方面，需要全盘考虑区域甚至全国的发展规划，以规划为依托、以现实需要为抓手，做好基础路网

① 何宜庆、王舒舒：《要素流动与产业结构升级：金融集聚的门槛效应分析》，《金融与经济》2018 年第 8 期。

的建设和相应监控摄像的配备，不断根据定期路况信息开展维护和优化工作。信息流量的治理基础包含软、硬两个方面：在硬件设施上，需要综合利用5G、大数据技术平台、人工智能算法、数据库、云端等技术和设施，在软件环境上，需要在上下统一的标准之下打破条块分割的局面，充分利用政务服务数据管理局的机构建设，调动全流程、全周期、全领域一张网、一个平台的建设积极性，共同为信息数据的流动保驾护航。

其三，有序流动与秩序稳定。流动人口的科学管理关系着城市的"人情味"，塑造着城市的软实力，让人口流动变得有序需要关注人口分布和区域发展、产业建设和就业结构、民生保障和政策关怀，杂乱无章的人口流动会造成并放大"城市病"，加剧拥堵和资源低效配置。信息流动的秩序强调信息资源价值的合理分类和管理，有效识别信息生产源头，在保护信息安全的前提下分级分类、分步有序推动数据的流通应用。金融流量的流动秩序强调规范的监管体系，对市场行为和市场现象进行精准监管，既能保障市场活力又能有效规避或降低市场失灵。交通流量的有序更直观，即实时交通运行的畅通与安全。公共服务的有序是既要兜住民生福祉的基本线，又要量力而行，做好均等化的供应。

实现稳定与有序的流动秩序的关键是制度建设，通过制度性的设计达成现代化治理。经济学领域的用脚投票理论指出，人口流动会受到辖区政府提供的公共产品和税负组合的影响，居民据此选择自己的偏好地区进行流动、定居。五类流量在流动中的秩序问题本质上是政府如何搭建起规范的制度平台、提供良好的公共服务保障。在人口领域，需要结合时代变化调整优化人才引进政策，优化人才落户的业务办理流程，为人才提供生涯规划建议和稳定的发展预期，建设更加开放包容的城市环境。在信息领域，需要以国家数据安全等法律法规为依据，参照省市规定和实际条件，出台个人、企业信息安全保护政策和地方性法规，在保障安全的前提下高效利用。在金融领域，需要规范金融市场，通过监管方面的规章制度来防范并化解金融风险。在交通领域，需要定期形成交通流量数据分析报告，根据数据分析优化交通路网的设置，做好交通领域规划文件等的公开。在公共服务领域，利用一网通的数据平台，不断简政放权优化办事流程，为个人、企业的业务办理提供实际的方便。

二　实现"存量"与"增量"的协同发展

"存量"是既存的量，而"增量"是新增的量。从"常"与"变"的角度来讲，"存量"是不变的量，而"增量"是变化的量。"不变是相对的，变化是绝对的"。在数字时代里，在流量城市中，"增量"是源源不断的，它会不断补充"存量"，并取代部分"存量"。从这个意义上说，"增量"就是"存量"，"存量"也是"增量"，两者具有相对一致性。从"旧"与"新"的角度来讲，"存量"是传统的量，而"增量"是新兴的量。所有的传统都曾是新兴，而所有的新兴都将成为传统。没有传统的孕育，便不会有新兴的茁壮生长；而没有新兴的出现，便不会有传统的接续发展。两者不是非此即彼的关系，而是相辅相成的关系。

由此可见，"存量"与"增量"是相对而言的，两者是能够兼得的。其关键在于，实现"存量"与"增量"的共同发展。一方面，要盘活"存量"，稳定既有优势；另一方面，也要扩大"增量"，增加新兴优势。以人口流量为例，深圳所具备的先进产业基础、完善市政设施、良好发展机会等都是吸引人才涌入的既有优势，在流量城市治理现代化过程中，要巩固住这些优势。但只做到这一点是不够的。由于人才是具有高度流动性的，因而还需要通过教育、住房、医疗等基本公共服务的优化与提升，来创造出更多优势，不断增强人才黏性。这样，才能在稳住人才基本盘的基础上，吸引更多人才留在深圳。因此，要以统筹的思维处理好"存量"与"增量"之间的关系。

其一，吸引"增量"与稳定"存量"。在五要素流动的过程中持续吸引"增量"和稳定"存量"不可偏废，必须兼顾，将蛋糕做大做强、将基础筑牢筑宽。在全国性的城市人才竞争的客观环境之下，人口流量的"增量"创造有赖于有效的人才引进支持政策和城市发展的良好前景，深圳市所具备的先进产业基础、完善市政设施、良好的就业和个人发展机会等都是吸引人口"增量"的宝贵财富，但与此同时由于劳动力的自由流动特征，将基本盘的"存量"稳定、转化"增量"为"存量"则仍然需要从教育、住房、医疗等公共服务领域进行强化，并且创造"增量"快速融合为"存量"的良好环境，通过城市包容度和公共服务范围的不断优化避免和降低排外性，稳定"存量"；信息流量的"增量"和"存量"关系处理则主要依赖于信息数据处理硬件设施和安全性的保障，投入新技术为数据信息存储和流通不断扩容，并且做好信息安全保护工作，信息使用和加工必须依照法律法规进行；金融的稳定"存量"有赖于对社会信用程度、政府支持力度和司法执行难度等金融生态环境建设；交通流量的"存量"稳定工作则突出体现在基础路网和基础设施的建设维护、有序扩张上。公共服务"存量"的稳定与以上四种流量密切相关，公共服务的稳定有赖于财政支出的结构优化，不断提升人民群众的幸福感和获得感。

其二，提质增速与底线保障。在不断吸引"增量"的同时，需要关注到各类"增量"在品质上的不断提高属性。虽然正是因为"增量"的优质与发展拉高了城市基准线，但是在提质增速的同时不能忽视底线保障问题，不能让城市旧有"存量"在快速发展中感受到剥离感和距离感，需要保证基本面的底线稳定。人口流量方面，在吸引高层次人才的同时需要保障城市基本人口服务底线，关注"城中村"的建设与发展，排查房屋用火用电安全隐患，做好困难排查和救助工作，并且完善无障碍设施的建设。信息流量方面，需要关注信息弱势群体，例如残疾人和老年人，由于主客观条件限制无法及时获取、理解和有效利用信息而被排斥在现代信息资源以外而逐渐边缘化，需要在信息流量方面做好适老化、无障碍化改造，应用场景中充分考虑到该类群体的问题并专项解决。金融流量方面，需要规范金融交易市场，打击各种形式的金融诈骗，建设良好的社会信用体系和金融安全环境。交通流量方面，需要做好公共交通的扩容和更新。公共服务方面，根据社会经济发展需要不断更新居民最低生活保障标准和社会救助标准，精准识别精准帮扶，做好保障性租赁住房市场的项目建设，完善失业人群补助金的便利申领，扩大基础教育的覆盖范围，多措并举做好底线保障。

其三，广泛覆盖与重点突出。发展"增量"是综合发展五类流量的"增量"，发展的广泛覆盖可以避免超大型城市的发展失衡问题，但同时需要基于城市定位突出重点。就五类流量而言，人口流量和信息流量是重点，公共服务是整体性的关键，因此五类流量内部也存在突出重点的问题。公共服务具有很强的综合性和基础性，包含对于人口、信息、交通、金融等领域的各项服务措施，而五类流量中人口流量和信息流量则为需要突出的重点。人口流量中人的作用和地位在五种流量中无疑是具有优先性的，没有人的流动就会同时失去信息流量的创造、交通流量的产生、金融流量的引力以及公共服务的客体。当能够吸引到充足而高质量的人口流量时，随之而发展的信息流量、交通流量、金融流量和服务流量都会具有水涨船高的效果，围绕人口流量发生交通的来往通行、吸引资本投资、促进公共服务的便利化和均等化。除了人口流量，信息流量同样具有基础性和综合性的特点，五种流量都会产生各种信息，人口的数据、交通的流量、金融行情、公共服务标准和反馈等都是信息流量的基础数据，综合各类信息数据方能辅助科学决策，信息数据本身也可以更好地测绘出城市发展风貌，了解人口流量的特征与诉求、交通流量的趋势和问题、金融流量的发展现状与前景、公共服务的优化空间等。

此外，各种流量内部也存在优先性和突出重点的问题。对于人口流量而言，解决好住房、医疗、就业等拉力因素，加大对高端紧缺人才的补贴吸引力度等是关键。信息流量所涉及的个人和企业信息安全、线下线上结合一网互通的政务服务平台等工作是需要突出的重点。公共服务领域应以创设良好的营商环境、建设服务型政府、加强基础设施建设等为工作重点。交通领域应当在完善基础设施的同时尽可能降低物流成本、发展现代化的交通路网体系。金融领域则强调科学监管、优化投资环境等。

三 达到"数量"和"质量"的有机统一

"数量"和"质量"是一切事物都具有的密不可分的两个重要属性，两者互为依托、辩证统一。没有一定的"数量"，很难谈到"质量"；没有相应的"质量"，也很难维系"数量"。因此，必须正确处理"数量"和"质量"的关系，树立相互支撑的导向。这意味着，在流量城市治理现代化过程中，不仅需要流量的"数量"，也即流量的大进大出、快进快出；而且还需要流量的"质量"，也即流量的高质量发展、高密度应用。一方面，只有在流量大进大出、快进快出的条件下，才能形成一定的流量规模，才能在其中对各种流量进行筛选与精简，从而提升流量的"质量"。但另一方面，流量的大进大出、快进快出，不是说来就来、想有就有的，需要有一个积累的过程，更需要合乎发展的规律。而这一规律便是对流量的高质量发展、高密度应用的重视。只有聚焦流量"质量"、提升流量"质量"，才能实现流量规模的大幅度增长与可持续发展。换言之，要把流量的"数量"和"质量"有机统一起来，既要在提质增效的前提下能快则快、又好又快，又要通过质的大幅提升推动量的有效增长，真正实现增速更增势、量增质更优。因此，要以系统的视角处理好"数量"和"质量"之间的关系。

其一，平台发展与监管升级。平台经济是数字经济的一个重要组成部分，并且已经渗透到人们的生活之中。十几年来，伴随阿里巴巴、腾讯、滴滴、美团等平台的崛起，中国平台经济已走在世界前列。伴随中国在5G时代的领跑优势，我国平台经济将迎来新一轮发展机会。深圳要以高水平开放推动平台经济及大数据服务业大发展，要整合大湾区平台经济的联动优势，从整个大湾区城市群布局平台经济，总部核心放在深圳，后台采购、储运、服务放在珠三角城市。深圳物流和支付体系在全国领先，因此在大湾区范围进行专业化分工协作，可以提高整体效能。深圳是5G技术的高地，可视化供应链、智能制造、区块链、人工智能是深圳的强项，加快5G赋能步伐，把5G技术优势转化为场景应用和平台经济优势。

平台经济对于未来经济社会发展的速度与形态具有显著影响，并且创新与发展速度仍呈提升趋势。在这一过程中，网络经济流量激增，网络平台的监管、劳务纠纷、暴雷现象等形成了对政府监管能力的极大考验。2021年9月，中国（深圳）综合开发研究院新经济研究所在深圳发布的《中国平台经济健康指数》指出，虽然中国平台经济总体健康，但在开放发展、平台治理、数据保护等领域仍存在一系列问题，亚健康状态值得重视。因此，监管能力的提升直接影响平台经济发展的质量，并进一步影响经济流量。与传统经济监管不同，平台经济具有规模大、场地分散、数据完备等特点，因此应当从数字监管角度下功夫，通过政府监管与平台经济对接等方法，以大数据分析技术实现对平台经济的风险识别、风险评估，并及时预警，以数据流量治理平台经济流量，实现平台经济的"流量"与"质量"双提升。

其二，金融创新与风险防范。2022年6月，深圳市地方金融监督管理局就《关于推动深圳金融业高质量发展的实施意见（公开征求意见稿）》公开征求意见，将深圳市金融业高质量发展目标定位为：金融业支柱产业地位更加凸显，现代组织体系不断健全，服务实体经济能力持续提升，改革开放纵深推进，数字化转型成效显著，金融创新与科技创新的联动效应日益增强，金融业的影响力、辐射力和法治化、专业化、国际化水平大幅提高，成为高质量发展的示范样本，助力深圳加快建设全球金融创新中心。

金融创新的同时必然对监管提出更大的挑战，2021 年深圳市金融监管局继续推进商业保理、融资租赁减量增效，合计超 4000 家企业退出市场，压降率分别达 34% 和 17%；对 P2P 网贷风险整治工作，已推动一批高风险机构立案，并实现网贷机构接入央行征信零的突破，纵深推进网贷风险整治收官；在处置重点房企金融债务风险方面，深圳市金融监管局成立了"党组书记＋局长'双牵头'、分管副局长抓落实"的领导小组；对于科技金融创新监管，该局整合升级监管科技系统，探索跨境"监管沙盒"等创新试点，不断健全跨境资金流动等风险监测、预警和防控机制。

从国务院 2023 年发布的机构改革方案来看，总计十三条的机构改革中，金融监管机构改革就占了六条，要点包括：组建国家金融监管总局，深化地方金融监管体制改革，中国证券监督管理委员会调整为国务院直属机构，统筹推进中国人民银行分支机构改革，完善国有金融资本管理体制和加强金融管理部门工作人员统一规范管理。未来，深圳市应依据国家金融监管机构改革方案，相应改革金融监管机构设置。在监管重点上，应结合科技金融创新的实践发展，在金融业务创新的同时，同步推进监管方法与监管内容的创新，提升金融创新的质量，有效防范金融创新风险。

其三，服务优化与效能提升。对于深圳而言，优化公共服务要做到"刀刃向内，眼光向外"。一是通过政府各部门公共服务内容与流程的持续改进，不断提高公共服务的质量与效率。二是面向需求，尤其是深圳市所面对的各类公共服务领域的特殊需求，包括流动人口住房、就业、子女入学、就医等，采用精准化思维提供精准化的公共服务。"既要善于运用现代科技手段实现智能化，又要通过绣花般的细心、耐心、巧心提高精细化水平，绣出城市的品质品牌。"① 精细化治理就是要在城市治理中把工作做细，要把管理和服务渗透到城市的每一个角落和空间，要覆盖到所有不同类型的人群。这不仅是一种态度，更是一种能力。小到一个井盖，大到城市的规划布局，要推动治理重心下移、力量下沉，才能让治理的针脚更细密，城市的运行更顺畅。

第二节　流量城市治理现代化体系构建的总体方向

流量城市的"流动性"对城市治理现代化提出了"灵活性"的要求，"规模性"则对此提出了"全面性"的要求。从这两点出发，深圳市应构建既着眼当下又面向未来的流量城市治理现代化体系。

一　战略定位：成为中国流量城市治理现代化先锋

（一）实践基础

在城市治理方面，深圳已经积累了相当的经验。从历史上看，深圳是中国设立的首个经济特区，其用40多年时间走过了国外一些国际化大都市上百年走完的工业化发展历程，从建市之初仅2万余人口的小县城迅速扩张为常住人口超过1000万人的超大城市，发展速度令世界瞩目。从现状来看，深圳是中国特色社会主义先行示范区。2019年8月，《中共中央国务院关于支持深圳建设中国特色社会主义先行示范区的意见》正式发布。几年来，深圳聚焦"五大战略定位"，推动"五个率先发力"，抢抓综合授权改革重要机遇，推出了一批重要改革事项，涌现出了一批先行示范亮点，输出了一批重要的制度创新成果，正在加快打造新时代中国特色社会主义的"精彩样板"。当前，中国式现代化进入了新的发展阶段。在全面建设社会主义现代化国家、全面推进中华民族伟大复兴的新征程上，肩负着建设中国特色社会主义先行示范区和社会主义现代化强国城市范例的历史重任的深圳，必须坚持中国式现代化，努力续写"春天的故事"。

---

① 《习近平在上海考察时强调　坚定改革开放再出发信心和决心　加快提升城市能级和核心竞争力》，《人民日报》2018年11月8日第1版。

（二）战略定位

深圳是全球首个提出流量城市及其治理能力现代化命题的超大城市。在探索中国特色社会主义先行示范区的进程中，深圳需要结合流量城市发展和流量城市治理的一般规律，更加积极地探索超大城市治理中的流量识别、流量管理以及用"流量"治理"流量"的新型城市发展路径。总体来看，城市治理的着眼点应当从单一流量、内部秩序扩展到多种流量、内外流动对城市的影响；着手点应当为摸清自身的各类流量底数，并且动态掌握各类流量的变化，对城市应该"聚什么流""用什么流""导什么流"进行清晰定位，实现流量城市的可持续发展。[①] 具体而言，战略方向定位为：基于深圳的"流量聚合"优势，服务于中国特色社会主义先行示范区建设，积极推进高质量聚流、高水平用流、法治化导流，将深圳建设成为中国流量城市治理现代化先锋，以此全面带动深圳的发展，特别是推动城市治理水平与治理能力进入新的发展阶段。

二 主要方向：走出极具中国特色又兼具全球意义的发展道路

（一）以"中国式现代化"引领深圳流量城市治理现代化

在新中国成立特别是改革开放以来长期探索和实践的基础上，经过党的十八大以来在理论和实践上的创新突破，我们党成功推进和拓展了中国式现代化。中国式现代化是中国共产党领导的社会主义现代化。既有各国现代化的共同特征，更有基于自己国情的中国特色。中国式现代化是人口规模巨大的现代化，是全体人民共同富裕的现代化，是物质文明和精神文明相协调的现代化，是人与自然和谐共生的现代化，是走和平发展道路的现代化。从现在起，中国共产党的中心任务就是团结带领全国各族人民全面建成社会主义现代化强国、实现第二个百年奋斗目标，以中国式现代化全面推进中华民族伟大复兴。

在流量城市治理现代化方面，必须尊重中国式现代化的发展要求。一是要坚持"多元现代化"的理论观念，反对一元现代化的僵化思维。二是要坚持"新治理观"，融合西方意义上的多元治理理论和中国的"治

---

① 吴晓林：《数字时代的流量城市：新城市形态的崛起与治理》，《江苏社会科学》2022年第4期。

国理政"思想，突出"元治理"的重要性。三是要注重采取多重路径实现善治目标，形成一个立体化、全方位的政策体系。四是要遵循超大城市现代化的特殊要求，坚持以人民为中心，注重共同富裕、注重物质文明和精神文明协同发展、注重生态环境建设、注重融入全球发展体系，从流量城市发展的角度丰富中国式现代化的时代内涵。

（二）借鉴"全球城市变迁历程"形成深圳流量城市发展特色路径

全球城市体系变迁经历了不同的历史阶段，在城市与城市体系不断发展变迁的过程中，不同的城市形态迭代更新。工业化、全球化和信息化的相继前进，催生了超大城市、全球节点城市和数字城市等新型城市形态。而就城市发展的具体进程来看，三种城市形态在其历时性发展的过程中又不是孤立推进的，全球化进程与工业化、信息化发展密切联系、交融共进，不同因素相互融合。流量城市就是在这种历史进程中沉积而成的城市叠加态，融合了工业化、全球化和信息化的多重因素，呈现出了超大城市、节点城市、数字城市的多重特征。

作为一种相对明确的城市形态，流量城市代表着当前城市发展的最新标志，是以往多种城市形态的叠加产物。同时，作为一个现在进行时的发展性概念，"流量城市"又代表了一种集现状与未来于一体的动态城市发展方向。从实践角度讲，深圳流量城市的发展就需要规避全球城市发展变迁中的问题，防止出现贫富悬殊的问题，防止出现物质丰富、精神匮乏的问题，防止出现生态环境失衡的问题，防止出现封闭僵化问题。同时也要借鉴全球城市体系变迁的经验，特别是全球城市在科技创新、融通交流、迭代推进方面的经验，为深圳流量城市发展的特色路径形成提供更丰富的历史参考。

三 发展规划：打造"流量友好型城市"标杆

从中短期来看，积极抢占"流量高地"，全面推进"五类流量"协同治理，在原有的发展基础上，形成"两量领先、三量居前"的发展格局，到2035年，打造"流量友好型城市"标杆和中国流量城市治理现代化典范。

（一）人口和信息流量"两量领先"

在人口流量与信息流量方面，深圳本就优势突出，应当借力使力，巩固优势，到2035年，实现"中国首位"的目标。

第一，率先建成人口流量治理的引领城市。人口流量是流量城市的基础，也是城市流量最基本的含义；交通、信息等其他流量都要以人口流量为基础，故人口流量治理在流量城市治理现代化中发挥着基础性作用。深圳作为快速发展的超大城市，其人口流量有显著的特点，治理的主要着力点包括：（1）流动人口的管理和服务。与其他超大城市不同，深圳市的流动人口多于户籍人口，且流动人口的流动性和更新速度都很快，这就给城市的流动人口治理提出了很大的挑战，包括如何促使人口合理流动，如何为流动人口提供基本公共服务等。（2）人口在城市各区的均衡分布。虽然人口流量主要从深圳全市的层面来考虑，但与人口相关的服务等主要以区为单位来供给，因此各市区人口的多少也给人口流量治理带来不同的挑战，宝安、龙岗等人口基数大的城区压力更大。如何在城市人口流量治理中合理平衡人口分布带来的挑战需要予以关注。（3）吸引高素质人才。对深圳这样的国际大都市而言，吸引更多的人口流入固然重要，人才的留住才是更为关键的因素。从人口流量治理的角度出发，如何制定合理的、有吸引力的政策吸引人才加盟，也是必须重视的。总体而言，流量城市必须有足够的人口流量作为支撑，以显示城市的人气与活力；但是，过量的人口流入必然会增加城市的"负担"，给城市治理带来一系列问题。如何在人口规模与城市治理之间寻找平衡点是一个重大考验。

第二，率先建成信息流量治理样板城市。信息流量是现代社会最为突出的流量形式，也可以说信息流量是其他流量的重要载体，其他流量都可以信息流量的形式呈现并为人们所感知和应用。深圳在信息流量规模及其治理方面无疑具有领先优势，但其面临的信息流量治理问题也不容忽视，其主要着力点有：（1）信息爆炸时代的信息有效利用问题。在当前的信息社会，相当规模的社会现象都可以转化为信息形式，从而形成规模庞大的信息流量。如何将这些杂乱的信息归纳、整理并加以合理利用，是一个难题，不仅涉及技术问题，更是法律、伦理、管理、经济等多方面的综合性挑战。在世界各国和国内一些城市都在大胆探索的背景下，深圳需要也可能在这方面做出贡献。（2）信息市场化与权益保护问题。信息流量治理很大程度上是信息利用问题，即如何发挥信息的价值，进而就会产生信息权益保护问题。世界各国在信息利用和保护方面的认识差异较大，中国在这方面做了大量探索，产生了积极影响，但也必须认真考虑在有效利用信息的同时保护信息相关权益、维护信息安全。（3）信息流量治理中的政企合作。从信息掌握情况看，目前政务信息流量主要由政府掌握，而社会信息流量主要由企业掌握。在信息流量治理中，政府和企业都可能在特定的情况下需要使用对方掌握的信息，于是政企如何合作、合作的边界、相关的权属等都需要界定清晰。（4）信息流量治理中的政府间合作问题。在政务信息收集、归纳、使用以及标准制定等方面，都涉及纵向的不同层级政府间和横向的不同政府部门间的合作问题。实践中政府间的合作障碍甚至已经成为信息流量治理的"堵点"，需要有所突破。（5）信息安全问题。信息技术带来便利的同时也造成一系列新的安全问题，包括防止个人和政务信息的泄露、合理利用私人和公共信息、信息合法传播、国家信息安全等。不管是从城市政府层面还是从国家层面，解决这些问题、确保信息安全都是信息流量治理需要做的。

（二）交通、金融和服务流量"三量居前"

在交通流量、金融流量和服务流量方面，深圳正在以优为鉴，努力追赶，到2035年，实现稳居"第一梯队"的目标。

第一，助推交通流量治理高水平发展。对城市人口来讲，交通流量可能是感受最直接的流量，特别是汽车数量猛增而导致的道路交通流量饱和与超载。深圳作为快速发展的现代大都市，在交通流量及其治理方面面临的压力比其他特大城市还要显著。总体而言，深圳市在交通流量治理现代化方面的主要着力点包括：（1）建立整体交通流量的意识和流量经济的观念。深圳市在40多年内实现了经济腾飞，而经济发展与交通流量之间为正比关系，深圳要保持并提高经济增长速度，交通流量就只会增长。当然，这里的交通流量不仅限于城市道路交通，还要关注车站、空港、港口等流量，从而形成大交通流量的观念。（2）合理规划，充分利用现代信息技术，提高城市道路通行能力，有效治理交通拥堵。深圳的地理位置和城市发展规划决定了治理道路交通拥堵的难度，而流量城市治理则必然要接受这一挑战，采取有效的解决措施。（3）在合理范围内增加空港流量，充分发挥空港对现代城市发展的有效支持和带动作用。（4）充分利用粤港澳大湾区快速发展的整体优势，以大湾区交通流量为基础提升深圳的交通流量规模和重要性。

第二，助推金融流量治理高质量发展。流量城市治理现代化应当与城市经济发展需求相适应，即经济流量应该是流量城市的重要内容，但是经济流量涵盖的范围比较广泛，像人口、交通、信息等都与经济流量有关，故这里将相对独立的金融流量作为单独要素予以考虑。深圳城市发展的重要方向是全球金融中心，因此金融流量必然要成为深圳重点关注的内容。（1）发展金融产业积聚金融流量。一方面是通过经济发展，增加交易量，提高日常金融流量；另一方面是吸引金融企业进驻，在成为金融中心的同时增加金融流量。（2）提高金融服务质量。进一步优化营商环境，为金融企业和金融产业发展提供更优质的服务。（3）将金融安全作为金融流量治理的重要内容。在注重金融"量"的同时更要关注金融的"质"，从保障群众切身利益到维护国家金融安全，都要成为金融流量治理的必要内容。

第三，助推服务流量治理高质量发展。政府、企业、社会组织等提供的服务自然是长期存在的，但将这些服务视为一种流量，则是新的尝试和思路。客观上，现代城市充满着各种服务，政府和社会组织提供的公共服务，企业提供的私人服务和特定公共服务，已经成为公众日常生活不可分割的组成部分。流量城市治理需要对各种服务进行规范。深圳需要以流量城市治理现代化为契机，将各种服务"流量化"，即以现代信息技术等为基础，将服务纳入流量范畴，实现对服务的"可视化"。毕竟，当前绝大多数城市并没有形成服务流量的理念，没有将各种与公众日常生活息息相关的服务纳入流量范畴。深圳可以在这方面先行探索。具体而言，服务流量治理需要关注以下几个方面：（1）以流量思维来提高服务质量。将服务流量化，不仅仅是要形成"量"的观念，更重要的是提高服务质量。从"量"的角度看待服务，就可以发现公共服务和商业服务中存在的不足，从而有针对性地予以完善。（2）公共服务流量以扩大规模和实现均等化为主。不管是狭义的公共服务，还是广义的公共服务，都是与公众日常生活密切相关的事项，从为民服务的角度考虑，扩大其规模是必要的。当然，借助大数据等手段将公共服务流量化，可以更好地实现公共服务的均等化，增强其可及性。（3）商业服务流量以规范化为重点。商业服务具有营利性，公众享有服务需要支付相应的费用，商业企业可以获得利润，故规范是治理的重点，既要维护公众的权益，也要保障商业企业的积极性，同时也要注重商业服务流量的社会化，即为社会治理提供支持。

从远期来看，到2050年，深圳应力争五种流量治理成效更加显著，处于中国"流量高地"，实现城市治理水平与治理能力的飞跃，全面支撑流量城市治理体系现代化，成为更具竞争力、创新力和影响力的中国流量城市治理现代化先锋。

四 示范意义：中国特色社会主义超大城市的"深圳样本"

党中央做出兴办经济特区重大战略部署40多年来，深圳敢闯敢试、敢为人先、埋头苦干，创造了发展史上的奇迹，成为中国改革开放的一面旗帜。随着中国特色社会主义进入新时代，深圳被赋予了更为重要的历史使命。2019年2月，中共中央、国务院印发《粤港澳大湾区发展规划纲要》，深圳被确定为大湾区内的四大中心城市之一。2019年8月，《中共中央国务院关于支持深圳建设中国特色社会主义先行示范区的意见》印发，系统、全面和准确地阐述了深圳建设中国特色社会主义先行示范区新的时代使命。2018年12月，习近平总书记在深圳视察后做出重要批示，要求深圳朝着建设有中国特色社会主义先行示范区的方向前行。2020年10月，习近平总书记在《在深圳经济特区建立40周年庆祝大会上的讲话》中再一次对深圳的发展建设提出殷切期望。

从城市优势比较的角度讲，在流量城市治理现代化的推进过程中，深圳具有流量城市的一般优势。同时，相较于国内其他超特大城市，深圳在政策性支持方面，又具有较为突出的独特优势。上述中央政策定位，为深圳流量城市不断发展提供了核心动力。随着党的二十大胜利召开，中国已步入了全面建设社会主义现代化国家的新征程。深圳作为改革开放的先锋，也迎来了建设粤港澳大湾区和中国特色社会主义先行示范区"双区驱动"的重大历史机遇。这是新时代深圳继续锐意创新的坚定底气、强大动力。因此，深圳市在牢牢把握中央赋予的重大政策红利、严格落实党和国家赋予的历史使命过程中，为流量城市发展、城市治理现代化、中国式现代化提供了重要示范和"深圳样板"。

第三节　流量城市治理现代化体系
构建的具体思路

深圳流量城市治理现代化体系建设的重要前提为：突出党建引领、完善职责清单、盘活多元力量；关键抓手为：优化人口与信息流量治理，巩固"两量领先"格局；保障机制为："四纵一横"的底层设计与整体提升。

一　在"党建引领"基础上，完善职责清单、盘活多元力量

（一）突出党建引领、确保牵头有力，统筹规划城市基层治理

城市基层治理是一项系统工程，情况复杂、涉及面广，没有一个坚强有力的领导机构，难以解决目前城市基层治理中存在的职能分散、条块分割、边界不清等问题。为统筹规划基层治理各项工作，突出党建引领、确保牵头有力，需要加强基层治理制度创新和能力建设组织领导，完善领导体制和工作机制，结合中央和广东省机构改革方案，成立深圳市委社会工作部。

具体而言，社会工作部在基层的治理功能主要体现在两方面：一是主导社会整合，即提升基层党组织和党员服务群众的能力，采取更多惠民生、暖民心举措，着力解决好人民群众急难愁盼问题，将矛盾化解在基层。二是引领条块协同，通过党建引领，加强职能部门与基层组织的协同，建立"党建为首，依责而联，据事而动"的条块联动机制。深圳依托"一网统管"民生诉求服务平台建设，极大增强了基层的回应能力。未来需要在社会整合方面持续发力，开发社区党建的多重功能，着眼于居民的切身利益，坚持和发展人民内部矛盾处理机制，充分体现党建工作的温度，夯实社区党组织的凝聚力和向心力。①

此外，解决基层的问题应当跳出基层，从更高层级来整体规划。对于条块协同中的难点问题，社会工作部可以发挥高位推动的"政治势能"：一是要统筹全市的基层数据共享建设，打破各部门、各市辖区间的

---

① 赵聚军、王智睿：《社会整合与"条块"整合：新时代城市社区党建的双重逻辑》，《政治学研究》2020 年第 4 期。

数据藩篱；二是要引导政府出台基层数字建设的统一标准，提高数据质量；三是要强化思想引领，适时宣传伙伴关系、公众数据安全等理念，成为城市善治的标杆。当然，也要处理好统一规划和分布式管理之间的平衡，充分尊重各市辖区的实际情况，加强沟通与协调。

（二）围绕"流量友好型城市"建设，完善各级政府职责清单

围绕"流量友好型城市"建设，持续完善"一网统管"及其职责清单建设，构建具有深圳特色的政府职责配置表，把行政组织"盘活"。从表述上看，"基础不牢，地动山摇"具有充分的合理性。但是，倘若过度强调属地责任，并简单地向下施加压力、下沉资源，只能进一步加剧基层职责超载的现象。事实上，不是所有工作都需要通过"横向到边、纵向到底"的思路来安排，不是所有的政府职责都需要每一级党政机构同样同步落实。[①] 上述思路在党的十九届三中全会通过的《中共中央关于深化党和国家机构改革的决定》中得到了充分体现。然而，如何实现对政府职责的结构性调整，始终缺乏明确的思路和抓手。

通过调研发现，深圳市坪山区"一网统管"职责清单的建设具有较强的前瞻性，依托大数据手段构建了全面系统的职责管理体系，将同类事项在不同部门的职责分工串联起来，实现事件的全流程、全周期管理。这是对传统的"三定"方案的发展与补充。不过，目前的清单只是面向公众和企业的"小清单"，需要逐步扩展到整体性的政府职责清单。具体而言，一是要走向规范化，细化各级政府的差异职责和共同职责。明确街道的工作重点，形成一套职责目录和手册。二是要保持适度的灵活性，将上级交付的"额外"职责清晰化、合理化。可以探索通过"职责协议书"等方式，提前约定、成本分摊，发展契约关系。[②] 三是要完善配套制度，做到职责与事权相匹配、职责与资源相匹配，在编制、财政等领域积极探索。例如，可尝试以基层政府具体承担的职责为基准，建立履职资源动态配置机制，[③] 不宜在相关规定上过度刚性、僵化。

---

① 朱光磊：《构建政府职责体系是解决基层治理负担过重问题的根本出路》，《探索与争鸣》2023 年第 1 期。

② 朱光磊等：《构建中国特色社会主义政府职责体系推进政府治理现代化（笔谈）》，《探索》2021 年第 1 期。

③ 邱实：《职责聚合：基层治理条块协同的优化创新》，《理论月刊》2022 年第 12 期。

（三）形成"共建共治共享型"治理，盘活用好多元社会力量

基层治理当然要服务地区发展、社会稳定和国家战略布局，但核心在于保证人的需求得到最大限度实现。在治理资源和编制总量有限的情况下，可以探索赋权社会的简约治理方式，鼓励社会主体承接公共服务职责，通过创建良好的社会生活，培育社会成员间的信任合作机制与互助互爱的精神依赖，实现"人的全面发展"。具体而言，深圳市已经在基层社会治理领域进行了有益尝试，呈现出以党的建设撬动社会参与的组织化特征。尤其是，一些社区已经意识到社会力量对于行政资源的补充和减负作用，鼓励社区居民开展自组织、自服务。根据党建引领社区治理的"三步走"的三个版本特征，① 深圳总体上处于组织建设和社会撬动的中间地带，即 1.5 版本。

未来应在如下方面着重发力：一是要全面落实全过程人民民主。不断健全、探索人民当家作主的制度体系，增强公众自我管理、自我服务、自我教育、自我监督的实效。二是要继续支持购买公共服务。深圳在社会保障和公共服务方面距离标杆城市仍有差距，可以将社会化公共服务作为补充，在确保灵活性、专业性和自主性的同时起到培育社会主体的功能。三是要在基层落实调查研究，尊重不同社区的差异性。根据社区的资源条件和现实需求选择合适的协同方式。四是随着经验的积累，可以探索赋予社会主体更大的自主性，引入"社区需求导向"机制，通过项目制等方式将各类社会主体、各类资源和各类方法吸纳进基层治理场域。同时，政府从着眼于资源分配体制转向评估与监督，统筹规划，列出预算，由社区社会组织自主提案。

二　抓住"人口和信息流量"优势，打造流量城市治理典范

（一）优化人口流量治理，率先建成人口流量治理的引领城市

一是，深化"块数据"应用与开发，持续提升人口流量治理的精准化和智能化水平。所谓"块数据"，是指将涉及人、事、物的各类分散的"点数据"和分割的"条数据"封装成"块"，并使之在行政区域，包括

---

① 注：1.0 版本为组织建设，2.0 版本为社会撬动，3.0 版本为共建共治共享。参见吴晓林《党如何链接社会：城市社区党建的主体补位与社会建构》，《学术月刊》2020 年第 5 期。

省、市、县（区）、乡镇（街道）、社区或特定平台上持续集聚和集成共享，[①] 其运行机理在于通过对各个行业、各个领域"条数据"的解构、交叉与融合，实现从多维数据中发现更多、更高的价值。[②] 截至 2023 年，宝安区以统一地址库为基础已建成了深圳市首个区级"块数据"中心，已累计导入 10953 项信息资源和 220 多亿"条数据"，共享 550 万人口信息、72 万家法人信息、17.57 万栋楼栋信息，并据此开发了智慧禁毒、智慧精防等应用平台，实现了对重点人群的管控帮扶与监护评估。[③] 可见，深圳市对于"块数据"应用已有一定基础，未来应继续深化开发建设，为开展人口流量的精准化与智能化治理提供坚实支撑。

对此，应首先加强"块数据"的集约化建设，这要求深圳市一方面构建并完善包括标准、技术、安全监管等在内的"块数据"顶层设计，为"块数据"平台搭建以及以此为基础的人口治理等领域的应用开发提供制度机制支撑；另一方面，应继续强化宽带城市、物联感知设施等数据基础设施的建设，全面汇聚包括人、房屋、企业、社交网络、突发事件等在内的多方数据。其次，需进一步推进"块数据"的有效集成，强化人口治理领域跨部门间的数据互联互通和共享共用，以"将人的位置信息、事件信息、身份信息等进行关联打通"[④]，打造内容完善、结构合理、主题明确、管理可控的人口"块数据"，方便人口治理场景的数据调用、共享和更新。以治安防控中"块数据"的应用为例，通过对来自不同部门和领域所涉及的能全面反映社会秩序和公共安全状况的相关人、事、物的各类"点数据""条数据"和"面数据"的挖掘、集合、重构等，可形成治安"块数据"，这不仅有助于突破部门间数据壁垒，而且可满足一体协作、精确管控等治安防控工作要求。[⑤] 同时，可进一步推动人口、法人、房屋等社会管理要素与三维电子地图的融合，打造综合应用

---

① 余敏江：《整体智治：块数据驱动的新型社会治理模式》，《行政论坛》2020 年第 4 期。

② 张欣：《分化与共生——块数据在贫困治理场域中的数聚效应》，《中国行政管理》2019 年第 8 期。

③ 数据来源：深圳市实地调研所得。

④ 黄天航、李晶、冯晶、魏巍：《"块数据"在智慧城市建设及治理中的理论内涵、构建思路与应用机制》，《城市发展研究》2022 年第 5 期。

⑤ 孙静、周芮：《基于块数据自适应模式的数据化治安防控探究》，《中国人民公安大学学报》（社会科学版）2018 年第 5 期。

数据库，呈现多类数据关联整合后的三维化立体视图，从而为人口流量的精准治理提供可视化数据支撑。最后，推进基层"块数据＋网格化"深度融合，以已建成的统一地址库为基础，深化网格化管理，推动人口、法人、房屋、事件等社会管理要素"落图进格"形成"块数据"，进而通过网格员信息采集与上传实现"块数据"的动态更新，以及时发现并处置重点人群风险隐患、社会治安问题等，实现人口治理的敏捷化。

二是，进一步强化技术赋能政务服务，为深圳市人口流量提供更为优质精准的管理与服务，化解因人口大量聚集所带来的民生诉求多样化、社会矛盾纠纷多发等城市运行压力。城市的高密度性和异质性决定了城市社会矛盾高发，[①] 对于作为超大型城市的深圳而言，其人口密度之高冠绝全国，达到了每平方千米 8791 人，[②] 又因汇聚了大量来自全国不同地域和文化背景、不同社会阶层的外来人口，因此人口异质性也较强，这决定了深圳相较于其他地区公共事务更为复杂、民生诉求更为多样、社会矛盾纠纷也更易多发。而且，大量的外来人口与户籍人口所享有的政府公共服务尚不均等，在住房、医疗、教育等方面往往面临着一定限制，既难以享受到深圳高速发展所带来的红利，也缺乏对城市的归属感。同时，外来人口多集中在"城中村"等区域，居住密度高、环境复杂，公共服务水平也比较低，极易成为社会治安问题高发地带。因此，对于深圳市人口流量的治理，必然要将解决好民生诉求多、纠纷易发多发等问题纳入其中，为深圳市各类人群尤其是外来人口提供精准有效的政务服务。而新技术赋能政务服务可以极大超越传统政务服务的时空滞碍和资源限制，在更大空间范围内及时、精准吸纳社会多元需求，从而妥善解决好上述问题，在保障社会秩序稳定的同时也可增强居民的社会认同感，促进多元人口融合。

具体来讲，首先，应持续打造"i 深圳"App、"深 i 您"App、政务服务网、线下实体服务大厅等多元互补的政务服务渠道，并通过大数据等信息技术精准分析由上述渠道和已建成的民生诉求服务平台汇聚而来的民生需求，以此刻画来自不同服务渠道的用户画像，为公众提供分级分

---

① 刘兆鑫：《城市性、公共性与城市治理的学科边界》，《行政科学论坛》2019 年第 11 期。
② 数据来源：根据深圳市第七次全国人口普查公报主要数据计算得出。

类的精细化服务。其次，可通过区块链中的点对点技术与智能合约逐步扩大政府数据共享的范围与精度，打破部门间"数据垄断""数据打架"等现象，从而打破事项办理的地域限制、业务限制和部门限制，为公众提供更为便捷的服务。以智能合约的应用为例，可由政务服务部门和职能部门通过协商沟通共同制定，清晰约定数据共享规则和读写权限，获得约定双方共识，并自动执行，且不受外力干涉。① 再次，强化基层矛盾纠纷化解领域中的技术嵌入，为广大居民尤其是弱势群体提供高效便民、及时有效的服务。对此，一方面可通过开发 App、微信小程序等来化解矛盾纠纷，以提升矛盾调处的智能化、回应性和时效性；另一方面是要把分散化的群众诉求、建议、批评汇聚起来，并开展大数据分析与建模，使街道更好掌握辖区内矛盾纠纷发生、处置的总体情况和未来风险趋势，以及信访老户等重点人群的行为动态、详细诉求，推动矛盾纠纷化解从末端处理向源头防控延伸。最后，可通过大数据、人工智能等技术进一步加强对流动人口的服务与管理。比如，运用大数据等技术手段全面搜集、整合、掌握流动人口相关信息，并对人口流动的流向、成因、机制及规律进行综合研究，在对大数据进行挖掘研判的基础上，预判发展趋势、辅助治理决策、实现精准服务和提升民生水平。② 又比如，在人口流动和就业需求大数据日益丰富的基础上，可通过人工智能技术实现流动人口与就业需求之间的精准化和智能化匹配。③

　　三是，推动大数据技术融入城市规划，以增强城市规划对人口调控的实效，促进城市人口流量合理分布。当前，深圳市迁移人口的居住空间分异已存在一定程度的居住隔离，其中尤以省外迁移人口与市内人口之间的隔离最为严重。④ 鉴于居住空间分异与隔离可能产生的种种社会治理问题，必须妥善解决空间分布不合理、不均衡的问题，而大数据技术融入城市规划为这一问题的解决提供了具体路径。其治理思路在于，通

---

　　① 张楠迪扬：《区块链政务服务：技术赋能与行政权力重构》，《中国行政管理》2020 年第 1 期。

　　② 周学馨、接栋正：《现代流动人口治理体系构建研究》，《行政管理改革》2020 年第 1 期。

　　③ 黄匡时：《人工智能时代人口研究的前瞻性思考》，《人口研究》2020 年第 3 期。

　　④ 钟奕纯、冯健：《城市迁移人口居住空间分异——对深圳市的实证研究》，《地理科学进展》2017 年第 1 期。

过对城市范围内各类大数据的搜集、整合与精准化分析，[①] 保障城市规划更加合理科学，城市基础设施布局和公共服务资源配置更加高效合理，从而在一定程度上缓解职住分离、居住失衡现象，推动人口流量在空间上渐趋合理。比如，利用手机信令数据可以统计城市人口的空间分布，再结合人口普查中常住人口的空间分布，可推断人口在一定空间范围内如何移动，[②] 从而为交通资源、保障房选址等公共服务的合理配置提供参考。

具体而言，首先，针对普遍存在的"职住分离"问题，[③] 可对海量公交刷卡数据进行大数据分析，以获得清晰直观的城市"职住分离"情况，从而选择在南山、福田、龙华等就业集聚区规划一定规模的住房，或者在龙岗、坪山、光明等居住集聚区增加多样化的就业机会和相应的教育、医疗等公共服务设施，以解决外来移民、低收入人群等弱势群体在居住、就业、通勤等问题上所面临的空间选择障碍，引导人口合理分布。其次，在进行"城中村"、旧商业区和旧住宅区改造时，可通过大数据技术将专业方案转化为非专业人士也能理解的直观可视化图表，使城市居民可以理解相关规划的意图与实施影响，判断方案优劣，进而即时反馈，后经过二次数据分析形成公众评估，[④] 相关职能部门可据此对方案进行及时调整，维护居民合法权益，保障改造过程中及之后公共服务资源的合理配置，从而更有效地推动高密度居住区域人口分流。最后，在深圳社区和街道层面，可通过居住环境感知大数据、建筑与生活能耗大数据、室内定位及居民行为大数据等数据类型的分析与应用，揭示居民在社区乃至

① 包括动态大数据（手机信令数据、公交刷卡数据、机动车 GPS 数据等）、静态大数据（街区用地数据、建筑数据、城市道路数据等）、显性大数据（网络词频数据、微博签到数据、街景图像数据等）、隐性大数据（城市能耗数据、城市房价数据、城市热环境数据）四类。参见杨俊宴、曹俊《动·静·显·隐：大数据在城市设计中的四种应用模式》，《城市规划学刊》2017 年第 4 期。

② 宋小冬、丁亮、钮心毅：《"大数据"对城市规划的影响：观察与展望》，《城市规划》2015 年第 4 期。

③ 简单而言，"职住分离"指居住和就业相互分离，表现为城市呈现出人口郊区化的趋势，市中心过高的房价让居民选择居住在郊区，但郊区过少的工作机会使城市中心区仍是就业中心。参见王家庭、马洪福、姜铭烽、臧家新《城市蔓延、土地资源错配与集聚经济》，《经济问题探索》2021 年第 10 期。

④ 吴昊、彭正洪：《城市规划中的大数据应用构想》，《城市规划》2015 年第 9 期。

居室的行为模式，从而为城市详细规划、社区管理服务等提供决策支持，[①] 尤其是对于老旧小区、"村改居"社区，这种基于大数据的精细化治理可以极大提升居民对城市的认同感和归属感，并逐步实现社区去"标签化"，吸引新的业主不断进入，在消解居住隔离的同时也能促进不同层次人口的社会空间融合。

（二）优化信息流量治理，率先建成信息流量治理的样板城市

第一，完善数字治理保障措施。一是要持续打造具有深圳特色的顶层设计。顶层设计对全市各层级、各地区、各部门、各行业的数字治理具有统一领导作用，合理的战略部署能够提高整体的工作效率。首先在保证顶层设计持续不中断的基础上不断对其进行完善。充分把握顶层设计稳定性和灵活性的统一，在一定时间内必须牢牢跟进顶层设计，在相对稳定的同时不断完善顶层设计在事件中存在的不足。其次，深圳市需要在把握自身特色和城市治理主要矛盾的基础上构建具有深圳特色的顶层设计，走出数字城市建设"千城一面"的困境。构建属于深圳的城市数字治理品牌，这不仅能激励其自身更好地开展城市治理工作，也能提升深圳作为社会主义先行示范区的积极引领作用。二是要加快高科技人才培养。可以从人才吸引、人才培养、人才激励、人才保障四个方面入手，打出一套高科技人才体系建设的组合拳。鼓励国内企业和世界一流科研机构开展技术创新合作，整合政府、企业、大学三方资源吸引国内外高科技人才；持续鼓励各大高校、研究所、企业在深圳建立技术研究基地，建设深圳本土一流科技人才培养机构；重视人才选拔和晋升，推行和完善科技人才评价和奖励体系；从住房、教育、医疗等基础公共服务入手，完善相应基础保障措施。三是要加强产学研合作。鼓励高校和企业开展合作研究，提高高科技人才的实践能力和应用价值。科学合理安排资金投入，在不断加大对深圳城市治理数字化转型的资金支持力度的同时，还要合理安排资金的投入结构。按照《深圳市关于加强基础科学研究的实施办法》，要加大对基础研究的资金投入比；同时要全面考察全市各部门、各行业、各地区的发展情况，根据实际需要布局不同领域

---

① 甄茂成、党安荣、许剑：《大数据在城市规划中的应用研究综述》，《地理信息世界》2019 年第 1 期。

的资金投入。四是要激发各主体活力，打造全民共建局面。积极鼓励社会机构和企业参与智慧城市和数字政府的项目建设，发挥市场和社会的科技优势和人才优势；积极培育智慧城市和数字政府，建设高端智库，通过向这些智库寻求决策咨询科学提高政府决策效率；以人民为中心，以公众需求为导向开展各类工作，发挥公众在数字政府与智慧城市建设中的基础力量。

第二，加快数字基础设施建设。数字基础设施是数字化发展的基础。随着数字技术的不断发展，数字化转型已经成为现代化经济的必然趋势。数字基础设施的建设，为数字化转型提供了必要的技术支持和保障，能够满足数字化经济和社会的需求。深圳市政府在超大型信息流量背景下推动城市数字治理持续发展具体可以从以下两方面着手。

一方面，要培育壮大数据要素市场。大数据要素市场是大数据产业的基础，也是大数据产业发展的重要支撑。深圳市需要建立健全大数据要素市场，提供全面、高效、便捷的大数据要素服务。这需要政府、企业和市场三方面的共同努力。深圳市政府可以从以下几方面着手：一是持续推进数据产业的发展。部分数据共享困难的原因在于目前还没有足够的技术支撑来完成对这部分数据的分析和利用，因此十分有必要加大对大数据的处理、储存、操作等核心技术发展的支持力度，从技术上破解数据共享难题。二是政府自身要不断破解纵向层级间的信息壁垒问题，实现垂直系统的数据交换，并且在政府数据脱敏后逐步向市场开放。三是政府要引导和鼓励市场相关主体加强对政府开放数据，可以以相应产业联盟、行业协会为依托，在安全的前提下建立开放的大数据要素市场。

另一方面，要持续加快新型基础设施建设。新型基础设施建设为数字治理提供了强有力的技术支持，使政府可以更加高效、便捷地管理公共事务，提升公共服务质量。例如，通过人工智能技术，政府可以实现智慧城市管理，提高城市的安全防控和管理水平；通过大数据技术，政府可以实现数据驱动的决策和治理，提高政府决策的科学性和精准性。深圳市政府需要加大对新型基础设施建设的投入和支持，推动数字化治理和数字经济的高质量发展。

基于前文论述的深圳市新型基础设施建设现状，未来深圳市政府可以从以下几方面着手：加快区块链技术基础设施建设，大力推动包括储存、加密、时间戳、共识和跨链的区块链底层技术发展，推动公链基础链的成熟稳定，建设企业级的联盟链。加快物联网基础设施建设，建设全市统一的物联网平台。加快人工智能基础设施建设，推动人工智能在交通、医疗、金融等领域的实践落地。加快5G通信网络建设，增加5G覆盖率，推动5G在医疗、物流等领域的应用。深圳市政府应该加大对新型基础设施的基础研究和应用研究的支持，促进新型基础设施的创新和发展。同时需要加强标准化建设，推动各项新型基础设施的标准化和规范化发展，提高新型基础设施的可信度和安全性。政府和行业组织应该制定、推广相关标准和规范，促进新型基础设施的规范化应用，还需要加强产业合作和协同创新，推进新型基础设施的应用场景和产业生态的建设。政府应促进行业协会和企业之间的合作与交流，共同推进新型基础设施的应用和发展，形成良性发展生态。

第三，提升公共服务水平。以公众为导向提升公共服务的广度和深度。首先需要明确"以人为中心"的价值导向，将公众需求作为公共服务提供的出发点，推进依托"12345"热线的"接诉即办"，积极听取民众心声并及时给予反馈。其次要逐步拓展数字技术赋能公共服务的范围和深度。不断深化"放管服"改革，减少行政许可和办事环节，推动科技改革，创新各项事务的审批方式和流程；完善"i深圳"线上服务平台建设，构建线上线下相结合的公共服务办理体系和全市统一平台。不断拓宽民生服务领域智慧化水平，将人工智能、大数据、5G、区块链、物联网等新型技术应用到医疗、教育、住房、就业、交通、物流等民生服务领域。例如，推进数字医疗，数字医疗是数字技术应用的重要领域之一，通过数字医疗平台，医生和病人可以实现在线问诊、远程门诊等服务，可以缓解医患矛盾，提高医疗服务的效率和质量。数字医疗的应用，让公共服务更加贴近人民群众的需求。再如，推动数字化教育。数字化教育也是数字技术应用领域之一，深圳市政府已经加快了数字化教育的推广和普及。推进在线教育、数字化课堂的建设，提高教育资源的共享性和便捷性，为人民群众提供更加优质的教育服务。数字化教育的推广，为公共教育服务增加了更加全面和多元化的选择。又如，全面推广数字化交通。数字化交通同样是数字技术应用领域之一，深圳市政府积极推广数字化交通，建设更加智慧的交通系统。实现公共交通一卡通、手机扫码支付等，提高城市出行的安全性和便捷性。数字化交通的推广，为公共服务提供了更加智慧的交通服务。还有，推进数字化平台建设。数字化平台是数字技术应用的重要手段之一，深圳市政府也加强了数字化平台的建设，推出"深圳市数字政务云""深圳智慧社区"等平台，为公共服务提供更加便捷的服务平台。数字化平台的建设，提升了公共服务的智慧化和精细化程度。

数字技术带来的高回报易使人忽视其存在的排斥性，不能保障数字弱势群体的合法权益，那么数字政府建设也将失去它本来的意义。从政策角度出发，追求最大范围的普适性是有道理的，但如何在这种普惠中增加人文关怀、将弱势群体的需要纳入现实考量中，最终实现真正的平等，是值得深圳市政府深思并努力的。深圳市政府要积极应对数字弱势群体的权益问题，在理念和制度上给传统方式保留存在的空间，公共服务的提供方式需要线上线下两手抓，以线上为主、线下为辅。在具体操作上，以数字弱势群体面临的就医、消费、交通难题为例：在日常就医方面，推行线上挂号、线上缴费、线上查收报告的同时，也要保留线下挂号、缴费、查询报告的人工窗口，为数字弱势群体的就医提供基本保障。在日常消费上，需要保留传统消费方式，任何单位和个人不得以任何方式拒收现金。针对市场上某些地方出现的拒绝现金消费的情况，需要加强监管，在未来相当长的一段时间内坚决抵制拒收现金的行为。

第四，加强信息流量安全防控。在当今数字化时代，信息技术的飞速发展使数据和网络安全成为人们越来越关注的话题。信息流量在驱动城市数字治理的同时，涉及从数据采集、数据传输、数据存储、数据使用等多个方面的安全问题。如果信息流量不能被很好地使用，会对城市数字治理产生不利影响，特别是对深圳这个信息流量超大的城市而言，加强信息流量安全防控对城市数字治理显得尤为重要。只有加强数据网络安全，才能最大限度地保障个人和组织的利益和安全，促进深圳城市数字治理的可持续发展。加强信息流量安全防控具体可以从以下几方面着手。

其一，完善数据安全立法。数据安全立法一方面给个人信息划定了保护圈，另一方面为数据的使用指引了正确方向，数据应用能够在更大空间内得到合法利用。深圳市政府应当负起主体责任，制定出更加全面、科学、规范的网络安全法律法规，逐步完善网络安全管理的法规体系。除了持续丰富数据安全保护法律体系外，还应该注重对已有法律的改进和完善，例如对《深圳经济特区数据管理条例》的争议点做出回应和修正，明确个人数据使用的监督机制，明确数据要素市场主体的权益问题，明确数据提交者的权益保障问题。再如在《深圳经济特区数据管理条例》立法试点的基础上，逐步建立全面覆盖的数据安全法体系。

其二，完善网络安全技术和人才支撑。网络安全技术和人才是网络安全防控的重要支撑。我国网络安全人才供需一直比较失衡，网络安全人才比较稀缺。《2022 网络安全人才市场状况研究报告》显示，网络安全人才不论是需求还是供给多集中在一线城市。其中，北京、上海、深圳、成都、广州是网络安全人才需求量最大的城市，这五个城市对网络安全人才需求的总量占全国相关需求总量的 46.3%。[①] 面对网络安全人才的高需求但供给不足问题，深圳市政府应当加强对网络安全技术和人才的培养和引进，提高网络安全专业人才的数量和能力，建立一支高素质的网络安全防控队伍。同时，深圳市政府需要加大对网络安全技术研究和创新的投入，提升网络安全技术水平，提高深圳市网络安全防控的核心竞争力。

其三，加强网络安全宣传和教育。网络安全防控需要全社会的共同参与和支持。深圳市政府应当开展更加广泛、更有针对性的网络安全宣传和教育活动，向公众普及网络安全知识，增强公众的网络安全意识和自我防范能力。同时，加强对政府单位、学校等的网络安全教育和培训，提高网络安全防范意识和应急能力，为保障网络安全打下坚实的基础。

其四，加强网络安全威胁的监测和预警。网络安全威胁是网络安全防控的主要风险。深圳市政府应当建立完善的网络安全威胁监测和预警体系，加强对网络安全威胁的监测和分析，实现对网络安全风险的及时预警和处理，最大限度地降低网络安全风险对深圳市城市数字治理的影响。

其五，加强网络安全合作和交流。网络安全是全球性问题。深圳市

---

① 何颖思：《研究报告显示：广州等五个城市对网络安全人才需求最大》，《广州日报》2022 年 9 月 8 日。

政府应当加强与国内外相关部门和机构的网络安全合作和交流，分享网络安全防控的经验和技术，共同应对网络安全威胁。同时，深圳市政府应当加强与其他城市的网络安全合作，共同推进网络安全防控，建立起网络安全防控的合作网络，提高全球网络安全治理水平。

三 筑牢"四纵一横"的底层设计，全面保障流量城市建设

从组织基础、政策基础、设施基础、技术基础"四个层面"，对人口、交通、服务、金融、信息"五类流量"进行全周期管理。筑牢"四纵一横"的底层设计，全面、协同推进流量城市治理能力现代化体系建设（如图 5 – 1 所示）。

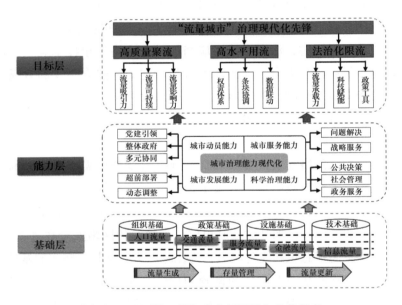

图 5 – 1 "四纵一横"的底层设计与整体提升

（一）"四纵"：夯实流量城市治理现代化的基础

在流量城市复杂的治理场景中厘清思路，推进城市治理向着善治的现代化治理方向发展，就需要夯实治理基础，做好"四个基础"的提质升级，从而适配更精细化、更智能化的流量治理需求。

一是组织基础，建设基于流量发展的城市治理伙伴关系。打破边界，

塑造面向公众的整体性政府。整体性政府是一种通过横向和纵向的协调，更好地调动资源、促进合作，以实现预期效益的政府治理模式。整体性政府强调政府部门的整体能力提升和绩效改进，提供的是面向公众的无缝隙服务。① 在大部分的治理情境下，政府部门之间的权责与隶属关系并不在公众关注之列，而公众更在意的是愁难急盼需求能否被及时有效地解决、公共服务能否被高效均衡地提供。面向公众的整体性政府模式，以"事务"进行分类打包整理，是一种脱胎于"最多跑一次""最多进一扇门"的服务型政府理念的公共服务模式。

　　加快区块链技术、物联网技术、人工智能技术、5G 通信网络技术等基础设施建设，持续探索新技术的应用场景。加强"块数据"的集约化建设，这要求深圳一方面加强宽带城市、物联感知设施等数据基础设施的建设，全面汇聚包括人、房屋、企业、社交网络等在内的多方数据；另一方面，则构建包括标准、技术、安全监管等在内的"块数据"顶层机制，推进基层"块数据＋网格化"深度融合。

　　内生协同，突破政务部门的"条块"限制。考虑政府与公众的关系时，整体性政府以提供整体服务和整体能力为目标；考虑政府内部组织架构时，整体性政府的搭建需要面对碎片化、分散化的传统分工。这种传统分工带来了专业化的职能划分和权责归属，也带来了面对复杂社会问题时的推诿和功能重叠，加深内生协同的广度与深度，需要打破政务部门之间的"条块"限制，当然这不意味着"推倒重来"，而是在不同部门的规章制度之间寻找一种平衡状态，即实现跨部门、跨层级的沟通方式，从而减少科层间"内耗"。内生协同，是保障政府面向公众整体性功能发挥的有效路径，其协同的程度也决定了城市在面对复杂社会治理事务时的应急能力。这分为两个维度：其一是横向的跨部门协同，搭建政府内部的电子政务平台，进行在线协同与信息共享，政府工作人员可以在跨部门政务平台上进行线上会议、信息交流、政策咨询，并及时共享不同部门的基础信息库，如企业、个人的综合信息等，从而通过政府内部的资源整合，搭建具有区域特色的人才库、企业库。其二是纵向的跨

---

① 王佃利、吕俊平：《整体性政府与大部门体制：行政改革的理念辨析》，《中国行政管理》2010 年第 1 期。

层级协同，统一的政府政务平台在搭建的过程中，既需要有特殊情境下跨越科层的沟通"特权"，又要有常规情境下多级审批、层层报备的申请"限制"。

群策群力，实现政府部门与非政府部门之间的资源共享。2020 年 5月，《关于大力支持社会力量参与粤港澳大湾区和中国特色社会主义先行示范区建设的意见》印发，全力支持社会力量参与粤港澳大湾区和中国特色社会主义先行示范区建设工作。从登记数量来看，深圳市的社会组织数量众多，万人社会组织拥有量居全国城市之首。政府大力支持和发展良好的社会组织，营造了社会组织参与城市治理的良好氛围，社会组织、行业协会、高校科研机构、志愿者团队等城市治理伙伴广泛参与基层治理实务，多元治理主体为共建共享共治的社会治理格局共同努力。

二是政策基础。完善协同配合的政策工具网络。政策数据库和政策工具箱是城市发展的政策底气，应进一步完善政策工具网络，打出政策组合拳优势，进一步凸显中国特色社会主义先行示范区的区域定位。

其一，政策体系全面化，锚定法治化建设目标。深圳市作为我国超大城市的"标杆样板"，在营商环境、人才引进、城市发展、基层治理等方面都具有比较完备的政策基础，在国家层面、省级层面都出台了一系列政策，形成了深圳市城市治理现代化的法治建设的基本框架。锚定2035 年远景目标，在法治化建设上应进一步完善政策体系，实现系统化、全面化覆盖。对于城市"存量"的遗留问题和"增量"的新兴困境，通过创新政策补全治理短板。尤其是需要完善信息化背景下的授权和委托行为，降低数据外泄等信息安全方面的风险。

其二，政策数据系统化，打出政策组合拳。政策数据库和政策工具箱的创新举措，让政策的制定、征求意见、试点、出台和实施的过程可视化，政策效果清晰明显。对于同类治理事务开展政策追踪，及时进行评估、监管与调整。用系统化政策搭建起政策网络，保障多元主体参与决策的途径，从而激发在经济、人才、服务等方面的城市创新活力。

其三，政策工具精准化，全面覆盖多元治理场景。面对"五类流量"的复杂治理需求和"看急诊"式、"治未病"式的不同服务场景，城市需要精准化的服务体系和决策体系。尤其是在不同部门协同的治理场景下，有据可依能够提高协同效率，明确权责体系，减少部门推诿，从而使城市治理有效运转。面对典型性治理场景，制定精准化政策工具，补全政策"空位"。

三是设施基础，加强"智能治理"基础设施建设。完善城市智能网络，充分利用视频监控进行城市信息采集，结合环保、消防、交通等多领域数据，构建城市数据网络，深度分析和挖掘城市数据背后的信息，实现态势预警，真正做到"平战结合"。构建大数据中心集中处理城市数据，搭建并推广多元智慧应用平台，做牢做实数字化、智能化治理网络，打造新型智慧城市运行管理模式。积极推进智慧园区建设。积极推进"互联网＋"小镇在内的智慧园区建设，通过智慧化基础设施和创新服务平台建设完善硬件、软件条件，以良好的园区环境孵化产业项目，形成产业聚集效应。

四是技术基础，发展基于流量数据的城市治理技术。以技术革新支撑城市治理，积极发展与"五类"流量相适配的城市管理技术。第一，构建信息共享平台。将流量信息进行有效的公开，对跨部门业务系统提供有效支撑。构建全市统一的基础信息资源平台、政务信息资源共享平台、政府数据开放平台，对于公共信息按照涉密程度、部门权限等因素进行共享，并将其中部分数据面向社会公众进行开放，从而吸引人才和产业。第二，发展与普及大数据和区块链技术。积极推动大数据和区块链技术的发展，培养专业技术领域人才，加大对于数据挖掘、数据分析、信息安全、电子政务等领域的项目支持，加大对于科研机构和高新技术公司在相关领域研发的激励和支持。在治理实务中，加大对于数据可视化、灾情模拟、经济预测、舆情统计等前瞻性、策略性技术的投入力度，以大数据技术辅助政务决策，推动城市治理向着科学化方向发展。第三，广泛普及相关治理技术，加大对基层工作人员在数据录入、数据筛查等方面的培训，加大对社会公众普及智慧化政务平台的力度，提高企业选择网上办税、项目申报等的普及率，从而让城市治理技术能够在基层治理实际中落地，让居民生活和企业运转更加高效化、智慧化。

（二）"一横"：五类流量的全周期管理

习近平总书记在深圳经济特区建立 40 周年庆祝大会上指出"要树立全周期管理意识，加快推动城市治理体系和治理能力现代化，努力走出一条符合超大型城市特点和规律的治理新路子"①，并多次强调全生命周期管理对城市发展的重要意义。对深圳市发展而言，人口、交通、金融、信息、服务"五类流量"是独特的资源，对于"五类流量"的全周期管理，应使人口流量变智力留量，交通流量变城市活力，金融流量变发展动能，网络人气变城市实力，服务流量变政府效能。

一是，建立"五类流量"全周期管理的权责体系。构建党委领导下的政商社一体化的复合治理体系，明确政府、企业、社会组织在多元治理体系中的权利与责任，形成以政府为主导、企业为补充、社会组织广泛参与的合作伙伴关系。在该模式下，政商社"整体智治"，组织协同进一步加深，形成基层治理共同体的有力联盟。其中，政府要依法履职，肩负起积极引领和监督备案的责任。一方面，要保障社会组织、企业、公众个人参与治理的权利和途径，积极宣传自治共建的优秀案例，激励在发挥社会责任、解决治理难题方面有突出表现的单位和个人；另一方面，政府要对社会组织、企业、公众个人的自主行为进行监督和备案，实时评估、及时指导，在党组织的统一领导下协调多元治理主体之间的关系，因地制宜开展治理工作。此外，多元治理主体的系统合作是基于"五类流量"形成的，应以数据信息共享为基础，以政企合作、政社合作项目为契机，积极探索长效合作机制，形成权责清单。

二是，建立全周期管理的条块整合协调模式。（1）"分类确责"的条块整合模式。利用"五类流量"提高基层效率，多部门之间进行协同合作，避免"九龙治水"的治理困境和基层部门间互相推诿扯皮的尴尬局面，需要按照流量周期进行条块整合，不同的流量按照事务领域进行分类，确定好条块整合的协同工作模式，寻找长效协同机制，确定具体到部门的权责清单。其中，分类是基于"五种流量"实际情况、以治理目标为导向对政府部门进行拆分重组的过程。分类的本质是基于公共服务内容的跨部门协同，围绕着分类后的"一件事"进行梳理，确定需要在该公共事务上具体参与的政府部门，从而实现整体性供给。② 确责是对参

---

① 习近平：《在深圳经济特区建立 40 周年庆祝大会上的讲话》，《人民日报》2020 年 10 月 15 日第 2 版。

② 郁建兴：《全流程　跨区域　分层次推进"全周期管理"》，《光明日报》2020 年 3 月 23 日第 16 版。

与部门职责权限和执法依据进行梳理，从而制定权责清单，明确工作机制与工作流程，如审批顺序的先后、监管机制的设立、所需材料的归档处理等，确责本质上是将权责体系按公共事务的差异化进行嵌入和调整，"因事制宜"，进行科学化决策。（2）"跟踪式"的全周期管理。全周期管理的实质是全过程、全要素、全方位的闭环管理，[①] 对于公共事务按照发展周期进行梳理，标准化治理过程中的问题发现、资源分配、监督评价的各个环节，对"流量"从流入（产生）再到运转（经营）再到流出（注销），进行追踪式管理，如搭建高端人才库，对定居深圳的高水平人才、稀缺行业人才，从引入到入职再到离开进行建档管理，按领域搭建人才库。利用大数据技术分析人员流入与流失的原因。跟踪式的全周期管理是对"五大流量"的系统化回应，信息技术手段让"流入—运转—流出"周期中的要素分析更加直观、准确，从而能够根据社会发展动态调整相关政策，让治理能力与治理水平在发展中不断提升。

三是，形成全周期管理的大数据联动机制。（1）构建流量风险防控体系。对于"五类流量"进行定期排查，寻找异常数据点，从而预估潜在风险，寻找薄弱环节，进行流量风险控制。以"平战结合"的监控体系，确保特大流量城市在物资供应、基础建设、资源设施等方面的完备性，从而搭建"统一指挥、专常兼备、反应灵敏、上下联动、事前防控"的流量风险防控体制。（2）提升大数据驱动的特大城市风险防控能力。以"五类流量"数据为驱动，推出符合特大流量特征的风险保险、应急预案，成立应急中心等风险防控机构，并结合大数据技术、物联网、车联网等新兴技术，建立预警系统，模拟应急演练、数字化救援培训，从而提升特大流量城市的风险防控能力。尤其是利用好数量数据段的推演计算，如预测可能着火点、制定最佳疏散路线、模拟突发社会应急事件发展趋势等，便于在紧急状态下采取最优决策，有效处理风险，防范化解重大风险。

四是，以数字化转型促进城市的敏捷治理。作为治理理论的新兴发展方向之一，敏捷治理并非对传统治理和数字治理的摒弃否定和颠覆替代，而是对二者进行的有益补充和进一步完善，即敏捷治理不再满足于

---

① 刘锋：《以"全周期管理"思维破解基层治理困局》，《领导科学》2020 年第 16 期。

通过加强问责来约束治理偏误，抑或通过提高服务效率改善公众体验，而是更多地基于权力行使的策略方式来掌握政府干预的节奏和力度，通过考察需求导向的变化来设计具体的应用情境，实现速度、质量和规模等目标之间的多重均衡。城市敏捷治理与数字化转型息息相关，数字化转型能够促进城市敏捷治理，但前提是，需要通过智慧化的资源整合联通信息孤岛，切实解决城市运行中的资源分散、系统分建和管理分治的格局。其一在技术上，要建立统一的信息化架构标准，实现跨系统技术集成与信息共享，减少信息孤岛，促进资源共享。其二在建设上，积极与新组建的国家数据局对接，超前进行深圳数字先锋城市的顶层设计，治理"数据烟囱"并建立深圳数字城市基础数据库，以充分兼容方式最大限度地整合已有数字城市建设资源，避免"一刀切"带来"废旧立新"的财务和组织转换成本。其三在管理上，要完善数字城市综合管理运行体系，构建城区之间、政府部门之间以及多元主体之间横向融合、纵向贯通的合作机制，打破智慧城市建设中行政分割、管理分治的不利局面。

在此基础上，制定数字城市建设标准体系，推进深圳成为"数字中国"建设的知识中心与孵化器。其一，要建立数字城市建设标准体系。基于深圳实践和国际发展前沿，积极参与国际标准制定，提升在物联网、云计算等数字城市相关技术领域标准制定的话语权和主动权。其二，要优化数字技术创新环境。加强数字城市技术研发、应用试验、评估检测等方面的公共服务平台建设，着力推进企业与高校、科研院所的合作。其三，要加强专业人才的培养。通过分层次的培养机制，为物联网上游、中游、下游产业输送大量专业人才，为城市敏捷治理提供强大的智力支持。

主要参考文献

一　中文著作类

习近平：《高举中国特色社会主义伟大旗帜　为全面建设社会主义现代化国家而团结奋斗——在中国共产党第二十次全国代表大会上的报告》，人民出版社 2022 年版。

何一民：《从农业时代到工业时代：中国城市发展研究》，巴蜀书社 2009年版。

李文硕：《迈向全球城市：二战后纽约的转型与复兴》，光启书局 2021年版。

卢现祥、朱巧玲主编：《新制度经济学（第二版）》，北京大学出版社 2012年版。

陶希东：《全球超大城市社会治理模式与经验》，上海社会科学院出版社 2021 年版。

屠启宇主编：《国际城市发展报告（2015）：国际创新中心城市的崛起》，社会科学文献出版社 2015 年版。

王振、惠志斌主编：《全球数字经济竞争力发展报告（2021）》，社会科学文献出版社 2021 年版。

WeCity 未来城市项目组：《未来城市：数字时代的城市竞争力重塑》，浙江大学出版社 2022 年版。

吴晓林：《现代化进程中的阶层分化与政治整合》，天津人民出版社 2012年版。

《中共中央关于全面深化改革若干重大问题的决定》，人民出版社 2013年版。

《中共中央关于坚持和完善中国特色社会主义制度　推进国家治理体系和
　　治理能力现代化若干重大问题的决定》，人民出版社 2019 年版。

周振华、刘江会主编：《全球城市发展指数 2020》，格致出版社、上海人
　　民出版社 2021 年版。

［德］黑格尔：《历史哲学》，王造时译，上海书店出版社 2001 年版。

［美］安德鲁・里斯：《城市——一部世界史》，黎云意译，上海三联书店
　　2021 年版。

［美］托马斯・弗里德曼：《世界是平的：21 世纪简史》，何帆、肖莹莹、
　　郝正非译，湖南科学技术出版社 2006 年版。

［日］斯波义信：《中国都市史》，布和译，北京大学出版社 2013 年版。

［以］S. N. 艾森斯塔德：《反思现代性》，旷新年、王爱松译，生活・读
　　书・新知三联书店 2006 年版。

二　中文论文类

安德烈・索伦森、金盼盼、张怀予、傅舒兰：《城市化、制度变迁和制度
　　化：复合关键节点的城市转型》，《国际城市规划》2020 年第 4 期。

蔡昉：《人口转变、人口红利与经济增长可持续性——兼论充分就业如何
　　促进经济增长》，《人口研究》2004 年第 2 期。

陈宏胜、胡雅雯、崔敬壮、陈雁红、蔡一丹：《迈向"老龄友好"：深圳
　　适老型城市发展经验与规划对策》，《规划师》2023 年第 1 期。

陈水生：《数字时代平台治理的运作逻辑：以上海"一网统管"为例》，
　　《电子政务》2021 年第 8 期。

楚天骄：《上海与伦敦智慧城市建设路径比较研究》，《世界地理研究》
　　2021 年第 6 期。

春燕：《全球创新网络节点城市建设——东京案例》，《科学管理研究》
　　2019 年第 6 期。

董慧、陈兵：《"城市权利"何以可能、何以可为？——国外马克思主义
　　空间批判的视野》，《马克思主义与现实》2016 年第 1 期。

樊颖、杨赞、吴璟：《谁在为配建保障性住房项目"买单"？——基于北
　　京市微观数据的实证分析》，《经济评论》2015 年第 2 期。

方创琳：《深圳经济特区空间格局优化与扩容的建议》，《中国国情国力》

2016 年第 10 期。

冯兵、黄俊棚：《隋唐五代坊市制与城市社会管理》，《上海师范大学学报》（哲学社会科学版）2019 年第 1 期。

古恒宇、肖凡、沈体雁、刘子亮：《中国城市流动人口居留意愿的地区差异与影响因素——基于 2015 年流动人口动态监测数据》，《经济地理》2018 年第 11 期。

何宜庆、王舒舒：《要素流动与产业结构升级：金融集聚的门槛效应分析》，《金融与经济》2018 年第 8 期。

黄国妍、孟晨阳、卢海燕、熊奇：《全球城市网络关系资产的国际比较与深度拓展研究》，《全球城市研究（中英文）》2021 年第 1 期。

黄天航、李晶、冯晶、魏巍：《"块数据"在智慧城市建设及治理中的理论内涵、构建思路与应用机制》，《城市发展研究》2022 年第 5 期。

江小涓、靳景：《中国数字经济发展的回顾与展望》，《中共中央党校（国家行政学院）学报》2022 年第 1 期。

姜晓萍、董家鸣：《城市社会治理的三维理论认知：底色、特色与亮色》，《中国行政管理》2019 年第 5 期。

蒋俊杰：《整体智治：我国超大城市治理的目标选择和体系构建》，《理论与改革》2022 年第 3 期。

李诗元、唐咏：《我国城市创新发展主要特点及人才挑战——以深圳为例》，《理论月刊》2019 年第 11 期。

李友梅：《我国特大城市基层社会治理创新分析》，《中共中央党校学报》2016 年第 2 期。

凌小静：《四大世界级都市圈交通出行特征分析》，《交通与运输》2018 年第 6 期。

刘长安：《国际大都市人口迁移和国际移民比较研究》，《劳动保障世界（理论版）》2013 年第 1 期。

刘威、王碧晨：《流量社会：一种新的社会结构形态》，《浙江社会科学》2021 年第 8 期。

刘兆鑫：《城市性、公共性与城市治理的学科边界》，《行政科学论坛》2019 年第 11 期。

陆铭、彭冲：《再辩大城市：消费中心城市的视角》，《中山大学学报》

（社会科学版）2022 年第 1 期。

孟天广：《政府数字化转型的要素、机制与路径——兼论"技术赋能"与"技术赋权"的双向驱动》，《治理研究》2021 年第 1 期。

米加宁、章昌平、李大宇、徐磊：《"数字空间"政府及其研究纲领——第四次工业革命引致的政府形态变革》，《公共管理学报》2020 年第 1 期。

乔智：《统一地址标准引领社会治理精细化》，《国家治理》2018 年第 2 期。

邱实：《职责聚合：基层治理条块协同的优化创新》，《理论月刊》2022 年第 12 期。

邵任薇：《城市更新中的社会排斥：基本维度与产生逻辑》，《浙江学刊》2014 年第 1 期。

沈桂龙、张晓娣：《上海流量经济发展：必然趋势、现实状况与对策思路》，《上海经济研究》2016 年第 8 期。

宋湘燕、李文政：《纽约国际金融中心的资源配置》，《中国金融》2015 年第 18 期。

宋小冬、丁亮、钮心毅：《"大数据"对城市规划的影响：观察与展望》，《城市规划》2015 年第 4 期。

苏琳、杨娜：《新加坡移动支付的发展及监管模式探析》，《东方企业文化》2020 年第 S1 期。

谭必勇、刘芮：《数字政府建设的理论逻辑与结构要素——基于上海市"一网通办"的实践与探索》，《电子政务》2020 年第 8 期。

唐亚林：《新邻里守望：海量流动性、连锁风险与超大城市的安生之道》，《探索与争鸣》2022 年第 7 期。

陶希东：《西方发达城市政府数据开放的经验与启示》，《城市发展研究》2016 年第 9 期。

汪建华、刘文斌：《深圳流动人口治理的历史演变与经验》，《文化纵横》2018 年第 2 期。

王爱民、尹向东：《城市化地区多目标约束下的适度人口探析——以深圳为例》，《中山大学学报》（自然科学版）2006 年第 1 期。

王佃利：《城市管理转型与城市治理分析框架》，《中国行政管理》2006 年第 12 期。

王东方、董千里：《中国城市物流发展空间结构演化及影响因素》，《北京
交通大学学报》（社会科学版）2019 年第 4 期。

王家庭、马洪福、姜铭烽、臧家新：《城市蔓延、土地资源错配与集聚经
济》，《经济问题探索》2021 年第 10 期。

王礼鹏：《超大城市有效治理的探索与案例》，《国家治理》2017 年第
35 期。

王浦劬：《国家治理、政府治理和社会治理的含义及其相互关系》，《国家
行政学院学报》2014 年第 3 期。

王瑞雪、沈亚平：《市民化进程中农业转移人口城市空间正义缺失问题分
析——基于空间正义的理论视角》，《当代经济管理》2021 年第 4 期。

王绍光：《治理研究：正本清源》，《开放时代》2018 年第 2 期。

王喆、陈伟：《工业化、人口城市化与空间城市化——基于韩、美、日等
OECD 国家的经验分析》，《经济体制改革》2014 年第 5 期。

吴昊、彭正洪：《城市规划中的大数据应用构想》，《城市规划》2015 年第
9 期。

吴晓林：《城市性与市域社会治理现代化》，《天津社会科学》2020 年第
3 期。

吴晓林：《城中之城：超大社区的空间生产与治理风险》，《中国行政管
理》2018 年第 9 期。

吴晓林：《党如何链接社会：城市社区党建的主体补位与社会建构》，《学
术月刊》2020 年第 5 期。

吴晓林：《数字时代的流量城市：新城市形态的崛起与治理》，《江苏社会
科学》2022 年第 4 期。

吴晓林：《特大城市社会风险的形势研判与韧性治理》，《人民论坛》2021
年第 35 期。

武英涛、付洪涛：《全球城市数字化转型的典型案例分析及对上海的启
示》，《全球城市研究（中英文）》2021 年第 3 期。

夏银平、刘伟：《城市数字治理与治理能力现代化的行为互嵌——以新加
坡为例》，《扬州大学学报》（人文社会科学版）2020 年第 6 期。

薛澜、李宇环：《走向国家治理现代化的政府职能转变：系统思维与改革

取向》,《政治学研究》2014 年第 5 期。

杨俊宴、曹俊:《动·静·显·隐:大数据在城市设计中的四种应用模式》,《城市规划学刊》2017 年第 4 期。

尹栾玉:《协同治理视域下政府公共服务职能重构——以深圳"织网工程"为例》,《北京师范大学学报》(社会科学版)2016 年第 2 期。

余敏江:《整体智治:块数据驱动的新型社会治理模式》,《行政论坛》2020 年第 4 期。

余伟如:《"流量社会"的崛起及其政治经济学探析》,《理论与改革》2020 年第 5 期。

俞可平:《中国城市治理创新的若干重要问题——基于特大型城市的思考》,《武汉大学学报》(哲学社会科学版)2021 年第 3 期。

袁义才:《深圳经济特区 40 年发展的阶段性特征与经验》,《特区实践与理论》2020 年第 6 期。

张伯超:《数据跨境流动的全球标杆城市:新加坡》,《上海信息化》2021 年第 3 期。

张惠强、李璐:《东京和首尔人口调控管理经验借鉴》,《宏观经济管理》2018 年第 8 期。

张敏:《全球城市公共服务设施的公平供给和规划配置方法研究——以纽约、伦敦、东京为例》,《国际城市规划》2017 年第 6 期。

张楠迪扬:《区块链政务服务:技术赋能与行政权力重构》,《中国行政管理》2020 年第 1 期。

张庭伟:《建成环境对新冠肺炎疫情的影响及循证实践——对美国城市新冠肺炎分布的初步分析》,《城市规划》2020 年第 8 期。

张文显:《法治与国家治理现代化》,《中国法学》2014 年第 4 期。

张霞飞、曹现强:《空间边界争议:对城市产权混合社区冲突的理论解释——"隔离墙争议"的扎根理论研究》,《甘肃行政学院学报》2020 年第 6 期。

张欣:《分化与共生——块数据在贫困治理场域中的数聚效应》,《中国行政管理》2019 年第 8 期。

张懿玮、高维和:《从服务型城市到全球城市的逻辑机理和实现路径》,《北京社会科学》2021 年第 7 期。

张莹莹:《新加坡人口变动及其成因分析》,《人口与经济》2013 年第 3 期。

张智新、王刚:《世界城市建设科技创新中心的经验启示》,《产业创新研究》2018 年第 1 期。

章平、魏欣、刘启超:《城市化中的土地和人口治理——深圳经验解析》,《开放导报》2018 年第 5 期。

赵静、薛澜、吴冠生:《敏捷思维引领城市治理转型:对多城市治理实践的分析》,《中国行政管理》2021 年第 8 期。

赵聚军:《基层形式主义顽疾:行动逻辑、诱发机制与治理之道》,《国家治理》2021 年第 9 期。

赵聚军、王智睿:《社会整合与"条块"整合:新时代城市社区党建的双重逻辑》,《政治学研究》2020 年第 4 期。

赵聚军:《行政区划调整如何助推区域协同发展?——以京津冀地区为例》,《经济社会体制比较》2016 年第 2 期。

赵聚军、张昊辰:《被动担责与集体共谋:基层官员问责应对策略的类型学考察》,《江苏社会科学》2022 年第 1 期。

赵勇、曹宇薇:《"智慧政府"建设的路径选择——以上海"一网通办"改革为例》,《上海行政学院学报》2020 年第 5 期。

甄茂成、党安荣、许剑:《大数据在城市规划中的应用研究综述》,《地理信息世界》2019 年第 1 期。

钟奕纯、冯健:《城市迁移人口居住空间分异——对深圳市的实证研究》,《地理科学进展》2017 年第 1 期。

周学馨、接栋正:《现代流动人口治理体系构建研究》,《行政管理改革》2020 年第 1 期。

周振华:《全球化、全球城市网络与全球城市的逻辑关系》,《社会科学》2006 年第 10 期。

朱光磊:《构建政府职责体系是解决基层治理负担过重问题的根本出路》,《探索与争鸣》2023 年第 1 期。

朱光磊:《全面深化改革进程中的中国新治理观》,《中国社会科学》2017 年第 4 期。

朱光磊、王雪丽:《市辖区体制改革初探》,《南开学报》(哲学社会科学版）2013 年第 4 期。

朱光磊：《中国政府职能转变问题研究论纲》，《中国高校社会科学》2013
年第 4 期。

三 英文文献类

Ben Derudder, Peter Taylor, "Change in the World City Network, 2000 –
2012", *The Professional Geographer*, Vol. 68, No. 4, 2016.

Castells, M., *The Rise of the Network Society* (*2nd*), Blackwell Publishers,
Oxford, 2011.

David Bassens, Michiel van Meeteren, *World Cities Under Conditions of Fi-
nancialized Globalization: Towards an Augmented World City Hypothesis*,
Vol. 39, No. 6, 2014.

David, P., "The World's Most Valuable Resource Is Nolonger Oil, But Da-
ta", *The Economist*, No. 5, 2017.

Dhakal, S., "Urban Energy Use and Carbon Emissions from Cities in China
and Policy Implications", *Energy Policy*, Vol. 37, No. 11, 2009.

Garrard J. Martin Daunton, ed., *The Cambridge Urban History of Britain* (*1840 –
1950*) (*Volume III*), New York: Cambridge University Press, 2000.

Harpaz, A., *Taxation of the Digital Economy: Adapting a Twentieth-Century
Tax System to a Twenty-First-Century Economy*, Yale: Journal of Interna-
tional Law, 2021.

Harvey, D., *Justice, Nature & the Geography of Difference*, Blackwell Pub-
lishers, Oxford, 1996.

John Iceland, Rima Wilkes, "Does Socioeconomic Status Matter? Race, Class,
and Residential Segregation", *Social Problems*, Vol. 53, No. 2, May 2006.

Konheim, C. S., Ketcham, B., "Effective Transit Requires Walkable Com-
munities: Land Use Lessons of Transport Patterns in Four World Cities",
Transportation Research Record, Vol. 1722, No. 1, 2000.

Lantschner, P., "City-States in the Later Medieval Mediterranean World",
Past and Present, Vol. 254, 2022.

Mgadmi, N., Moussa, W., Béjaoui A, et al., "Revisiting the Nexus between Digital Economy and Economic Prosperity: Evidence from a Comparative Analysis", *Journal of Telecommunications and the Digital Economy*, Vol. 9, No. 2, 2021.

Ramaswami, A. , Jiang, D. , Tong, K. , et al. , "Impact of the Economic Structure of Cities on Urban Scaling Factors: Implications for Urban Material and Energy Flows in China", *Journal of Industrial Ecology*, Vol. 22, No. 2, 2018.

Swynegdouw, E. , *Social Power and the Urbanization of Water: Flows of Power*, Oxford University Press, Oxford, 2004.

Taylor, P. J. , Hoyler, M. , Verbruggen, R. , "External Urban Relational Process: Introducing Central Flow Theory to Complement Central Place Theory", *Urban Studies*, Vol. 47, 2010.

Zhao, P. , Zhang, M. , "The Impact of Urbanisation on Energy Consumption: A 30-Year Review in China", *Urban Climate*, Vol. 2, 2018.

后　记

　　本书是深圳市建设中国特色社会主义先行示范区研究中心重大项目"流量城市与治理能力现代化"课题的主要成果。通过严格的面向全国的课题招标程序，南开大学中国政府发展联合研究中心荣幸地成为全国第一家开展"流量城市"问题研究的科研机构，从而有条件将这一研究与城市治理问题内在地联系起来。我们高度钦佩深圳市有关领导的远见卓识。

　　课题于2021年底启动，在集体讨论并经反复征求专家意见所形成的研究提纲的基础上，课题组克服困难多次赴深圳以及全国多地开展实地调研，并根据调研结果不断调整研究提纲和写作内容，本书前后历时近两年才写作完成。研究提纲、内容和思路主要由主编吴晓林、朱光磊提出，各位成员分别负责一定的研究、写作任务，最后由吴晓林、朱光磊进行审订统稿。各章的分工如下：导论，由吴晓林负责；第一章，由张志红、徐明强负责，陈璐、刘亚强参与调研和写作；第二章，由郭道久负责，张郁、于慧、吴涵博参与调研和写作；第三章，由赵聚军负责，申程仁、王智睿、庞尚尚参与调研和写作；第四章，由周望负责，徐萍、黄嘉宁参与调研和写作；第五章，由翟磊负责，黄雅卓、赵紫涵参与调研和写作。

　　本书课题组由候绪杰、陈璐担任秘书，负责课题日常管理工作。在此，向所有成员的辛苦付出表示感谢！

　　深圳是改革开放的窗口，其凭借着自身卓越的城市治理能力与包容开放的城市精神，成为中国城市治理的典型样本。我们团队长期从事中国政府与政治、城市治理等方面的研究，此次借由开展课题研究的契机深入了解深圳，探索流量城市治理的前沿问题，进一步拓宽了团队的研究视野。在研究工作中，我们得到了深圳市委市政府相关单位、中共深圳市委党校、深圳市建设中国特色社会主义先行示范区研究中心、深圳市坪山区相关单位、南开大学深圳校友会等的大力支持和帮助，在此表示衷心的感谢！本书能够顺利出版，还要向为编辑、出版、发行等工作付出了辛勤劳动的中国社会科学出版社的各位同志表示衷心的感谢！我和晓林教授，作为课题组负责人，也对我们中心的各位伙伴的有效工作和学院领导的大力支持表示衷心的感谢！

另外，本书引用了大量的年鉴类资料、报刊上所披露的数据。凡是引用的学术文献，我们尽可能一一注明了出处，并在此表示衷心的感谢！由于篇幅较大，作者较多，倘有遗漏，还望原谅，并请与我联系，以便及时补正。当然需要说明的是，本书提出的具体观点、建议和语言均是课题组成员的个人见解，不代表各自单位或任何其他机构。

朱光磊

2024 年 6 月